GRACIAS PERÚ

MEMORIAS DE UN MISIONERO

por

TOM SHEA, CSC

TRADUCCIÓN AL ESPAÑOL, PERUANO:
Dr. Miguel F. Cabrera Villanueva, MD

βίος Books
New York

βίος Books
Una publicación de Woodwrit, Inc. Editions

GRACIAS PERÚ MEMORIAS DE UN MISIONERO.
Copyright © 2019 by Thomas Shea, C.S.C.
Todos derechos reservados incluyendo el derecho de reproducir este libro o cualquier parte de ello en cualquiera forma. Para mas información escribir a Woodwrit, Inc. Editions, 135 West 10th Street, 11, New York, NY 10014 o info@woodwrit.com.

TRADUCCIÓN AL ESPAÑOL, PERUANO:
Dr. Miguel F. Cabrera Villanueva, MD
Movimiento de Profesionales Católicos.
Médico voluntario: Parroquia María Inmaculada, Sicuani. Perú.
miguelcv.apu@gmail.com

ISBN: 978-1-949596-06-9

DEDICADO A

JORGE MALLEA, C.S.C.

SINCERO Y FIRME

COMPAÑERO EN SANTA CRUZ

Con agradecido reconocimiento
a Ted DuBois por su ayuda.

CONTENIDO

1. MI LLAMADO A PERÚ — 1

    MI HISTORIA PERSONAL 2
    EL LLAMADO 9

2. CARTAVIO 1968 - 1973 — 14

    CARTAVIO 16
    EL IDIOMA 19
    LA ESCUELA SECUNDARIA 20
    SANTA CRUZ EN CARTAVIO 25
    TIEMPOS DE CAMBIO 37
    TENSIONES EN SANTA CRUZ 46
    NUEVOS VIENTOS 53

3. CHIMBOTE Y MACATE 1974 - 1980 — 59

    PASTORAL ZONA NORTE 65
    EL EQUIPO PASTORAL DE MACATE 67
    EL COLEGIO DE SAN PEDRO 76
    MINISTERIO JUVENIL 80
    SANTA CRUZ 83

4. CHIMBOTE 1982 - 1985 — 91

    MI AÑO SABÁTICO DE 1981 91
    PARROQUIA ESPERANZA 99
    PASTORAL DE GRUPOS JUVENILES 107
    SANTA CRUZ 108
    DEJANDO CHIMBOTE 114

5. CHUCUITO (PUNO) 1985-1993 116

LLEGADA A CHUCUITO 118
EL EQUIPO PASTORAL MÓVIL 120
MI PUESTO DE PROFESOR 125
LA IGLESIA EN LOS ALTOS ANDINOS DEL PERÚ 128
LA PRELATURA DE JULI 129
VOCACIONES DE SANTA CRUZ 134
COLABORACIONES CON SANTA CRUZ EN PERÚ 141
LA ODEC-JULI 144
VIOLENCIA DE ACCIDENTES 149
UN NUEVO OBISPO 153

6. EL MARAVILLOSO AÑO 1993 155

EL PROGRAMA SABBATH 161
EL VERANO 165
EL PROGRAMA DE FE Y MISION 167
EL INVIERNO 170

7. CHUCUITO (PUNO) 1994-2000 172

EL REGRESO A CHUCUITO 173
ODEC 178
MINISTERIO DE VOCACIONES 183
NUEVOS VIENTOS EN SANTA CRUZ 186
ODEC Y LA PRELATURA 189
MI FAMILIA PERUANA 193
EL NUEVO SIGLO 198

8. CHUCUITO (PUNO) 2000 – 2004 202

ODEC 204
EL INSTITUTO DE FAMILIA DE SANTA CRUZ 206
EL EQUIPO PARROQUIAL DE CHUCUITO 210
LA CASA NUEVA 212
EL NUEVO OBISPO 214
SANTA CRUZ 216

EL CAPITULO DISTRITAL SANTA CRUZ DE 2003 220
VIENTOS DE CAMBIO 222
LA VISITA 225
CIERRE 229
PREPARÁNDONOS PARA LA MUDANZA 237

9. TACNA 2004 - 2009   241

VINANI 242
MI NUEVO MINISTERIO 244
EL COLEGIO DE SANTA CRUZ 246
EL COLEGIO PARROQUIAL DIOCESANO 252
SE ANUNCIAN CAMBIOS 254
EL MOVIMIENTO DE TRABAJADORES CRISTIANOS .. 256
PROGRAMAS DE CONSEJERÍA FAMILIAR 257
EL PROBLEMA MONETARIO 260
LA PARROQUIA Y EL COLEGIO EN VINANI 267
MINISTERIO EN TACNA DURANTE 2007 268
SANTA CRUZ 271
EL CAPÍTULO DISTRITAL DE 2009 277
EL DÍA SIGUIENTE 280
MIS ÚLTIMOS DÍAS EN PERU 290

10. ESTADOS UNIDOS 2009 - 2018   297

NUEVO MINISTERIO 299
TIEMPO DE RENOVACIÓN 301
PARROQUIA NATIVIDAD EN BRANDON, FLORIDA ... 303
EL PROGRAMA DE MISIÓN A MISIÓN 306
EL NUEVO PROVINCIAL 308
NUEVO MINISTERIO HISPANO 311
OTRAS ACTIVIDADES 314
VISITAS PERUANAS A LOS ESTADOS UNIDOS ... 316
EL FIN DE MI HISTORIA... HASTA EL MOMENTO 317

EPÍLOGO   319

GRACIAS PERÚ

1. MI LLAMADO A PERÚ

Durante varios años he considerado escribir sobre mi vida en Perú. Mis amigos me animaron a hacerlo; pero dudé en comenzar. He escrito varios artículos sobre la historia en Perú entre los años 1963-2009 para la Asociación Histórica de la Congregación Santa Cruz, así que dudé si debería escribir algo más sobre mi vida allí. Sin embargo, después de regresar recientemente de una visita de cinco semanas a ese querido país, decidí emprender este proyecto para compartir mi experiencia de vida allí con ustedes, mi familia y amigos. También quiero poner por escrito los nombres de muchas personas que conozco en Perú, para agradecerles personalmente por ser parte importante del viaje de mi vida ahí. También quiero registrar a muchas personas de otros lugares que han sido importantes para mí.

Reconozco una mano guía en mi vida, en especial por haberme llevado a Perú en primer lugar, y por sustentarme mientras estuve allí. Yo llamo DIOS a esa mano guía. Espero que mi itinerario personal pueda ayudar a los lectores a ver la presencia de esa mano guía en su propia vida, especialmente a la luz de los muchos cambios que han ocurrido en nuestro mundo y en la Iglesia Católica desde la década de 1960.

GRACIAS PERÚ

MI HISTORIA PERSONAL

Nací en Albany, Nueva York, el 9 de junio de 1941, hijo de Frank X. Shea y Anne M. Riedy, quienes se casaron en 1931. Mis padres, con mi hermano Francis Robert ("Bud") nacido en 1933, acababan de mudarse desde el barrio irlandés de North Albany al nuevo barrio de Pine Hills que ellos consideraban era bastante lujoso. Un libro reciente que leí sobre los vecindarios de Albany señala, sin embargo, que la sección de Hamilton Street y Hudson Avenue donde vivíamos no era tan exclusiva. Mi madre se daría vuelta en su tumba si se diera cuenta de eso, ¡Estaba tan orgullosa de estar viviendo ahí! Hudson Avenue era una calle con habitantes de diversos orígenes étnicos y diversas religiones. Era muy "ecuménico". Aquellos que éramos niños en ese entonces todavía nos reunimos cuando llego de visita a Albany, para celebrar nuestras largas vidas de amistad sincera. Cuando me fui de casa en septiembre de 1959, el mundo y la Iglesia estaban a punto de cambiar más de lo que cualquiera de nosotros hubiera imaginado.

1959 fue el año de la revolución cubana. La Guerra Fría entre el Bloque Soviético y el Occidente aún estaba en su apogeo. John F. Kennedy estaba a punto de ser elegido, el primer presidente católico de los Estados Unidos. El delgado y austero Papa Pío XII había muerto, y el amable, cariñoso y rechoncho Papa Juan XXIII era el nuevo Papa, sacudiendo el polvo en la Iglesia Católica después de siglos de estancamiento. ¡Quería abrir las ventanas! Convocó

MI LLAMADO A PERÚ

para ello a un concilio ecuménico, una reunión mundial de obispos, con el objetivo de actualizar y renovar la Iglesia Católica que no había tenido un concilio desde el siglo diecinueve. El mundo y la Iglesia Católica estaban a punto de cambiar. ¡Así también cambiaría la vida de Tom Shea, un chico flaco y tímido! Estaba yo a punto de comenzar un viaje que nunca hubiera pensado que era posible para mí.

Probablemente para ese momento yo fui un ordinario católico irlandés más. Iba a la misa dominical y a la confesión semanal. Asistía diariamente a misa durante la Cuaresma y rezaba el rosario todos los días. A pesar de que desde mi temprana edad había pensado en ser un sacerdote católico, nunca había sido un monaguillo como mi hermano Bud, y tampoco era excesivamente devoto. En ese aspecto me parecía más a mi papá que a mi mamá, quien solía recitar cantidad de novenas y otras oraciones todos los días. De vez en cuando cuando era niño disfrutaba de jugar de sacerdote celebrando misa contra la pared de nuestra sala y cantando el Gloria en latín. De seguro, lo que estaba a punto de sucederme no estaba en ningún plan que tuviera en mente para mí en ese tiempo. Por ello, compartiré con ustedes la historia de mi desarrollo y el llamado a una nueva vida de transformación personal durante esos años también cambiantes en la Iglesia y en el mundo.

También quiero disfrutar el caminar nuevamente a través de mi vida dando gracias a Dios, mi luz y guía, tanto en los episodios alegres como en los tristes. El viaje realizado me dio muchas alegrías, pero también algún conflicto en mi vida. Así también las situaciones en evolución del mundo y la Iglesia crearon conflicto en la vida de personas sobre las cuales escribiré. Todos tenemos diferentes personalidades y puntos de vista que se desarrollaron en nuestras familias, en nuestra formación teológica y experiencias de vida. Estos llevaron a cada protagonista en esta historia a tomar decisiones que afectaron la dirección de su propia vida y la de los demás. Al igual que yo, la mayoría de nosotros comenzó en un contexto de mundo e Iglesia anterior al Vaticano II que desaparecía rápidamente. Tanto yo como otros maduraríamos en un mundo cambiante, donde la Iglesia Católica y con ella nuestra congregación religiosa fueron llamados a la renovación. Fue un llamado a sincronizarse con el mundo moderno después de siglos de complacencia.

Esta será la historia de mi vida en Perú, ya que me mudé a la nueva Iglesia latinoamericana y al nuevo orden social que surgió en la mayor parte de América Latina en ese período. Estoy seguro de que será como las historias de muchas otras personas de mi edad que tuvieron que crecer y expandirse en una nueva era, algunas con más éxito que otras, pero todas acarreando las heridas del cambio y los conflictos que este trae consigo. Espero que el relato de mi vida en Perú te ayude, amable lector, a considerar el itinerario de tu propia vida como un regalo de Dios, que también intentas vivir através de alegrías y luchas y haciendo lo mejor que puedes.

Me fui de casa en septiembre de 1959 a la edad de 18 años, para estudiar en el Stonehill College situado en Easton, Massachusetts, y a la vez unirme a la Congregación de Santa Cruz. La comunidad religiosa de sacerdotes y her-

MI LLAMADO A PERÚ

manos de Santa Cruz fue fundada en Le Mans, Francia, en 1835, para responder a las necesidades educativas y pastorales de la Francia posrevolucionaria, y ahora está representada en la Iglesia Católica de todos los continentes, sirviendo esas necesidades. Cuando me uní a Santa Cruz, Perú nunca estuvo en mis planes vocacionales personales. Yo quería ser un maestro de escuela secundaria en los Estados Unidos. Y eso porque siempre me impresionó el ministerio de los Hermanos de Santa Cruz que enseñaban en el colegio secundario parroquial de mi ciudad natal, el Vincentian Institute, en Albany, Nueva York. Yo quería ser un profesor, tal como esos Hermanos. Quería especialmente ser como el Hermano Renatus Foldernaur, que fue uno de mis pilares vocacionales y mi mentor espiritual. Renatus fue director de la banda sinfónica y marcial del colegio, y la banda de la escuela era mi vida cuando yo estudiaba en la secundaria.

Durante mi año de noviciado en Santa Cruz 1960-1961, cuando nos preparamos en el estudio y la oración para unirnos a la Congregación, culminando con la profesión de los tres votos religiosos temporales de pobreza, castidad y obediencia, también se nos animó a profesar lo que se llamó el cuarto voto. Una persona hacía este voto si estaba interesado en ser sacerdote en una cultura diferente a la suya. ¡Yo nunca quise ser misionero! ¡Ni siquiera había sido escout! Y por lo tanto nunca tomé ni tuve la intención de tomar ese cuarto voto. ¡Mi plan era solo ser un profesor, como el hermano Renatus! Mi agradecimiento a usted, hermano Renatus. Sin embargo, Dios tenía otros planes para mí.

GRACIAS PERÚ

En 1964 terminé mi grado de B.A. (Bachiller en Artes), Licenciado en Filosofía en el Stonehill College, que en ese momento todavía era una nueva y pequeña universidad para las artes liberales, fundada por la Congregación de Santa Cruz en 1948 para los hijos de inmigrantes portugueses en el sudeste de Massachusetts. En agosto, después de un verano, como ya había pasado en los dos anteriores de consejero en nuestro campamento para niños de Lago Sebago, Maine, profesé mis votos perpetuos finales en la Congregación Santa Cruz. En septiembre mi Congregación me envió a Roma, Italia, para estudiar teología en la Universidad Gregoriana administrada por jesuitas, y vivir en nuestra casa internacional de estudios. Estaba por comenzar la tercera sesión del Concilio Vaticano II, reunión mundial de los obispos de la Iglesia Católica que el Papa Juan XXIII abrió en octubre de 1962. Juan XXIII había muerto en junio de 1963 y entonces el nuevo Papa Pablo VI estaba ya en el cargo. El continuó el Concilio, tratando de seguir los pasos de su predecesor, pero por supuesto a su manera.

El Concilio ya había aprobado cambios radicales en la liturgia católica al permitir que el sacerdote celebre la Misa dando cara a la gente, y con el uso de la lengua vernácula, del idioma común del lugar en vez del latín. Había sido aprobado uno de los documentos básicos del Concilio sobre la Iglesia misma, llamado "Luz del mundo". El documento enfatizó que la Iglesia está compuesta por todo el pueblo de Dios, por todos los bautizados que constituyen el sacerdocio de los fieles. La jerarquía (diáconos, sacerdotes y obispos) son aquellos que han sido llamados a servir al pueblo de Dios con la interpretación de las Escrituras y los sacramentos. Esta era una forma totalmente nueva de ver a la Iglesia Católica para ese tiempo.

Documentos posteriores del Concilio recordarían a los católicos la importancia de leer y estudiar las Sagradas Escrituras. Esta práctica anteriormente se había considerado a menudo como algo que sólo hacían los protestantes. Entonces, gracias al Concilio, los estudios bíblicos también cobraron importancia para los católicos.

Otro documento, llamado "La Iglesia en el Mundo Moderno", llamaría a la Iglesia a involucrarse en la actualidad de los problemas mundiales de la economía, la carrera armamentista, los avances científicos y tecnológicos, y asuntos similares. El Concilio animó a la Iglesia a salir de una mentalidad de gueto para convertirse en un signo, un sacramento del amor de Jesús a toda la humanidad en medio del sufrimiento en nuestro mundo, para ser un signo de esperanza, de que todos juntos podemos construir un mundo mejor.

Un documento que era importante para mí se refería a la renovación de la vida religiosa, la vida de sacerdotes, hermanos y hermanas unidos por los votos, que invitaba a las congregaciones religiosas a volver a sus raíces, a la razón original por la que habían sido creadas por sus fundadores. Las llamó a renovar sus vidas poniendo en práctica su don original en el servicio a la Iglesia de nuestros tiempos modernos actuales. El Concilio también invitó a los laicos a involucrarse más en los ministerios de servicio dentro de la Iglesia, y lo más importante, a ser la luz de Cristo en el mundo secular, asumiendo el compromiso bautismal de ser Jesús vivo, en medio de los asuntos mundiales, en sus familias, y también en sus lugares de trabajo y estudio. Los alentó a involucrarse en política, ciencia y economía para contribuir a la construcción del Reino de Dios, el reino de justicia, amor y paz, aquí, entre nosotros.

Durante esos años del Concilio en Roma, tuve muchas oportunidades de asistir a conferencias dadas por los grandes teólogos de la época, muchos de los cuales habían sido silenciados por sus ideas consideradas radicales, como Karl Rahner, Hans Kung, John Courtney Murray, Henri de Lubac, Edward Schillebeeckx, y otros. Había aterrizado, cayendo de pie en el mundo completamente nuevo del pensamiento de la Iglesia. ¡También descubrí en mi viaje a bordo de un barco con dirección a Roma que la mayor parte del mundo no era como Albany! Nunca antes había visto tanta pobreza como vi en las Islas Madeira, y Casablanca en Marruecos, y otros puertos donde el barco hizo paradas.

Empecé entonces a notar muy académicos y áridos los estudios teológicos en la Universidad Gregoriana, especialmente la teología jurídica, moral y canónica del profesor Zalba, y el enfoque especulativo de la doctrina de muchos de los profesores. Fui animado más bien por la nueva teología moral de Fuchs, que nos enseñó que no todos los pequeños actos, como no acudir a misa el domingo eran un pecado mortal como nos habían enseñado en nuestros años de niños. De hecho, él enseñó que es muy difícil cometer un pecado mortal. Uno tenía que alejar completamente su vida de Dios. Durante mis años en Roma pasé mucho tiempo leyendo los libros de esos teólogos.

También tuve la oportunidad tener una experiencia de un retiro para un mundo mejor (*Movimento per un Mondo Migliore*), durante mi segundo año en Roma, justo después de una visita de Pascua de Resurrección a mis padres. Me estaba desanimando con los estudios de ese tiempo y empecé a cuestionar mi vocación. Este retiro me abrió a nuevas formas de conectar la Biblia con el mundo real. Hizo que la Biblia cobrara vida y se volviera más significativa para mí.

EL LLAMADO

Poco después de este retiro de *Mondo Migliore*, de repente sentí que me llamaban para unirme a la misión de mi provincia recientemente inaugurada en Perú. Bob Nogosek, el superior de Collegio di Santa Croce, la casa de teología internacional de Santa Cruz en Via Aurelia Antica en Roma, fue quien sin saberlo hizo germinar la idea en mi cabeza. Una noche, mientras cenábamos afuera, como solíamos hacer los domingos cuando había buen tiempo, Bob, que era tímido y en conversación torpe, y con quien normalmente me sentía incómodo, optó por sentarse a mi lado. De repente se volvió hacia mí y me dijo: "Shea, ¿por qué no vas a Perú?" Estoy seguro de que él tenía buenas intenciones, pero en su torpeza lo tomé como si dijera: "Shea, ¿por qué no te desapareces?" Subí las escaleras enojado, cuando de repente sentí que oía una voz interior que parecía decirme:" ¿Por qué no, Tom?". Me pregunté si era Dios quien me estaba hablando. Y a partir de ese momento comencé a planear mi viaje a Perú.

En 2009 encontré a Bob Nogosek nuevamente en un encuentro nacional del Movimiento de Pequeñas Comunidades Cristianas celebrado en la parroquia de la Natividad en Brandon, Florida, donde servía a la comunidad hispana. Fue una oportunidad para compartir esta historia con él y darle las gracias personalmente por ser quien me hizo comenzar a pensar en Perú. A menudo les he dicho a los jóvenes que intentan discernir la voluntad de Dios para sí mismos, que a veces la voz de Dios llega a través de personas que no siempre son nuestros mejores amigos. ¡Gracias de nuevo, Bob, por transmitirme la voz de Dios!

En el verano siguiente comencé a estudiar español, mientras todavía estaba luchando con el estudio del italiano y el francés. Usábamos francés e inglés en nuestra casa internacional, y por supuesto necesitábamos italiano para vivir en Roma. Es triste decir que nuestras clases se impartieron en latín y no en italiano. Fui a España por dos veranos, primero a un curso en Madrid y el año siguiente a otro curso en Santander, al norte de España. No aprendí mucho español en ninguno de esos viajes, porque la mayoría de los estudiantes hablábamos inglés, y lo usábamos en la mayoría de las conversaciones.

Gonzalo Martín, que era español y que había conocido al sacerdote de Santa Cruz Jerry Lawyer cuando éste estaba trabajando allí en la Cruzada del Rosario Familiar, estaba pensando en unirse a la orden, y por eso estudiaba con nosotros en nuestra casa de Roma. Él fue útil para mi, me dio clases particulares de español dos veces a la semana y realmente aprendí más de él. Él reaparecerá más adelante en esta historia. ¡Gracias, Gonzalo!

Durante mi último año en Roma, escribí al superior provincial Richard Sullivan preguntándole si después de mi ordenación podía unirme a nuestra nueva misión en Perú. Como no tuve respuesta suya, escribí una segunda carta sugiriendo una segunda opción. En ese momento, Santa Cruz tenía una escuela secundaria en Bridgeport, Connecticut, a la que no quería que me asignasen porque había escuchado rumores de tensiones dentro de esa comunidad de Santa Cruz. En cambio, pedí que me asignaran a una de las escuelas secundarias de la orden, si Perú no era posible por entonces. El provincial malinterpretó el motivo de mi segunda carta, pensando que era mi forma de decir que ya no quería ir a Perú, así que me asignó a enseñar religión y ser capellán en la escuela secundaria de los Hermanos en West Haven, Connecticut. Afortunadamente, tuve la oportunidad de hablar con él personalmente para aclarar el malentendido antes de dejar Roma en junio de 1968. ¡Comunicaciones malentendidas serían un tema constante en mi itinerario de vida!

Me pidieron que fuera a Perú en julio de 1968 mientras estaba de vacaciones con mi familia después de celebrar mi primera misa en mi parroquia de San Vicente de Paul en Albany, NewYork. El asistente provincial, Jerry Lawyer, vino a Albany para hablar conmigo sobre el tema. Me dijo que Don Abbott, uno de los hermanos que ya estaba en Perú, un buen amigo mío que había estado un año adelantado a mis estudios en Roma tenía algunos problemas personales, y quería regresar a Estados Unidos y por ello la misión en Perú necesitaba otro sacerdote. Yo sabía que mi madre esperaba tenerme cerca después de estar cuatro años alejado en Roma, pero mi padre me apoyó mucho diciéndome que siguiera los dictados de mi corazón. Así fue que dije "Sí" y me fui, después de pasar un mes ayudando en mi parroquia de infancia de San Vicente De Paul en Albany y de visitar durante un mes a mis familiares, amigos y casas comunales de Santa Cruz en el noreste.

Viajé en barco para Perú con Jim Chichetto a mediados de octubre de 1968. Jim había ingresado a Santa Cruz conmigo en 1959 y había estudiado teología en la Casa Misionera de la orden en Washington, DC, en preparación para ir a las misiones en lo que entonces era el Pakistán Oriental (ahora Bangladesh), ya que, a diferencia de mí, había tomado el cuarto voto de misión después del noviciado. Cuando no pudo obtener una visa para ir ahí, decidió unirse a nosotros en Perú. Mi mamá estaba en el hospital enferma de asma bronquial el día en que debía partir, así que mi padre y mi hermano Bud me llevaron al barco en Nueva York. Era el "Magdalena", propiedad de la W.R. Grace Company. Recuerdo que mi tía Bess, mi prima hermana Betty Christenson y su hija Pat estuvieron allí para despedirme.

El viaje a Perú fue una gran aventura para mí. Tres mujeres mayores que habían estado viajando juntas de vacaciones durante más de quince años hicieron amistad conmigo, Jim, y otra joven laica en camino a hacer trabajo misionero en Ecuador. Tuvimos una gran vida social en el barco jugando al bingo y participando en actividades. Recuerdo que tuve que ser iniciado por Neptuno, el dios del agua fresca y el mar y su corte, cuando crucé la línea ecuatorial. Como castigo por ganar muchas veces en el bingo, me rociaron con grasa y otros líquidos, antes de empujarme a la piscina del barco. Visitamos los diversos puertos donde atracó el barco, Port Au Prince en Haití, Curaçao, Cartagena en Venezuela, Panamá, Buenaventura en Colombia y Guayaquil en Ecuador, donde una vez más fui testigo de la pobreza en nuestro mundo. Estuve en contacto con estas tres mujeres hasta que cada una murió. Una de ellas, la más joven, Josephine, era una experta en informática. La visité varias veces en la ciudad de Nueva York cuando volví de Perú en visitas familiares. Jim Chichetto ha escrito una novela corta sobre nuestro viaje a Perú y nuestros primeros años allí, que es una gran lectura. No creo que haya sido publicado, pero te animo a hacerlo, Jim.

2. CARTAVIO 1968 - 1973

Llegamos a Perú el 25 de octubre de 1968. George DePrizio, quien había sido el superior provincial en el momento de la apertura de la misión de Santa Cruz en Cartavio en 1963, y Larry Olszewski, que había hecho su formación varios años antes que yo y quien, después de terminar sus estudios de teología en Montreal, había sido asignado a Perú en 1966, nos recibieron en nuestro barco en el puerto de Callao cerca de Lima. ¡Qué expectativa sentí yo por esta nueva vida mía que estaba por comenzar! Sabía poco o nada de Perú en ese momento, pero estaba muy emocionado porque, sin saber por qué, sentí en mi corazón que estaba llamado a vivir y trabajar en esa tierra. Pasamos unos días en Lima, visitando la ciudad y haciendo los trámites de nuestras visas, mientras que Jim iniciaba estudios en una escuela de idiomas. Recuerdo que Larry nos llevó a una gira por la ciudad. Incluso fuimos a una corrida de toros y a un concierto. Ya había visto corridas de toros en España cuando estudiaba español allí durante las vacaciones de verano de mis estudios en Roma. Jim y yo también comenzamos el largo proceso burocrático de obtener documentos de residencia para Perú.

Jim debía quedarse unos meses en Lima para estudiar en la escuela de idiomas Santiago Apóstol en Barranco, un distrito de Lima. La Sociedad de Santiago Apóstol con sede en Boston fue fundada alrededor de 1960 para los sacerdotes diocesanos que desearan hacer trabajo misione-

CARTAVIO 1968 – 1973

ro en América Latina. Ellos abrieron una escuela de idiomas en Lima para miembros de la Iglesia que llegaban a América Latina después que el Papa Juan XXIII en 1960 pidiera a las comunidades y diócesis religiosas que enviaran el diez por ciento de su personal a América Latina para ayudar a la Iglesia local ahí, mientras el comunismo estaba creciendo en el continente. Muchos latinoamericanos estaban insatisfechos con las promesas del capitalismo en sus países y habían visto el éxito de la Revolución Cubana. Veían que el comunismo era una alternativa viable a cómo vivían entonces bajo el capitalismo.

George DePrizio se había mudado recientemente de Cartavio a Lima, donde vivía y se desempeñaba como capellán de las Hermanas del Corazón Inmaculado de María de Filadelfia, que tenía una escuela para niñas ricas en la Avenida Arequipa, en un lindo sector de Lima llamado Miraflores. Durante los años siguientes, Jim y yo nos quedaríamos allí con George cuando íbamos de Cartavio a visitar Lima. Después de esos primeros días, Larry y yo comenzamos lo que sería la rutina del viaje de diez horas en auto por la carretera Panamericana, a lo largo de la costa peruana, hacia Cartavio, nuestro destino, a unos cuarenta y cinco minutos al norte de la ciudad de Trujillo en la costa norte de Perú. En el camino, recuerdo que una de mis primeras sorpresas fue que no había selva tropical en la costa peruana. Por mis estudios muy limitados de América Latina en la escuela primaria, tuve la impresión de que todo Perú era una jungla. Descubrí que la costa es desierta a excepción de fértiles valles donde los ríos descienden de las montañas para terminar en los pequeños pueblos y ciudades costeras. ¡Al principio pensé que estaba en el desierto Sahara de África! Nunca antes había visto un desierto, pero comencé a apreciar su belleza. El hecho es que la selva peruana está al otro lado de las montañas de los Andes. Realmente sabía muy poco sobre el país en el que estaba empezando a vivir. También descubrí que Perú, aunque está ubicado a mitad del lado occidental de Sudamérica, se encuentra en la zona horaria del este norteamericano, directamente debajo de la ciudad de Nueva York. Siempre tuve la impresión de que el continente sudamericano estaba ubicado verticalmente debajo de América del Norte. Había tantas cosas nuevas para aprender.

CARTAVIO

Recuerdo nuestra llegada a Cartavio a primera hora de la tarde después del largo viaje desde Lima. Cartavio era una gran plantación de azúcar (*hacienda*) de propiedad y operada por la Compañía W.R. Grace de Nueva York. Allí había una fábrica de azúcar rodeada por las casas de los trabajadores, como en las antiguas ciudades de las compañías estadounidenses. Los campos llenos de caña de azúcar se extendían por kilómetros cuando dejamos la Carretera Panamericana, justo después de la gran ciudad de Trujillo. Nos dirigimos a los caminos llenos de baches de la hacienda, magullados por los enormes tractores que transportaban la caña de azúcar de los campos a la fábrica.

Cartavio todavía era una hacienda, pero en junio de 1969 sería declarado cooperativa agraria por el nuevo gobierno militar revolucionario del general Juan Velasco

CARTAVIO 1968 – 1973

Alvarado Alvarado, un general con una visión de un Perú libre de la explotación por parte de la oligarquía local peruana y de inversionistas extranjeros. El nuevo gobierno acababa de expropiar a principios de octubre de 1968 las refinerías de petróleo de la Standard Oil Company en el norte de Perú. Fue un momento de cambio político en toda América Latina, incluido Perú. Y había en algunos temores por la amenaza del comunismo.

El pueblo de Cartavio tenía unas treinta mil personas quienes en su mayoría vivían en largas y estrechas casas de la compañía a lo largo de calles estrechas y polvorientas. La melaza sobrante de la caña de azúcar se usaba en las calles para mantenerlas menos polvorientas. Recuerdo que mis zapatos se pegaban cuando estaba recién salida del camión. Por esta razón, también, había un olor dulzón en el aire de la ciudad, que lentamente crecería en mí. La noche que llegué a Cartavio fue la noche de la procesión final de Nuestro Señor de los Milagros en las calles de Cartavio. Para la gente en Perú, esta fiesta en el mes de octubre toma el lugar de la tradicional temporada de Cuaresma de la Iglesia. El calendario litúrgico de la Iglesia se basa en las estaciones del hemisferio norte, por lo que, en el hemisferio sur donde se encuentra el Perú, la Cuaresma litúrgica cae inconvenientemente durante el verano. La fiesta de Nuestro Señor de los Milagros data del siglo XVI en Lima cuando hubo un terremoto. La imagen que había sido pintada en la pared de una iglesia para esclavos africanos fuera de Lima fue la única pared que sobrevivió al terremoto. Esto fue considerado un milagro por los esclavos pobres, que luego comenzaron esta devoción, y que con el paso de los años se extendió por Lima y muchas otras partes del Perú.

Durante el mes de octubre la gente se viste de púrpura, el color penitencial. Todas las noches de ese mes en Cartavio la imagen se movió en procesión de un vecindario a otro mientras la multitud la seguía con canciones y oraciones. En octubre, se celebró Misa en los vecindarios de los fieles, en vez de hacerla en el templo principal de la iglesia. Para los sacerdotes como yo, fue una gran manera de acercarnos más a la gente, especialmente a aquellos que no asistían a menudo a misa en la iglesia parroquial. Siempre recordaré la banda de música que tocaba la canción especial dedicada a Nuestro Señor de los Milagros, que escuché en la primera noche que llegué a Cartavio.

Cuando entré en nuestra casa grande de la Calle Real # 6 en la calle principal cerca de la iglesia, Don Abbott, a quien fui enviado a reemplazar, estaba de pie en la puerta con sus maletas llenas. Inmediatamente nos anunció a Larry y a mí que partiría al día siguiente para regresar a Estados Unidos. Sabía que Don estaba pasando por muchos problemas personales. ¡Pero se suponía que debía quedarse durante por lo menos seis meses hasta que yo aprenda el español un poco más! En ese momento, yo apenas podía hablar o entender el idioma. Había estudiado solo dos breves cursos de verano en España, pero el superior provincial Richard Sullivan estaba convencido de que tenía suficientes estudios formales y que dominaría el idioma rápidamente si es que tomaba clases. Al día siguiente, Larry, que era el pastor en funciones, me dijo que yo tendría que reemplazar en la enseñanza de clases de

CARTAVIO 1968 – 1973

religión que Don dictaba en la escuela secundaria pública de la ciudad a partir de la semana siguiente y, además, que también sería el pastor de la parroquia a partir de mediados de noviembre, mientras él se iba de vacaciones a Estados Unidos por tres meses. Sería su oportunidad de visitar a su familia después de no haberlos visto durante tres años. El verdadero pastor en Cartavio era el sacerdote de Santa Cruz Steve Lambour, quien había venido a Perú con George DePrizio años antes. Steve estaba en ese momento en Estados Unidos, de vacaciones hasta enero. Por lo tanto, me quedaría solo en Cartavio a no ser por Gonzalo Martín, quien, como seminarista, me había enseñado español en Roma y que había venido a trabajar a Perú en 1967 después de su ordenación sacerdotal.

Gonzalo todavía aun no había ingresado formalmente a la Congregación de Santa Cruz, que requiere un año en el noviciado y tomar los tres votos, de castidad, pobreza y obediencia. Por lo tanto, todavía se le consideraba un postulante (una persona que está considerando unirse a la Congregación). Por esa razón, Gonzalo no pudo ser asignado como pastor en Cartavio. ¡Se trataba de un bautismo de fuego para mí!

EL IDIOMA

Mientras tanto, nuestra vecina Wilda Cárdenas, una ex-maestra y ex-directora de escuela primaria, se convirtió en mi instructora particular en español. Ella era una señora peruana bien educada, cuya casa, en la que vivía con su esposo y sus cinco hijos, estaba justo al costado de la nuestra. Ella no hablaba inglés, así que tuvimos que hablar solo en español. De hecho, ¡nadie en el pueblo hablaba inglés! Eso fue una ventaja para mí, porque me obligó a usar el nuevo idioma. Cada mañana, de lunes a viernes, yo iba a su casa para dos horas de clase. Tenía los libros de español que se usaban en la escuela de idiomas en Lima, donde Jim estudiaba, y trabajamos lentamente con estos textos. Ella era una maestra competente y muy paciente conmigo. Ella también corregía mis homilías dominicales, que preferí tratar de improvisarlas, no escribirlas de antemano. ¡Gracias, Wilda, y todos los que me ayudaron a aprender el español! Después de que Jim llegó en diciembre de 1968, el, Larry y yo decidimos hablar sólo en español entre nosotros, para facilitar nuestro aprendizaje del idioma. Fue una gran idea, y todos mejoramos así nuestro manejo del idioma.

Un incidente cómico sucedió cuando estaba aprendiendo español. Ocurrió en una de mis primeras Misas cuando experimentaba con predicar la homilía sin antes escribirla. Quería decir que estaba avergonzado por mi pobre español, pero empleé la palabra "*embarazado*", pensando que significaba "avergonzado", pero en español significa "embarazada", o sea en cinta, esperando bebé. Entonces, la gente soltó una buena carcajada a costa mía.

LA ESCUELA SECUNDARIA

Comencé a enseñar en el colegio secundario público unos días después, esta vez escribiendo mis clases. Enrique Urquiaga, un joven peruano que era sacristán en la iglesia parroquial y estudiante en el colegio, me ayudaba a entender las preguntas que me hacían los estudiantes. Enrique se sentaba en la primera fila y repetía las preguntas muy lentamente para mí. Yo trataba de responder las preguntas con mi español entrecortado. Los estudiantes en general fueron muy amables conmigo y me ayudaron a aprender el idioma rápidamente. A veces me preguntaba cómo sería la experiencia de un profesor de habla hispana, que no hablaba mucho inglés, tratando de dar clases en una escuela de los Estados Unidos.

Algunos de los estudiantes a menudo venían a la casa por la noche y me invitaban a salir con ellos a caminar por la plaza principal cercana. Entonces me hacían preguntas de vocabulario y me obligaban a tratar de conversar en español con ellos. ¡Todos disfrutamos de muchas buenas risas por mis abundantes errores! Me encantó enseñar en el colegio secundario estatal todos esos años. Los estudiantes fueron muy amables y amigables conmigo. Recuerdo especialmente a mi buen amigo Ántero Ruiz, que fue uno de los primeros estudiantes que tuve. Ántero es todavía un amigo fiel, incluso hoy cuando está llegando a sus 65 años. ¡Gracias, querido Ántero!

Con algunos estudiantes de la escuela, formé un grupo juvenil parroquial que llamamos "Raíces Culturales". Recuerdo que planeamos con ellos una actividad para ir al cine en la vecina ciudad de Trujillo, donde vimos "¿Quién le teme a Virginia Woolf?" Hubo mucho diálogo en la larga película y muy poca acción; ¡creo que todos estaban aburridos a muerte! Otra noche fuimos a Trujillo con otros miembros de la parroquia para el primer evento musical del Festival de Primavera. Raúl Vásquez, un joven compositor y artista desconocido, ganó la fama por su canción "La Plañidera" (la llorona pagada en el funeral). Aún conservo una grabación en CD de ese festival, y a menudo la escucho tanto en mi habitación, y también mientras manejo el automóvil, para recordar esos días maravillosos.

Recuerdo que, poco después de mi llegada, el gobierno peruano comenzó una reforma educativa que exigía el trabajo grupal, en lugar de la mera memorización y repetición de lo que dictaba un maestro. Me entusiasmó esta metodología (Paulo Freire, "Pedagogía del Oprimido" 1968) y la utilicé en todas mis clases. Invitaba a los estudiantes a consultar libros en la pequeña biblioteca ubicada en el salón parroquial, y así hasta podíamos preparar las clases en grupos. Entonces había actividad de estudiantes en el centro parroquial también por las tardes, y así pude conocerlos mejor. Creo que disfrutaron de este método. A mí me gustó y lo usé durante todos mis años en Perú.

Sucedió que, durante mis primeros años de enseñanza en la escuela, las clases a menudo se cancelaban los viernes por la tarde por diferentes razones, como una reunión de maestros, una práctica de marcha para un desfile, o un evento deportivo. Por otro lado, los estudiantes tenían clases de religión solo una vez a la semana, y tres de mis clases estaban programadas para el viernes por la tarde. Por ello a veces no podía ver a esos estudiantes durante todo el semestre. Cuando llegó el momento de calificarlos, le dije al director que no podía, en conciencia, darles una calificación ya que nunca había tenido una clase formal con ellos. Él estaba bastante sorprendido por mi actitud.

CARTAVIO 1968 – 1973

Por eso, en los años siguientes insistí en no tener clases los viernes por la tarde.

Tal era la vida a menudo en las escuelas estatales peruanas. Tenía mucho que aprender sobre las costumbres peruanas. Al principio esto fue difícil para un *gringo* como yo, pero con el tiempo me acostumbré bastante a lidiar con estas molestias. Un día Lorenzo Santillán, el director de la sección nocturna de la escuela secundaria, un amigo que a menudo nos visitaba en nuestra casa, nos hizo notar que los tres sacerdotes enseñábamos cada uno unas pocas horas de clases de religión y sería mejor que pusiéramos todas las horas a nombre de uno de nosotros. Como yo era el único realmente interesado en enseñar a tiempo completo, se decidió que los otros dos continuarían enseñando algunas clases, pero bajo mi nombre. Así conseguí un puesto de docente permanente en el Ministerio de Educación peruano, lo que se llama un *nombramiento* en español. Me quedé con este *nombramiento* durante casi todos mis años de docente en Perú hasta que me retiré con treinta años de servicios en 2001. ¡Gracias, Lorenzo Santillán!

Un acontecimiento notable de mi tiempo de docencia en Cartavio fue cuando en 1973 la promoción del 5to año me eligió como uno de sus asesores. Planeamos con ellos una excursión de dos semanas a Cusco viajando en autobús. Para ello, durante el año escolar organizamos actividades para recaudar dinero. El viaje fue una experiencia maravillosa. Fuimos cincuenta y cinco los excursionistas, incluidos cuatro adultos (tres maestros y un padre de familia). Viajamos primero por la costa a Lima y luego subimos a Huancayo, Ayacucho y Cusco; luego Ju-

GRACIAS PERÚ

liaca y Arequipa, y a Cartavio de regreso. Fue la primera vez que viajé extensamente por el Perú.

En Ayacucho, que es una linda ciudad conocida por sus muchas iglesias españolas, me decepcionó que ningún sacerdote o Hermanas de las iglesias o escuelas religiosas nos prestó un espacio para dormir en el piso cuando se lo pedimos. Dijeron que no querían ensuciar sus aulas, a pesar de que les dijimos que las dejaríamos bien limpias. ¡Lo único que realmente querían hacer por nosotros era mostrarnos las joyas en sus iglesias! Todos habíamos estado durmiendo en el autobús por varias noches, y realmente necesitábamos estirarnos para dormir bien, aunque sea por esa noche. Un estudiante universitario nos oyó hablar de nuestras dificultades en la plaza principal de Ayacucho nos ofreció su pequeña habitación. ¡Me sentí como José buscando un cuarto para María y el Niño! ¡Para mí, el único cristiano que conocí fue este pobre estudiante universitario! ¡Eso es lo que les dije a los estudiantes también!

Cartavio fue un gran lugar para comenzar el ministerio sacerdotal en Perú. Vivía allí la gente pobre de los pueblos y ciudades rurales y la proveniente de la sierra norte del Perú, cuyo primer idioma era a menudo el quechua. Habían sido llevados a la costa para trabajar en las plantaciones de caña de azúcar y en las fábricas de azúcar. Había en el fértil valle de Chicama alrededor de Trujillo varias haciendas azucareras además de Cartavio, propiedad de familias adineradas peruanas como los Larco y los Gildemeister, de orígenes italiano y alemán respectivamente. A los de la montaña se les prometió una vida mejor en la costa, pero pasaba que a menudo se endeudaban con

CARTAVIO 1968 – 1973

las mismas compañías, ya que necesitaban cosas vitales como ropa, zapatos, alimentos y otros artículos que los bazares de las empresas les vendían, y por tanto no podían mudarse a ninguna otra parte hasta pagar estas deudas. ¿Una forma moderna de esclavitud? Estas personas fueron muy amables y hospitalarias con gringos como yo, que no hablábamos bien su idioma, ni entendíamos su cultura, costumbres y religiosidad. Aprendí mucho de ellos sobre la cultura y espiritualidad peruana. ¡Gracias, gente de Cartavio!

SANTA CRUZ EN CARTAVIO

Al principio de mis años en Cartavio, éramos cinco los sacerdotes de Santa Cruz, el pastor Steve Lambour, Larry Olszewski, Gonzalo Martin, Jim Chichetto y yo. Steve había reemplazado a George DePrizio, el fundador provincial de nuestra misión en Perú, quien a principios de 1968 se mudó a Lima, la ciudad capital, para asesorar el nuevo movimiento carismático católico que se estableció allí con un sacerdote dominico estadounidense. Fue un movimiento con una práctica similar al evangélico protestante de alabar al Señor con cantos y gritos de alegría.

Nosotros esperábamos que se unieran a nosotros más sacerdotes jóvenes de nuestra Provincia Oriental de los Estados Unidos, pero nunca aparecieron. Dos de ellos se enamoraron durante la escuela de idiomas en México. En junio de 1969 el pastor Steve Lambour regresó a Estados Unidos por razones personales, y Gonzalo se fue a nuestra casa de formación de Notre Dame, Indiana, para hacer su año de noviciado y luego ingresar a la Congregación de Santa Cruz. Gonzalo regresó como un miembro profeso de Santa Cruz a fines de 1970, y fue asignado a la nueva misión en Chimbote de la que hablaré en el próximo capítulo.

Es así que en junio de 1969, Larry, Jim y yo estábamos solos en Cartavio, donde los tres vivimos una vida comunitaria muy feliz. Comíamos juntos; viajábamos juntos a Cajamarca, la ciudad principal de la sierra cercana, a unas cinco horas en carro desde Cartavio, o al pueblo de Cascas, a unas dos horas en carro, en las montañas cercanas a Cartavio. A menudo íbamos a Trujillo para cenar y ver películas. Cada tres meses, cada uno de nosotros pasaba unos días en Lima para relajarse. Usualmente viajábamos en colectivo (un auto que transporta cuatro o cinco pasajeros). Ir a Lima era un viaje de diez horas desde Trujillo en automóvil, unos 550 kilómetros por la carretera Panamericana, carretera angosta de sólo dos carriles, muy transitada. Rara vez viajábamos en avión, porque era bastante caro. Al principio, nos quedamos con George y las Hermanas de quienes él era el capellán en Lima. ¡Gracias, George! ¡Que descanses en paz! Fuiste un anfitrión muy amable y hospitalario, junto con las Hermanas del Corazón Inmaculado de María.

En ese tiempo de Cartavio, todos los días recogíamos nuestras comida en un portaviandas y la traíamos a nuestra casa desde el pequeño restaurante propiedad de doña Rebeca, una gran cocinera que estaba a cargo del comedor de la Cooperativa Agraria y nos mantenía bien alimentados y saludables. Debido a mis raíces irlandesas, me llevó alrede-

CARTAVIO 1968 – 1973

dor de una semana acostumbrarme a tener como parte del plato principal arroz en vez de papas. En casa, en Albany, el arroz siempre se presentaba en un postre con pasas. Ahora, por supuesto me gusta el arroz y lo extraño aquí en los Estados Unidos. Cuando Santa Cruz aceptó trabajar en la misión de Cartavio, la compañía Grace que era dueña de la hacienda, ofreció pagar nuestros salarios y atender nuestras necesidades. Este detalle se convertiría en un problema para todos nosotros más tarde, ¡porque parecíamos ser, y en verdad éramos, trabajadores de la compañía Grace! Empleamos a dos jóvenes que eran hermanos, Víctor y Juan, para ayudarnos con el trabajo doméstico en la casa. ¡Gracias Juan, Víctor, Rebeca por todo ese servicio para nosotros! La hacienda también nos proporcionó un chófer llamado Román, y un vehículo para nuestras necesidades de transporte. ¡Vivimos bien gracias a que la compañía azucarera pagaba a todos estos trabajadores! Recuerdo que una vez fui con Roman, Victor, Juan y otros que nos ayudaban en nuestro hogar o en la parroquia, a un viaje en automóvil por tres días hasta la frontera de Perú con Ecuador en el norte. Fue un gran paseo juntos, para agradecerles por todo lo que hicieron por nosotros. También con ellos realizamos anualmente un viaje de un día a la playa.

Cuando llegamos a Cartavio, Jim y yo no teníamos licencias de conducir peruanas. Entonces un día fuimos a Trujillo para obtenerlas. Como los dos todavía teníamos problemas con el español, fuimos acompañados por uno de los supervisores de la hacienda. Buen servicio, ¿no? Jim no aprobó el examen escrito (ya que recién comenzaba a aprender español) y yo no aprobé el examen de la visión (tengo un ojo malo). El funcionario de la plantación le ofreció al examinador cincuenta libras de azúcar para que cada uno de nosotros pueda recibir nuestras licencias, ya que las necesitábamos para viajar a los pueblos alejados de Cartavio. ¡No podía creer lo que veían mis ojos y escuchaban mis oídos! Fue mi introducción a las costumbres peruanas, que eran tan generalmente aceptadas como normales por toda la gente en el país. ¡Un rasgo cultural más al que tendría que acostumbrarme!

Otra diferencia cultural que tuve que aprender fue la poca importancia de la puntualidad en el tiempo. Recuerdo que una vez llegué a la hora exacta, según la invitación, a una ceremonia de intercambio de anillos (una costumbre previa al matrimonio en Perú). Sin embargo, la ceremonia comenzó tres horas después. De hecho, cuando llegué, los miembros de la familia todavía estaban limpiando el piso de la sala donde se iba a celebrar la fiesta, así que me senté allí mientras limpiaban a mí alrededor durante tres horas. Después de esa experiencia, supe que las 7:00 p.m. significaban las 9:00 o las 10:00 p.m., y así fue que me adapté.

Otra lección cultural para mí fue que la gente generalmente te daba la respuesta que creían que tu esperabas, en vez de la propia en honestidad. Hacían eso para no ofenderte. Por ejemplo, si yo les preguntaba a los jóvenes si querían ir a la playa, todos respondían que sí, pero luego nadie aparecía. En resumen, estábamos ocupados generalmente el día completo. Se requería al menos dos sacerdotes para poder hacerlo todo. ¡Gracias a Dios que nosotros éramos jóvenes y llenos de energía!

CARTAVIO 1968 – 1973

Los domingos, teníamos varias misas. La de las 6 a.m. en el convento con las Hermanas estaba abierta al público. A las 7 am se celebraba en el sector periférico llamado Santa Rosa, barrio donde se criaban los cerdos y otros animales pertenecientes a familias de Cartavio, y donde vivían miembros de familias que no eran trabajadores en la hacienda de Cartavio, (Nota del traductor al español: Vivían también ahí trabajadores del campo que no pertenecían a la hacienda y que ganaban mucho menos por su trabajo en el campo — testimonio de Rosalí Vargas, un joven estudiante, hijo de una familia que migró a Cartavio desde la sierra de Cajamarca). Los parientes que no trabajaban en la hacienda vivían en condiciones muy pobres, porque las casas de los trabajadores solían ser pequeñas y ya estaban superpobladas con sus propios familiares inmediatos, con poco espacio para que otros familiares vivieran con ellos.

Seguía la misa de 8 a.m. en la iglesia, y luego a las 9 a.m. otra en la ciudad de Santiago de Cao, a una media hora de Cartavio en automóvil. Durante un corto tiempo también hubo una misa de 11 a.m. para los trabajadores de la clase alta de la hacienda, pero ésta fue descontinuada. Por la tarde, teníamos clases de religión enseñadas por las Hermanas y algunos laicos, varones y mujeres, de la parroquia, a veces con una misa en uno o más de los cuatro pueblos periféricos, cada uno ubicado a unos veinte minutos en carro desde Cartavio. Por la tarde teníamos una Misa a las 6 p.m. y a las 7 p.m. en la iglesia parroquial, así como una Misa a las 7 p.m. en una capilla en el sector Ingenio de Cartavio, y a las 8 p.m. en la vecina hacienda de Chiquitoy, una plantación de azúcar propiedad de un conde polaco y su familia, terratenientes ausentes. ¡El domingo era un día largo!

Además de las misas en la iglesia principal de Cartavio y las visitas a los enfermos en el hospital de la hacienda y en sus casas, teníamos días de trabajo una o dos veces por semana en la oficina de la parroquia, en los que estábamos disponibles para personas que podían tener alguna necesidad. A cada sacerdote también se le daba un día de servicio en una de los templos en las poblaciones periféricas. Fui asignado a la antigua ciudad de Santiago de Cao, construida en el siglo XVI. Recuerdo mi primer día allí. Durante la semana, Santiago era como un pueblo fantasma. Me paraba fuera de la iglesia y no veía un alma. ¡Caminaba por la ciudad y tampoco veía un alma! Entonces, decidí dedicar mi tiempo a reubicar las muchas, muchas estatuas que estaban en los altares laterales de la iglesia. Si alguna vez aprendí una lección fue ¡No muevas las estatuas! ¡El domingo siguiente, cuando regresé a hacer Misa, todas las estatuas habían vuelto a sus lugares originales! Sin embargo, la misa dominical era muy concurrida. También fui asignado a Nepén, uno de los cuatro pueblos periféricos muy pequeños que estaban a unos veinte minutos en carro desde Cartavio. Disfruté mi tiempo en Nepén más que en Santiago, aunque también era como un pueblo fantasma durante la semana. Poco a poco conocí allí algunas personas durante mis visitas, y algunos estaban interesados en reunirse por la noche una vez a la semana en uno de sus casas para leer, reflexionar y orar con la Biblia. Entonces, comenzamos lo que se llama una "pequeña comunidad cristiana", una reunión de la Iglesia donde las personas leen y reflexionan sobre la Biblia en el contexto de sus problemas y esperanzas de vida.

La "pequeña comunidad cristiana" fue una innovación que se originó en las experiencias pastorales de la Iglesia de Brasil, en áreas donde había pocos religiosos o sacerdotes, y se convirtió en un movimiento nacional. Se esperaba que estas reuniones mantuvieran viva la fe en esas áreas. Este fue el comienzo de mi interés en trabajar con "pequeñas comunidades cristianas". ¡Una vez más, nos involucramos con el crecimiento del liderazgo laico en la Iglesia! Fue una gran experiencia para mí ver nacer la fe en estas personas sencillas y pobres. Sabían muy poco acerca de la Biblia, y estaban muy contentos de aprender más sobre ella y ver cómo podría aplicarse a su vida cotidiana. Este se convirtió en uno de mis principales ministerios en Perú durante todos mis años allí.

Además de todas las actividades sacramentales en la parroquia, como las visitas de bautismo en las casas y las preparaciones matrimoniales, también tuvimos matrimonios y misas fúnebres. En la medida en que lentamente me acostumbré a la vida en Cartavio, recuerdo especialmente disfrutar de las visitas para la preparación del bautismo que hicimos en las casas de las familias. Fue una excelente manera de conocerlos en su propio territorio, donde estaban más a gusto, pero también una forma de ver la pobreza en la que vivían la mayoría de ellos. Créanme, ¡eso fue muy educativo para mí!. Y yo nunca olvidaré su hospitalidad. Nos recibían en sus casas pequeñas y pobres de adobe, nos sentaban en su única silla y nos ofrecían algo para beber o comer. Recuerdo que parecían estar mucho más a gusto con nosotros allí en sus casas que cuando nos visitaban en la oficina de la parroquia. Esto me recuerda el momento actual cuando el Papa Francisco nos anima a los sacerdotes a salir a donde están las personas. En la parroquia también hubo varios grupos de acción social que representaban movimientos eclesiales nacionales e internacionales, como el Movimiento de la Legión de María, el Movimiento de Trabajadores Cristianos (MTC), el Movimiento Familiar Cristiano (MFC), el Movimiento de Jóvenes Trabajadores Cristianos (JOC), y el Cursillo de Cristiandad. Todos estos fueron muy buenos para ayudar a los fieles a crecer en su fe y a realizar su ministerio en la parroquia y en la sociedad sin depender excesivamente del equipo de la parroquia. La Legión de María fue fundada en Inglaterra a principios del siglo XX. Este grupo se reunía cada semana para orar y se centraba en la devoción a María y al rosario. El Movimiento Familiar Cristiano se reunía todas las semanas para reflexionar sobre su vida familiar y matrimonial a la luz de la Palabra de Dios en la Biblia. El Cursillo de Cristiandad tenía un intenso retiro de tres días para promover la renovación personal cristiana, seguido de reuniones semanales para mantener vivos los nuevos compromisos. Los otros grupos de acción social que se remontan a principios del siglo XX en Europa fueron la Juventud Estudiantil Católica (JEC), la Juventud Obrera Católica (JOC) y el Movimiento de Trabajadores Católicos (MTC). Estos movimientos se fundaron originalmente en Europa para responder al deseo de la Iglesia de trabajar nuevamente entre las clases trabajadoras y los pobres. En

CARTAVIO 1968 – 1973

sus reuniones semanales, discutían sus problemas juveniles o laborales utilizando el método de Ver, Juzgar y Actuar. Miras, *ves*, tu realidad vivida (la analizas); *juzgas*, iluminas, lo vivido con las Escrituras, y luego señalas *acciones* para mejorarla o cambiarla. Esta metodología sería importante para mí durante todos mis años en Perú, y continúa siéndolo hasta ahora. Nosotros, los sacerdotes religiosos de Santa Cruz, fuimos los guías espirituales de estos movimientos en Cartavio. Personalmente disfruté trabajando con los grupos de Jóvenes Obreros Cristianos (JOC), uno formado por hombres y otro por mujeres, y con uno de los tres grupos de familias cristianas (MFC). Como se puede ver, no hubo un momento aburrido. Por suerte éramos jóvenes en ese tiempo (¡ninguno de nosotros tenía más de treinta años!), enérgicos, y muy entusiasmados con los cambios en la Iglesia provocados por el Concilio Vaticano II, y por los documentos de los obispos latinoamericanos en Medellín llamando a la Iglesia a tomar una opción preferencial por los pobres.

A fines de mayo de 1970, hubo un terremoto en el norte de Perú. Larry estaba fuera en los Estados Unidos para el capítulo provincial. Jim, Gonzalo y yo estábamos en Cartavio. Recuerdo que estaba tomando una siesta cuando ocurrió. Mi habitación daba al frente de la casa en la calle Real, por donde los trailers que transportaban la caña de azúcar pasaban a menudo. Al escuchar el ruido, pensé que era uno de esos camiones. Entonces mi cama comenzó a mecerse, y las ventanas delanteras a vibrar. Me levanté, salí corriendo y me agarré a nuestra camioneta que estaba estacionada en la calle. El suelo subía y bajaba y los árboles y los faroles se balanceaban hacia adelante y hacia atrás, al igual que el edificio de nuestra iglesia en la esquina. ¡Qué experiencia tan terrorífica! Los temblores continuaron toda la noche. No pudimos comunicarnos con el mundo exterior durante más de una semana. Por supuesto, nuestras familias y nuestra comunidad en los Estados Unidos estaban preocupadas. Recuerdo que el grupo juvenil de la parroquia vino a nosotros para decirnos que querían llevar una donación de comida y ropa para Chimbote, a unas tres horas en carro, ciudad que estaba muy cerca del epicentro del terremoto cerca de Casma y Huaraz. Pensé que podríamos hacer la recolección rápidamente, porque la mayoría de las personas en Cartavio eran pobres, ¡pero la tarea nos llevó tres días! Cuando pasamos por las secciones mas pobres de Cartavio, ¡llenamos la parte trasera de la camioneta pick-up cada media cuadra! Luego llevamos lo que se recogió a la sala parroquial donde otros voluntarios separaron la comida y la ropa. Cuando fuimos a la parte más rica de la ciudad, muchas personas ni siquiera salieron de sus casas, así que pasamos rápidamente. ¡Qué lección para mí! ¡Aquellos que son los más necesitados son a menudo los más generosos en tiempos de sufrimiento de otros! A la semana siguiente, la Hermana Dolores, algunos de los jóvenes mayores y yo fuimos a Chimbote y luego a la ciudad de Jimbe, en el interior, donde distribuimos los bienes donados. Esa experiencia fue también una lección, ya que fuimos testigos de cómo los líderes corruptos del pueblo intentaron favorecer con las donaciones a su gente allegada mediante el uso de una lista sobrecargada con los nombres de sus amigos y familiares. La gente protestó por esta lista de personas, y decidimos utilizar en vez de la lista el sistema de donar a cada persona que hacía la cola.

Uno de los grupos juveniles de la parroquia, la Juventud Obrera Católica (JOC), realizó una encuesta sobre el trato a las mujeres y hombres que trabajaban en el servicio doméstico en las casas de las personas más adineradas de Cartavio. Los empleados domésticos, hombres y mujeres trabajaban muchas horas por un salario bajo, sin beneficios, con muy poco tiempo de descanso diario y sin días libres. Publicamos los resultados de la encuesta en el boletín parroquial del domingo y, por supuesto, hubo protestas de esas familias ricas y de las Hermanas, que pensaban que nosotros éramos comunistas haciendo trabajo político. Respondimos diciendo que solo estábamos siguiendo el reciente documento de los obispos peruanos sobre Justicia en el Mundo. El mismo grupo de jóvenes también produjo obras de teatro con el tema de la justicia social, especialmente en lo que respecta a los problemas de los trabajadores domésticos, para tratar de crear conciencia sobre la injusticia de su situación en todo el Perú y la falta de recursos legales para ellos. Ese evento también recibió muchas críticas, especialmente porque dos de los jóvenes, Toni Villalobos y Gabi Vega, eran hijos de las familias más ricas. Ambos han seguido al lado de los pobres incluso en sus vidas de hoy. ¡Gracias, Toni y Gabi, por su valentía incluso en ese momento difícil!

Todos esos años me involucré en lo que algunos llamaron el "ministerio de la playa de Tom". A menudo iba al océano con grupos de estudiantes y miembros de los grupos juveniles de la parroquia para jugar fútbol allí. Fue una excelente manera de conocer a los jóvenes y hablar con ellos de manera más informal. Hasta el día de hoy, muchos de esos jóvenes todavía son mis amigos íntimos y se reúnen conmigo cuando visito Cartavio y Trujillo, donde viven algunos de ellos.

Uno de ellos es Felipe Calderón, mi *compadre* (padre de mi ahijado Isaac). Felipe actualmente vive en la ciudad de Callao, cerca de Lima. Un padrino de bautismo en Perú se convierte en un miembro de la familia del niño y además en un padre para con la familia extensa. Ser un padrino tiene un significado cultural considerable y crea obligaciones en ambos lados, para ayudarse y cuidarse unos a otros.

Otro de mis amigos del ministerio de playa es Ántero Ruiz, a quien mencioné anteriormente como uno de mis alumnos que me ayudaron a aprender español. Hice muchos otros amigos, como Ricardo Ávila, Willy Quezada, Felipe Jorge Monzón, Douglas Vergara, Nelson Gonzales, Santos Guanilo y Gonzalo "Archie" Gutiérrez y Manuel Morgado, así como Toni Villalobos, Gabi Vega, Iris Vega, Marlene Vega, Tomasa Julca, Julio Julca, Segundo Mendoza, Carlos y Jesús Basilio y muchos otros que fueron miembros de la juventud parroquial, grupos de acción social y participantes en mi ministerio de playa. ¡Gracias a todos por esta maravillosa experiencia de aprendizaje con todos ustedes en Cartavio y por su constante y profunda amistad a través de los años!

También recuerdo con cariño a Patan, el perro bulldog de Larry que vivía con nosotros en la casa de la calle Real. Patan a menudo nos acompañaba a los jóvenes y a mí

CARTAVIO 1968 – 1973

a la playa para jugar al fútbol con nosotros. ¡Era tan divertido verlo corriendo y empujando la pelota con su nariz! Fueron años maravillosos de felicidad para mí y su apreciado recuerdo vive siempre en mi corazón.

TIEMPOS DE CAMBIO

Cuando llegué en octubre de 1968, Perú estaba al comienzo de una revolución social. En junio de 1969 el gobierno militar del presidente Juan Velasco Alvarado expropió todas las grandes haciendas de Perú, incluida la hacienda de Cartavio, propiedad de W.R. Grace Company de Nueva York, y se estaba preparando para transformar estas grandes haciendas en cooperativas, propiedad de los propios trabajadores. Durante decenas de años, la oligarquía rica, la clase aristocrática, dominó el Perú política y económicamente. La Iglesia peruana también estaba en proceso de implementar los documentos del Vaticano II. Recientemente, en 1968, se había celebrado la Conferencia de Obispos Latinoamericanos (CELAM) en Medellín, Colombia, donde los prelados formularon directrices revolucionarias, que alentaban la formación de una Iglesia con una opción preferencial por los pobres. Hablaron sobre el pecado social, de las estructuras injustas que en la mayor parte de América Latina esclavizan y oprimen a la población. Los obispos invitaron a sacerdotes, Religiosos y Religiosas a vivir de manera sencilla y a mudar su residencia a las zonas pobres de sus ciudades y campo. Durante años, la Iglesia en su mayor parte se había mantenido política y económicamente al lado de las clases altas. Ahora había un deseo de insertar más a la gente de la Iglesia en las áreas pobres de Perú, para servir y apoyar a los más pobres en sus luchas por la justicia, al interior de una sociedad corrupta e injusta.

Llegué durante esas turbulencias y cambios sociales, políticos, económicos y eclesiásticos. Por supuesto, muchas personas en la Iglesia y en la sociedad, especialmente entre las clases altas, no estaban contentos con los documentos del Vaticano II y de Medellín. Estos documentos afectaron fuertemente mi espiritualidad y mi ministerio pastoral durante mis primeros años en Perú, le dieron una nueva vida, más allá de la seca teología neo-escolástica, clásica y filosófica que había recibido tan recientemente en la Universidad Gregoriana de Roma.

También fue el momento de una renovación bíblica. Aprendí a leer la Biblia, con un ojo puesto en la realidad que estas personas estaban viviendo y el otro ojo en el texto bíblico. No bastaba con conocer, leer y estudiar la Biblia como un libro, sin entender el contexto en que se escribió el texto, ni tampoco el contexto actual de las vidas de las personas. Para mí fue un juego completamente nuevo y a la vez un desafío. Algo que asumí con gran interés y entusiasmo.

Antes de mi llegada al Perú un grupo de sacerdotes del país se habían organizado en un movimiento llamado Oficina Nacional de Información Social (ONIS). Fueron fundadores de ONIS célebres sacerdotes diocesanos como Gustavo Gutiérrez -considerado como el fundador de la Teología de la Liberación-, Jorge Álvarez Calderón y otros. Ellos habían trabajado incansablemente durante años con grupos laicos de acción social. Este grupo se con-

CARTAVIO 1968 – 1973

virtió en un movimiento, e intentó unir a los sacerdotes en sus esfuerzos para poner en práctica los documentos del Vaticano II y Medellín, en una nueva realidad, política y eclesial peruana, proporcionándoles la información que necesitan para su trabajo pastoral.

El grupo ONIS de la parte norte del Perú estaba compuesto por sacerdotes y Hermanas que trabajaban en las diócesis de Chimbote, Trujillo y Chiclayo. Nosotros, los religiosos de Santa Cruz en el Perú, éramos todos miembros de ONIS. A menudo, las Hermanas Religiosas también participaron en nuestras reuniones. Nos reuníamos en nuestra casa en Cartavio, porque era un punto medio geográfico para las diócesis del norte involucradas. Para mi fue el comienzo de muchos años de colaboración en la planificación pastoral de muchas congregaciones religiosas y el clero diocesano. No estuvimos comprometidos sólo en el trabajo de Santa Cruz sino en una experiencia mucho más amplia y completa de ser Iglesia.

Nosotros, sacerdotes y Hermanas, que trabajábamos en 1969 en las plantaciones de azúcar (haciendas) que estaban siendo transformadas en cooperativas agrarias de producción por el nuevo gobierno militar peruano, formamos un sector especial de ONIS en el norte, para trabajar en la realidad específica que era la nuestra en ese momento. Recuerdo en especial a los sacerdotes diocesanos canadienses de London, Ontario, que daban servicio pastoral en la cooperativa de caña de azúcar de Cayaltí, cerca de la ciudad de Chiclayo, a unas tres horas en carro al norte de Cartavio; y también las Hermanas de la Caridad procedentes de Halifax, Canadá, especialmente mis amigas

GRACIAS PERÚ

Hermanas Zelma LeBlanc y Kay Conroy, que nos visitaban a menudo en Cartavio y trabajaban en la diócesis de Chiclayo. Las visitamos en su casa situada en un barrio pobre en las afueras de Chiclayo. Fuimos amigos entrañables durante todos esos años, a menudo trabajando en otras áreas de Perú y reuniéndonos para los cursos de teología de verano en Lima. La hermana Zelma murió hace unos años. Que descanse en paz.

Para ayudar con la transición de Cartavio de hacienda a cooperativa, también hablamos en nuestras homilías y clases con escolares sobre los beneficios de la cooperativa, que todos pensamos beneficiaría a la gente. Alentamos a las personas a participar más plenamente en el proceso de cambio. Formamos parte del grupo de sacerdotes ONIS que incluía a sacerdotes de la Arquidiócesis de Trujillo, a la que pertenecía nuestra parroquia de Cartavio. Prácticamente todos los miembros eran peruanos nativos, excepto nosotros, y esa fue una gran experiencia de aprendizaje para mí. Disfruté especialmente los años en Cartavio porque la Iglesia en Trujillo no tenía tantos sacerdotes nacidos en otros países, como otras diócesis en ese momento. Estos sacerdotes peruanos eran hombres maravillosos, muy dedicados a su gente, especialmente a los pobres en la ciudad de Trujillo, a una hora de Cartavio en carro. Por lo general, desempeñaban otros trabajos diarios, como maestros o abogados para mantenerse.

Tuvimos muchas asambleas regionales y nacionales de ONIS, que siempre fueron para mí una oportunidad educativa, tanto sobre la realidad sociopolítica peruana como sobre la historia y la realidad actual de la Iglesia pe-

CARTAVIO 1968 – 1973

ruana. Estas reuniones me ayudaron a ver el papel de la Iglesia como servidora humilde de los necesitados de la liberación, tan diferente al de una Iglesia clerical y sacramental que yo había experimentado hasta ese momento.

Disfruté especialmente de las charlas del sacerdote y teólogo diocesano peruano Gustavo Gutiérrez, fundador de la Teología de la Liberación. Tuve que volver a aprender y aprender mucho sobre la Biblia. En mis estudios en la Universidad Gregoriana en Roma el énfasis había estado en los cursos de dogma. La Biblia fue usada esencialmente para defender al dogma. Gustavo hizo que la Biblia cobrara vida para mí de una manera que yo no había experimentado antes. Él me ayudó especialmente a comprender el Libro del Éxodo a la luz de un pueblo que sale de la esclavitud, llamado por su Dios a una nueva vida de libertad, para vivir en una nueva fraternidad de igualdad. El me ayudó a ver que el amor creador de Dios para toda la humanidad es también el de la opción preferencial del Dios Libertador para aquellos que son pobres o esclavizados u oprimidos por otros. Para mí, esto es muy parecido a un padre que cuida especialmente a su hijo más necesitado mientras que ama a todos sus otros hijos también. Todo eso me abrió los ojos para descubrir a Jesús en los Evangelios, llamándonos a hacer lo mismo, a seguirlo en medio de tanto sufrimiento a una nueva vida ahora en Su Espíritu. Vi esto en el contexto de Cartavio, donde los propietarios y los que trabajaban en el campo y la fábrica vivían bastante separados y vivían estilos de vida muy diferentes.

Todas estas conferencias me ayudaron a hacer la conexión entre los problemas de la vida real de los pobres y las Escrituras. Esto es algo que nunca he olvidado y continúo tratando de hacer en mis homilías y clases de Biblia. Hace que la fe parezca mas una parte esencial de la vida que solamente una doctrina o creencia intelectual. Esta nueva forma de leer la Biblia influenció toda mi vida en Perú y lo sigue haciendo incluso aquí en Estados Unidos. ¡Gracias, Gustavo y equipo de trabajo!

A principios de 1969 Gonzalo y algunos de los sacerdotes de ONIS en la arquidiócesis de Trujillo participaron en una protesta organizada por la inauguración de un lujoso campo de golf en Trujillo. La ciudad había usado dinero público para construir un lugar de diversión para los ricos, en lugar de dar agua segura y electricidad a los sectores pobres de la ciudad. El arzobispo de Trujillo, Carlos Jurgens, que era un buen amigo de los funcionarios de la ciudad, estaba enojado con los sacerdotes que habían participado en la protesta. Mons. Jurgens sacó de su arquidiócesis a tres sacerdotes jesuitas españoles, Eduardo Borrell, Luis Sauto y Antonio Díaz, que trabajaban en el seminario regional y participaban en reuniones con los grupos de jóvenes; y luego despidió de su diócesis a varios otros, incluyendo a Gonzalo Martin. En muchas parroquias de toda la arquidiócesis una protesta general en oposición a las acciones del arzobispo. En Cartavio participamos en esa protesta cancelando todas las Misas dominicales a excepción de una durante la cual explicábamos a la gente lo que estábamos haciendo y por qué. El arzobispo finalmente cedió.

Poco después, el grupo de sacerdotes ONIS se expandió a una rama laica llamada Iglesia Solidaria (Iglesia

CARTAVIO 1968 – 1973

en Solidaridad con los Pobres). Este nombre más tarde fue cambiado a *Fe y Acción Solidaria* (Fe y Acción en Solidaridad con los Pobres) porque algunos obispos interpretaron que el primer nombre significaba que estábamos fundando una nueva iglesia. La mayoría de los laicos que participaron activamente en nuestra parroquia se hicieron miembros de este movimiento, que organizó muchas asambleas con asistencia de delegados de las parroquias participantes en Trujillo.

Era un tiempo en la Iglesia en que sacerdotes, Religiosos, Religiosas y laicos trabajaban juntos en planes pastorales que combinaban temas de fe y justicia social. La nueva orientación dada por los obispos latinoamericanos en Medellín y por los obispos peruanos en su maravilloso documento reciente sobre la Justicia en el Mundo en 1970 y en otro documento sobre la Evangelización en 1971, llamaba a la Iglesia a unir el trabajo de la fe con la búsqueda de la justicia para todas las personas, especialmente para aquellos excluidos y marginados en la sociedad peruana. Muchos, como el Arzobispo Jurgens y algunas de las hermanas franciscanas de Cartavio y otras personas de la Iglesia, consideraban que todo esto era solo trabajo político, ya que defendía a los pobres. La nueva orientación no encajaba en su punto de vista o mentalidad previa al Vaticano II.

Sucedió, por ejemplo, que en febrero de 1973, yo necesitaba obtener del Arzobispo Jurgens la aprobación oficial de la Iglesia para enseñar. Cuando Jurgens visitó Cartavio en 1970, nos dijo que nuestra parroquia era un modelo para su arquidiócesis; pero para entonces ya estaba molesto con los cambios del Vaticano II en la Iglesia. Me dijo que no quería que yo enseñara porque como Larry había regresado a los Estados Unidos a fines de 1972, yo ya estaba muy ocupado como nuevo pastor en funciones. Yo le di ejemplos de otros pastores que eran maestros a tiempo completo en sus escuelas y que a la vez estaban solos en sus parroquias. Además al menos yo tenía la ayuda de Fred Serraino que había llegado en 1971 a la parroquia de Cartavio. De repente, se levantó y me dio una bofetada en la cara. Yo estaba tan sorprendido, enojado y furioso que salí de inmediato de su oficina. Su secretaria vino corriendo detrás de mí y me suplicó que volviera, y entonces encontré al arzobispo sollozando. Me pidió disculpas, diciéndome que él estaba bajo mucha presión en esos días. Nuestro fundador de Santa Cruz, Basile Moreau, también tuvo problemas con su obispo. A menudo me pregunto si esto es parte de nuestro carisma de Santa Cruz.

Durante esos años, también tuvimos algunas dificultades con las Hermanas Franciscanas Misioneras de María que tenían un gran convento de unas veinte Hermanas en Cartavio. Las Hermanas activas trabajaban en el hospital, enseñaban en las escuelas y administraban un jardín de infantes. Otras eran ancianas y estaban jubiladas. Estaban acostumbradas a la Iglesia anterior al Vaticano II y solicitaban muchas misas en su propia capilla conventual. Nosotros les pedimos que vinieran a la iglesia parroquial que estaba a solo una cuadra de su convento, ya que el Vaticano II había recomendado esto a los religiosos. Pero insistieron en tener misa en la capilla de su propio convento, que también servía como iglesia especial para la gente más rica de Cartavio, a la que no le gustaba codearse con la

CARTAVIO 1968 – 1973

gente del campo y los trabajadores de la fábrica. Finalmente, después de un diálogo con nosotros, aceptaron venir a las Misas de la parroquia.

Las pocas Hermanas que trabajaban con el equipo parroquial eran admirables, pero a menudo fueron maltratadas en su propio convento. A algunas Hermanas no les gustó nuestra orientación de justicia social en la parroquia. Su pensamiento estaba más en la línea del arzobispo. Un año después, su superior provincial ordenó repentinamente que la Hermana María Dolores, que estaba en nuestro equipo parroquial, se traslade a Lima para una nueva asignación. Yo estaba ausente en el pueblo de Cachicadán, en la sierra, visitando a la familia Calderón, cuyos dos jóvenes hijos, Pablo y Felipe, vivían con nosotros en nuestra casa en la Calle Real. Algunas de las mujeres de la parroquia fueron al convento y se negaron a retirarse hasta que pudieran hablar con la superiora provincial y explicarle que la Hermana Dolores era muy importante en ese momento en el equipo parroquial. Finalmente llegaron a hablar con ella tarde en la noche. La provincial les dijo que ella no estaba al tanto de todo lo que la Hermana Dolores estaba haciendo en la parroquia, y le permitió quedarse hasta el fin del año.

Otro ejemplo de estas diferentes mentalidades en la Iglesia ocurrió cuando yo necesitaba obtener el permiso para enseñar clases de religión, de parte de la Religiosa a cargo de la Oficina Diocesana de Educación Religiosa (ODEC). Cada diócesis en Perú tiene una oficina a cargo de asignar a los maestros de religión en las escuelas estatales. Ella acostumbrara a tratar a todos los maestros laicos muy groseramente. Como de costumbre, yo no estaba vestido con ropas de clérigo. Entonces, cuando llegué a su oficina, se portó conmigo de la misma manera que lo hacía con los demás, hasta que le dije que yo era sacerdote. ¡Cómo cambiaron sus modales tan rápidamente!. Le dije entonces que pensaba que podría intentar tratar a todos de manera respetuosa y no sólo tratar bien a aquellos maestros que éramos sacerdotes. Eso era algo común en el Perú, en aquellos días cuando todavía había una iglesia muy clerical. Es triste decirlo, ¡muchas veces esa es todavía la actitud clerical en nuestra Iglesia incluso hasta hoy!

Tratamos de seguir la nueva orientación de la Iglesia que fluye de los documentos del Vaticano II, que ven a la Iglesia como el pueblo de Dios y la santidad como la práctica de la justicia y el amor al prójimo. Esta tensión en la Iglesia existiría durante todos mis años en el Perú, y también persiste aquí en los Estados Unidos. Muchos quieren una Iglesia puramente sacramental, que no se involucre en problemas sociales. Pero en ese momento el Papa era Pablo VI, quien continuó apoyando los cambios recomendados por el Vaticano II, y también la mayoría de los obispos latinoamericanos estaban a favor de los cambios. Nosotros estudiamos en grupos los documentos de la Iglesia e intentamos seguir sus orientaciones.

TENSIONES EN SANTA CRUZ

Como describí, la gente de Cartavio provenía en su mayoría de las ciudades y pueblos de la sierra cercana a Trujillo. Eran personas hermosas y sencillas a las que aprendí a amar. Fueron muy hospitalarios conmigo y mis

CARTAVIO 1968 – 1973

compañeros de misión, a pesar de nuestras diferencias lingüísticas y culturales. Me sentí muy a gusto, como en casa allí. Cartavio era un muy buen lugar para comenzar en el Perú. Sin embargo, desde el inicio de los planes de Santa Cruz para trabajar en Cartavio, hubo una disputa en la Congregación sobre nuestra presencia allí.

Desde el principio, en 1963, hubo una tensión en la Congregación de Santa Cruz, expresada especialmente por nuestro superior general en Roma, padre Germain Lalande, acerca de tener religiosos nacidos en Estados Unidos trabajando en una plantación de azúcar (*hacienda*) de propiedad privada estadounidense en Perú. Incluso algunos en la Provincia del Este de Santa Cruz, de la cual yo era miembro y que supervisó la misión en Perú, querían que saliéramos de Cartavio. Me entristeció que esta situación contradictoria no me hubiera sido explicada antes de enviarme a trabajar ahí.

La expropiación de Cartavio por el gobierno militar en junio de 1969 cambió todo eso. ¿Cómo podríamos irnos ahora, con este nuevo desarrollo? ¡Iba a aparecer que habíamos estado trabajando todo ese tiempo para la Grace Company! Entonces, después de muchas cartas de ida y vuelta entre el superior provincial en los Estados Unidos, Richard Sullivan y los que estábamos en Perú, el provincial decidió que nos quedaríamos un poco más en Cartavio y luego abriríamos una nueva misión en otro lugar. Larry y yo fuimos a buscar en varios lugares en la costa norte entre Trujillo y Lima. Nos decidimos por la posibilidad de la ciudad comercial de Barranca, que estaba a medio camino entre Cartavio y Lima, como lugar de una nueva misión posible para Santa Cruz. El segundo pastor y ex provincial George De Prizio había hecho intentos previos de expandirse fuera de Cartavio, en Trujillo y Huanchaco, pero nunca se había logrado debido a problemas de falta de personal en la comunidad de Santa Cruz durante los primeros cinco años. La mayoría de los miembros iniciales de Santa Cruz que llegaron al Perú desde el primer grupo el 10 de septiembre de 1963 hasta mí llegada en octubre de 1968 regresaron a los Estados Unidos después de algunos años o incluso meses en el Perú. Fue un tiempo de muchas dificultades vocacionales personales, tal vez exacerbadas por el Vaticano II y los cambios repentinos en la Iglesia. También hubo a veces conflictos de personalidad en el seno del pequeño grupo de Religiosos, que no facilitaron la vida comunitaria en el Perú. Algunos simplemente no pudieron adaptarse a la cultura peruana, al idioma o a las pobres condiciones de vida. Otros estaban lidiando con sus propios problemas vocacionales. A pesar de todo eso, entre 1963 y 1968 la misión continuó adelante.

 La gente de Cartavio me hizo la vida tan placentera que cualquier otra dificultad que yo personalmente quizás experimenté desapareció fácil y rápidamente. Había mucho que hacer en este momento emocionante de Cartavio. Permanecimos por al menos unos años mas, manteniendo el contacto de la comunidad de Santa Cruz con George DePrizio que residía en Lima y con David Farrell que estaba en Chimbote.

 David, que aparecerá con frecuencia en esta historia, especialmente en la última parte, estuvo conmigo durante dos años durante nuestra formación en el Stonehill Co-

CARTAVIO 1968 – 1973

llege. Luego fui enviado a Roma. El fue enviado a estudiar teología en Chile desde 1964 a 1968. Mientras estuvo allí, vino por unos meses a hacer trabajo pastoral en Cartavio. Al regresar al Perú después de su ordenación sacerdotal, celebrada en los Estados Unidos en octubre de 1968, fue asignado en primer lugar a Cartavio. Sin embargo, debido a las dificultades con el Arzobispo Carlos Jurgens de Trujillo, nuestro superior provincial Richard Sullivan decidió que David debería ir a trabajar en la Prelatura de Chimbote, donde el obispo dominico de los Estados Unidos James Burke era más amigable con los sacerdotes de ONIS. Así que, a principios de 1969, David fue a ayudar a un sacerdote diocesano peruano, Bertino Otarola, en la parroquia de Nuestro Señor de los Milagros en el centro de la ciudad de Chimbote. Larry, Jim y yo ocasionalmente manejábamos por tres horas a Chimbote para visitar a David, y también él vino a visitarnos a Cartavio, especialmente en días festivos como la Navidad.

David fue quien desde el principio nos animó a participar en las reuniones de ONIS. Él estaba muy interesado en la situación política peruana. También es alguien con quien Jim, Larry y yo discrepábamos frecuentemente, debido principalmente a sus fuertes opiniones y su personalidad.

Uno de esos primeros desacuerdos ocurrió a principios de 1969, cuando debatíamos si quedarnos o salir de Cartavio. El provincial Richard Sullivan y el asistente provincial Jerry Lawyer, quienes admiraban a David y respetaban sus opiniones políticas, tenían mucho de lo que llamamos "conversaciones secretas" con él sobre el futuro de

GRACIAS PERÚ

Cartavio, que no incluían a Larry, Jim y a mí, los que vivíamos y trabajábamos allí. En una reunión comunitaria en Cartavio, durante la visita del provincial en abril de 1969, surgió toda esa "conversación secreta". Por supuesto, Jim, Larry y yo expresamos nuestro desagrado de que se hubiera hecho dicha conversación sin nuestro conocimiento. Al final de esa reunión, el provincial nos aseguró que en el futuro nos tendrían en cuenta.

En 1971, Larry se tomó un año de renovación personal, o año sabático, en España. Jim Chichetto también decidió regresar a Estados Unidos por razones personales y de salud a fines de 1971. Fred Serraino, un buen amigo mío de los días de la formación, llegó a trabajar en Cartavio ese mismo año, después de terminar estudios de español en la escuela de idiomas de Lima. Bob Baker, que también aparecerá con frecuencia en esta historia, también vino a Cartavio durante seis meses durante ese año. Tanto Fred como Bob habían estudiado en nuestra casa de teología en Washington, DC.

En 1970, cuando yo estaba de tiempo libre por visita a mi familia, visité el colegio secundario Notre Dame en Bridgeport, Connecticut, donde Bob estaba enseñando. Bob me contó su deseo de trabajar en el ministerio hispano en Estados Unidos. Le sugerí que podía venir a Cartavio por unos meses durante 1971, para ayudarnos mientras Larry estaba ausente. Podía estudiar español con nuestra vecina Wilda Cárdenas y practicar con nosotros en la casa donde todos hablábamos español. Bob había sido compañero de clase de Dave Farrell, y había estudiado con Dave y conmigo durante dos años en el Stonehill College.

CARTAVIO 1968 – 1973

De modo que todos nos conocíamos desde nuestros días tempranos de formación.

Antes de que Larry se fuera a su año sabático en 1971, formamos el consejo parroquial con líderes de los movimientos de acción social, a saber, la Legión de María, el Movimiento Familiar Cristiano, y con algunos otros que ocupaban cargos de liderazgo en los vecindarios de la parroquia. La idea de Larry fue que ellos asesoren al párroco y a nosotros los sacerdotes. Poco a poco, mientras Larry estaba lejos, Fred Serraino y yo decidimos darle al consejo parroquial más poderes para tomar decisiones. Todos los miembros votarían, un voto cada uno, sobre las principales decisiones concernientes a la parroquia. También decidimos poner el dinero de la recaudación en una cuenta conjunta que requería dos firmas, una del párroco y otra del presidente del consejo parroquial. Cuando Larry regresó de su año sabático, descubrió que estos cambios eran difíciles de aceptar. Él creía que el párroco debería tomar todas las decisiones importantes, después de escuchar otras opiniones, y debería tener el control del dinero de la parroquia.

En 1971, durante una reunión comunitaria, Fred y yo, junto con David y Gonzalo, que entonces estaban en Chimbote, comenzamos a hablar sobre la necesidad de que Religiosos como nosotros diéramos testimonio de un estilo de vida más sencillo, mudándonos a una casa más pequeña en el barrio de la clase obrera de Cartavio. David y Gonzalo ya habían hecho eso en Chimbote. Esperamos hasta que Larry regresó para tomar la decisión final. Después de una discusión larga, los tres decidimos mudarnos a una casa en la Calle Grau # 19, que estaba cerca de la iglesia parroquial y la oficina, pero situada en un vecindario obrero pobre. La casa era un poco más grande que las de otros vecinos aun más pobres de Cartavio. Esta decisión comunitaria, así como la de formar el consejo parroquial, crearon tensiones dentro de nuestro pequeño grupo de Santa Cruz, debido a que teníamos diferentes visiones y necesidades personales, por parte de Larry por un lado, y de Fred y yo por el otro. Fred y yo queríamos más participación del pueblo en las decisiones de la parroquia y un estilo de vida más sencillo en nuestra vida comunitaria, cosas que Larry encontraba difíciles.

A fines de 1972, durante la visita al Perú del nuevo superior provincial Bill Hogan, Larry decidió regresar a Estados Unidos, probablemente debido a los problemas que tenía para vivir y trabajar con Fred y conmigo. Por eso a principios del 73 quedamos solos Fred y yo en Cartavio, y David y Gonzalo en Chimbote.

Una de las razones por las que permanecimos en Cartavio durante el cambio al sistema cooperativo fue nuestro deseo de acompañar a los pobres, algo que era un elemento central en los documentos de Medellín que los obispos latinoamericanos habían redactado para implementar el Vaticano II. Cambiarnos de casa fue por la misma razón. Queríamos vivir más como las personas más pobres de Cartavio. Todas nuestras decisiones pastorales se basaron principalmente en ese deseo. Ello tristemente causó cierta división tanto en la sociedad de Cartavio como en la comunidad de Santa Cruz. Estábamos completamente involucrados en la Teología de la Liberación, en

CARTAVIO 1968 – 1973

el trabajo por la justicia social y la opción preferencial por los pobres. Estas diferentes opiniones sobre la implementación del Vaticano II y Medellín y sobre la vida religiosa crearían tensiones varias veces más a lo largo de los años siguientes. Mi punto de vista podría considerarse como un enfoque más radical, mientras que el de otros como Larry podría llamarse un enfoque más moderado o prudente. Todo lo que sé, es que mi forma de ser a menudo causaba fricciones en la comunidad de Santa Cruz y a veces con los obispos. Les contaré más sobre esto más adelante en el relato histórico.

NUEVOS VIENTOS

En junio de 1973, cuando Gonzalo planeaba dejar la congregación para casarse, ya que sus votos temporales expiraban al comienzo de 1974, los miembros del capítulo provincial de la Provincia Oriental de sacerdotes y Hermanos de la Congregación de Santa Cruz en los Estados Unidos, de la cual dependía el grupo de Perú, esperando que Santa Cruz continúe creciendo en este país, nos pidieron a los restantes tres miembros, Fred Serraino, David Farrell (quien estaba aún viviendo y trabajando en Chimbote) y yo, que encontremos un nuevo sitio para nuestra misión peruana, donde los tres pudiéramos vivir y trabajar juntos de modo que ello pudiera interesar a otros miembros de la provincia a venir y juntarse a nosotros. Así, con el apoyo y aprobación del provincial superior Bill Hogan, llegamos a la difícil decisión comunitaria de dejar Cartavio.

GRACIAS PERÚ

Cartavio no ofrecía muchas posibilidades, fuera del ministerio de la parroquia, para que otros religiosos de Santa Cruz vinieran a trabajar con nosotros. La ciudad de Trujillo donde había una universidad y un hospital estaba muy distante para pensar en viajar diariamente. Cartavio también adquirió para entonces una reputación bastante pobre para la consideración de algunos miembros de la Provincia Oriental de Santa Cruz, debido a sus vínculos iniciales con la Compañía neoyorquina W.R.Grace, y debido a ciertos informes negativos de algunos religiosos de Santa Cruz que habían retornado a Estados Unidos, justo en el sentido que no había nada que hacer allí excepto el trabajo parroquial. Otros que habían retornado a casa, habían tenido problemas con el idioma, la cultura peruana, o con la pobreza. Estas dificultades no eran favorables para atraer a nuevos miembros de Santa Cruz a la perspectiva de venir a trabajar a Perú con nosotros.

Esta dura decisión de la comunidad fue tomada (a pesar de mi tristeza personal y profunda de dejar Cartavio), para que nos reuniéramos en Chimbote los tres miembros que conformábamos el pequeño grupo de Santa Cruz. Allí, en tres parroquias, íbamos a dar un nuevo inicio a Santa Cruz en el Perú. Pienso que era una decisión buena y necesaria, si se trataba de que sobreviva Santa Cruz en ese país. Para mantener abierta la misión tuvimos que ubicarnos en un lugar donde los tres pudiéramos vivir en comunidad, y no como guarda bosques solitarios. Había delegados en el capítulo provincial que estaban a favor de cerrar por completo la misión en Perú si es que no podíamos formar una comunidad viable fuera de Cartavio,

CARTAVIO 1968 – 1973

un lugar a donde entonces ningún miembro de la provincia deseaba ir.

Fred y yo estábamos interesados en la región selvática de Peru donde pensábamos que se necesitaba sacerdotes más que en la costa. La selva era además un área olvidada por el gobierno central, y por tanto su gente era económicamente más pobre. Fred fue a visitar la Prelatura de Moyobamba en la selva, donde el obispo le ofreció una parte de su jurisdicción con la condición de que Santa Cruz envíe por lo menos tres religiosos. Pero después de muchas reuniones y discusiones muy largas entre nosotros y también con otros peruanos como Gustavo Gutiérrez y otros sacerdotes de ONIS, finalmente acordamos aceptar asumir otra parroquia en la diócesis de Chimbote, sobre lo cual escribiré más en el siguiente capítulo.

Yo comprendo ahora que en todo este proceso de decisiones no se tuvo en cuenta los sentimientos de nuestra gente propia de Cartavio. Mas fue una decisión hecha por la comunidad de Santa Cruz en el interés de reforzar la vida comunitaria de la Congregación. Éste fue sin embargo un error que los de Santa Cruz repetiríamos en Perú muchas veces más en los años siguientes. Por ello pido disculpas a ustedes gente de Cartavio por la insensibilidad de nuestra parte, por no incluirles en las conversaciones que tuvimos. Esto se reflejó en conjeturas erróneas cuando de repente partimos. ¡Algunos de ellos aún hasta ahora piensan que fue el arzobispo Jurgens el que nos echó! Y yo pienso que a la vez sentimos que la gente de Cartavio era suficientemente fuerte y formada como para trabajar con un nuevo sacerdote. Y lo era en muchos aspectos, como lo describiré en el capítulo siguiente. Gracias, Cartavio, por recibirnos, ayudar en nuestra formación, y luego enviarnos a una iglesia peruana más amplia, para dar servicio a un pueblo aún más pobre que ustedes.

Chimbote era una ciudad muy grande y pobre, con muchas más necesidades económicas y espirituales que Cartavio. En ese tiempo los tres, David, Fred y yo, queríamos estar entre los más pobres de los pobres, siguiendo la opción de Jesús por los pobres. Así, en enero de 1974, Fred apagó las luces y entregó la parroquia al nuevo pastor, un clérigo diocesano italiano llamado Romano. Él había ayudado en Cartavio más antes cuando los sacerdotes italianos franciscanos trabajaron allí, antes de la llegada de Santa Cruz en 1963.

Entre 1963 y 1968 muchos miembros excelentes de Santa Cruz visitaron Cartavio. Mencionaré sólo algunos. Uno fue George DePrizio, el provincial de la Provincia Oriental, el que decidió enviar miembros de la Congregación a Cartavio, y luego renunció como provincial el siguiente año de 1964, para venir a apoyar la nueva misión entonces en dificultades. Muchos sacerdotes de Santa Cruz vinieron desde la Provincia Oriental, así como desde la misión en Chile que, a su vez, dependía de la Provincia de Indiana, a ayudar con su personal durante esos primeros años en que sucedió que la gente llegaba y luego partía, como pasando por una puerta giratoria. Entre ellos estuvo Dan Panchot, quien reaparecerá más tarde en esta memoria. Gracias a ellos, Santa Cruz pudo permanecer en Perú durante esos años iniciales difíciles. Esperamos que cada uno será recordado en el relato de la historia de nuestra

CARTAVIO 1968 – 1973

comunidad en el Perú, porque fueron las piedras que formaron los cimientos de nuestra presencia en el Perú de hoy. ¡Está claro que sin su aporte Santa Cruz no existiría en Perú!

Cuando visito Cartavio me impresiona cómo la gente recuerda cada uno de los nombres de los religiosos de Santa Cruz que pasaron por allí, aún después de cuarenta y cinco años de su visita. ¡Cada persona tiene sus propias experiencias y recuerdos acerca de los sacerdotes de Santa Cruz, todos ellos recordados con cariño y gratitud! Supongo que de algún modo nosotros somos como sus hijos, ya que cuando llegamos tuvimos que aprender muchas cosas nuevas acerca del Perú y su gente, su idioma, sus costumbres, su cultura, y cómo poner en la práctica su fe, en el seguimiento a Jesús. ¡Gracias amigos de Cartavio! Siempre los recordaré.

La gente a veces se sorprende de que yo haya mantenido mis conexiones con tantos de mis estudiantes del tiempo de Cartavio. Pienso en especial en mi *compadre* (el padre de mi ahijado Isaac) Felipe Calderón, quien en diciembre de 1972 dejó Cartavio para entrar en la marina peruana. Él y su hermano Pablo compartieron un cuarto en la casa grande de la Calle Real por unos años ya que la casa de sus tíos, donde inicialmente estuvieron, estaba superpoblada. Hemos mantenido la amistad durante todos los años siguientes. Yo celebré su matrimonio en 1979 y soy el padrino de su niño primogénito Isaac Pedro. Felipe y mi *comadre* Filomena (Mena) y su familia, son mi familia peruana. Felipe vino a visitarme dos veces aquí en Florida, Estados Unidos, en años recientes. La primera vez, manejamos de ida y vuelta hasta Boston en automóvil para visitar a Jim Chichetto. La segunda vez, manejamos con él a través de todo Estados Unidos hasta California y de regreso. ¡Gracias Felipe y familia! Y también gracias a mis buenos amigos Ántero Ruiz, Gabi Vega e Iris Vega; ellos siempre convocan a todos nuestros amigos para celebrar nuestra amistad durante mis visitas a Cartavio y Trujillo.

He visitado Cartavio casi todos los años desde que partí. Aún ahora, seis años después de dejar el Perú, sigo visitando. ¡Siempre les digo a mis amigos que yo llevo a Cartavio en un lugar especial de mis recuerdos y de mi corazón! Gracias Cartavio por enseñarme tanto acerca del Perú. Gracias por recibirme entre ustedes y darme su amistad. Gracias por presentarme a los pobres peruanos, a la Teología de la Liberación y a la Iglesia viva y presente entre el pueblo. ¡Qué gran experiencia de Iglesia fue la que tuvimos! ¡Si pudiéramos ahora redescubrir que todos somos Iglesia, que no sólo lo son los curas y los obispos!

3. CHIMBOTE Y MACATE 1974 - 1980

Fui muy feliz en Cartavio. Me gustó el trabajo en la escuela y en la parroquia, y tuve muchos amigos. ¿Por qué entonces salir de allí? ¡El hecho es que yo no quería mudarme! Yo me preocupaba que el gran número de sacerdotes misioneros extranjeros en Chimbote nos haría aparecer como una isla en la Iglesia peruana. Yo me había acostumbrado a alternar con una mayoría de sacerdotes peruanos en Trujillo. Pero sentía en el fondo de mi corazón que era la hora de partir, de seguir adelante.

Era parecido a mi decisión de ir al Perú. Nunca había pensado ser misionero cuando me uní a Santa Cruz, y tampoco hice el cuarto voto, el de la vida misionera. Pero tuve esa conversación en Roma con Bob Nogosek, el superior de nuestra casa allá, y de repente tuve una experiencia como la de San Pablo en el camino a Damasco y ¡sentí que era Dios hablándome a través de Bob! Ese hecho, tal como lo he contado, cambió la dirección completa de mi vida.

Ahora, una vez más, era el momento en mi vida en que supe que era lo que Dios quería para mí, y que era el momento de partir. Sentí que salir de Cartavio hacia Chimbote, por todas las razones ya mencionadas en el capítulo previo, era la mejor decisión tanto para mí como para todos nosotros, aún a pesar de mis lazos personales y emocionales con la misión y amigos en Cartavio. Se trataba de continuar el viaje con el Señor.

GRACIAS PERÚ

Después de una reflexión en comunidad con David Farrell, Fred Serraino, yo y nuestro provincial superior Bill Hogan, decidimos que el mejor lugar para acogernos en misión de Santa Cruz, siendo tan pocos en Perú, era Chimbote (en vez de Moyobamba en la selva de Perú, como yo había sugerido en el capítulo anterior). Yo creía que David no estaría muy contento en la selva, siendo él más bien una persona de ciudad. Así acordamos elegir Chimbote, una ciudad costera nueva, muy grande, a tres horas en carro al sur de Cartavio. Había también un área montañosa cercana llamada Macate, donde yo podía servir mi sacerdocio.

Chimbote, situado no muy lejos de Santa, uno de los pueblos de la franja desértica costera del Perú, cerca de ríos que se llenan de agua durante la estación lluviosa de diciembre a marzo, había sido sólo una pequeña villa de pescadores en la década de 1940 hasta que de repente hubo gran demanda de anchovetas enlatadas en el mercado mundial. Además, el guano, excremento depositado por las gaviotas y otras aves marinas en las islas de la bahía de Chimbote, era un fertilizante excelente y también tenía gran demanda mundial. Más aún, se había construido una fábrica de acero en la ciudad, pues era un puerto natural muy bueno. Todos estos factores contribuyeron a la masiva llegada de gente desde los pueblos de la sierra hacia Chimbote, en busca de trabajo en las fábricas y en la industria pesquera, y por una mejora de sus vidas. Fue un tiempo en que se vio una gran migración interna a lo largo de todo el Perú, desde las áreas rurales hacia las grandes ciudades de la costa.

CHIMBOTE Y MACATE 1974 – 1980

Chimbote creció en pocos años, de ser una villa pesquera de algunos miles de pobladores a una gran ciudad industrial de muchos miles de habitantes. Creció tan rápido que hubo poco tiempo para una planificación de la ciudad, y pocas casas contaban con agua potable, desagüe o luz eléctrica. Debido a estas carencias, las condiciones de vida allí eran muy pobres. Además, el terremoto de 1970, que describí en el primer capítulo, había devastado la ciudad. El epicentro estuvo muy cerca, en la cercana región montañosa de Huaraz y alcanzó la ciudad costera de Casma, justo al sur.

Debido a que Chimbote era una ciudad en desarrollo, llena de obreros, percibimos que era un lugar perfecto para empezar de nuevo como una comunidad de Santa Cruz que opta por los pobres. Así, dejamos la misión de Cartavio en enero de 1974 y abrimos una nueva misión en Chimbote, en el barrio en crecimiento llamado *La Victoria*.

LA MUDANZA A CHIMBOTE

Empezando la década de 1970 Santa Cruz había establecido una casa en Chimbote, en una parroquia llamada *Santa Cruz,* situada en el vecindario llamado *Esperanza Baja*. La parroquia fue fundada por el obispo dominico de Chimbote, un norteamericano llamado James Burke. David Farrell primero vivió allí en los primeros años de 1970 con Lino Dolan un sacerdote dominico y otro sacerdote de Santiago Apóstol cuyo nombre no recuerdo. Ellos levantaron una casa pequeña de madera triplay (del inglés tri-PLY), que contaba con tres pequeños cuartos y un cuarto chico que servía como oficina parroquial y para recibir a la gente. El cuarto de baño estaba afuera, en una caseta. Ellos construyeron una ducha que estaba más abajo del nivel del suelo, con un tanque en su tope, que ellos llenaban con agua comprada de una carreta tirada por burro, que pasaba cada día. No había electricidad y alumbraban la casa con lámparas de kerosene o velas. Este pequeño grupo original, que empezó con David, se desbandó un año después porque sus respectivas comunidades religiosas los necesitaban en otras partes. Más recientemente en 1973 David Farrell vivía allí con Gonzalo Martin, que había vuelto al Perú a fines de 1970 después de profesar sus primeros votos como miembro de Santa Cruz, y con un diocesano alemán, Norberto Wassen, quien vino al Perú temprano ese año.

Fred estableció su residencia en Chimbote, mientras yo estuve de vacaciones visitando a mi familia en Estados Unidos, de diciembre a marzo de 1974. Antes de que yo viaje, trasladamos los pocos muebles que teníamos en la casa de Cartavio (unas camas camarotes, mesas, escritorios y sillas) a la parroquia *La Victoria*. Luego Fred durmió en el suelo en la casa de Cartavio por un mes hasta que pudo salir, por tener un reemplazo para nosotros designado por el arzobispo.

Al Mahoney, de la provincia inglesa-canadiense de Santa Cruz, visitó Cartavio durante ese mes de enero. Él pensaba trabajar con nosotros en Perú, pero finalmente decidió, después de consultar con su provincial, irse a Chiapas, México, donde ellos sentían que había una gran

CHIMBOTE Y MACATE 1974 – 1980

necesidad. El terminaría pasando veinte años de su vida allí. ¡Gracias Al por tu dedicación al ministerio en Chiapas! Al reaparecerá en esta memoria cuando hable de mi vida en Puno.

Así, en marzo de 1974 la comunidad de Santa Cruz fue reunida en su totalidad en Chimbote, viviendo en dos parroquias. Arturo Colgan, quien había pasado cuatro años en Chile estudiando teología, llegó a Perú en enero 1974, después de su ordenación sacerdotal en Estados Unidos en el otoño de 1973. Él vivió con David, Norberto, y por un corto tiempo con Gonzalo, quien estaba esperando que terminaran sus votos temporales para dejar la comunidad y casarse.

Durante el periodo después de Vaticano II muchos religiosos abandonaron sus comunidades para casarse, o por otras razones personales, cuando descubrieron que también podían prestar servicio a la Iglesia como laicos. Gonzalo trabajó después por muchos años como coordinador para el desarrollo de proyectos de la Conferencia de Obispos del Canadá. Eventualmente se divorció y volvió a casarse. Él siempre mantuvo amistad cercana con David, y sólo hace poco retornó con su familia para residir en su nativa España.

Gonzalo me había ayudado mucho personalmente, tanto enseñándome español en Roma como ayudándome en mis inicios de Cartavio. Cuando él dejó Cartavio en junio de 1969 para ir a su noviciado en Estados Unidos, yo tomé su trabajo con la gente del sector *Ingenio* de Cartavio. La gente de ahí necesitaba una capilla porque la fábrica los separaba de la iglesia principal, que además estaba bastante lejos caminando. Ellos habían formado una "pequeña comunidad cristiana" con Gonzalo, mientras construían su capilla, y yo disfruté del trabajo con ellos todos los años que quedaron de mi presencia en Cartavio, hasta que partí para la nueva misión de Chimbote. ¡Gracias, Gonzalo, y gracias a toda la gente del Ingenio, especialmente Fernando, Teresa, y Betty, por su amistad durante esos años!

Fred y yo nos mudamos a la nueva parroquia que el obispo había fundado en La Victoria, en el otro lado de Chimbote respecto a la parroquia Santa Cruz, en el área en desarrollo situada en el centro de la creciente ciudad. Cantidad de mujeres de ese vecindario trabajaban todo el día, sentadas frente a sus casas, machacando piedras para hacer gravilla para las fábricas vecinas. Un sacerdote marianista norteamericano había ayudado a construir un templo, con salón parroquial y kindergarten. Y empezaba a crecer una pequeña comunidad parroquial. Se celebraba misa los domingos por la mañana, y no había más actividad en la parroquia. Una mujer joven ayudaba con el catecismo de los niños en preparación para la primera Comunión, y eso era todo.

Nosotros decidimos empezar nuestra vida ahí, en el salón parroquial. Dividimos el ambiente grande con láminas de triplay para tener cuartos individuales, una cocina y espacio para oficina. El salón parroquial no contaba con agua, desagüe, ni electricidad, ni con baño. Por tanto, Fred y yo tuvimos que acostumbrarnos a la penuria después de nuestra vida fácil de Cartavio. Pero era justo una de las razones por las que habíamos dejado Cartavio para

CHIMBOTE Y MACATE 1974 – 1980

asumir una nueva misión en Chimbote. Queríamos vivir más como los pobres. Esto suena muy idealista y probablemente lo fue. Nosotros éramos jóvenes y queríamos hacer todas las cosas nuevas que pensábamos eran tan importantes para la Iglesia.

Bob Baker, quien había visitado Cartavio en 1971 y nos ayudó en la parroquia mientras estudiaba español, iba a llegar en el verano de 1974 para vivir y trabajar con nosotros como párroco en la parroquia *La Victoria*. Yo estaba aún planificando vivir en Macate y enseñar en la escuela secundaria allí, y bajar una vez al mes a para reunirme con la comunidad en Chimbote. Fred ayudaría a Bob en la parroquia y también trabajaría como capellán en la cárcel de Chimbote y visitando hospitales. Sin embargo, nuestros planes no siempre coinciden con los de Dios.

PASTORAL ZONA NORTE

Después de Vaticano II, la Iglesia Latinoamericana empezó una renovación de dos tipos. El primero fue la Teología de la Liberación, que priorizó una práctica pastoral de la iglesia basada en promover la justicia social para los pobres, más que la tradicional donación de caridad o limosna. El otro, fue una renovación carismática que daba prioridad a una renovación personal de la vida en el Espíritu. De estas dos formas de renovación eclesial, una se orientaba más a la acción social, y la otra era más tradicional y centrada en la persona, de modo que a menudo entraban en conflicto. Estaban en juego dos visiones de la Iglesia: una que enfatizaba los documentos del Vaticano II que se referían a la Iglesia en el mundo moderno, y el otro que se enfocaba en un desarrollo más personal y espiritual sin conexión directa con la acción social por los pobres. A pesar de que no tenían que estar en conflicto, desafortunadamente en el Chimbote de ese tiempo lo estuvieron. Los sacerdotes y Religiosos en cada grupo difícilmente hablaban a los del otro grupo, y frecuentemente tampoco hablaban bien de ellos mismos.

Cuando llegué a Chimbote ya estaba establecido el *Grupo Pastoral de la Zona Norte*, llamado Zona Norte. Un grupo de sacerdotes y monjas que servían sobre todo en el lado norte de la ciudad querían trabajar conjuntamente en una pastoral creativa y un plan pastoral común. El obispo James Burke apoyaba al grupo tratando de transferir fuera del norte a pastores que no querían trabajar de esa manera, moviéndolos a parroquias en la Zona Sur, de modo que todas las parroquias de la zona norte tuvieran sacerdotes que fueran miembros del movimiento. Esta decisión del obispo causó malestar en algunos pastores. La diócesis se dividió hasta cierto grado, entre los que gustaban como nosotros y estaban comprometidos más con la Teología de la Liberación y con un plan pastoral común, y los que querían continuar con sus parroquias individuales y con sus propios planes pastorales, como es la norma aún en estos días aquí en Estados Unidos. Estas parroquias practicaban más el ministerio tradicional de la Iglesia o la recientemente formada renovación carismática. El obispo estaba atrapado en el medio, pero él se inclinaba más hacia el lado del grupo de la Zona Norte. Tristemente, él fue empujado a salir en 1977, cuando la Conferencia Episco-

CHIMBOTE Y MACATE 1974 – 1980

pal del Perú empezó a abandonar sus compromisos de acción social y fue nombrado un nuevo obispo peruano para Chimbote.

EL EQUIPO PASTORAL DE MACATE

Desde el comienzo de la conversación que nos llevó a dejar Cartavio por un nuevo sitio, yo había expresado mi interés por trabajar en el ámbito rural. Durante esa discusión, yo descubrí que había una parroquia rural cerca de Chimbote, en el pueblo de Macate, a unos 128 kilómetros, en las montañas. El pueblo tenía un colegio secundario donde yo creía que podría continuar mi trabajo como profesor nombrado por el estado y quizás vivir en el pueblo. Macate estaba en necesidad de sacerdote, no había vivido ninguno allí desde los años de 1940.

Mi primera visita al valle de Macate la hice con un amigo de Cartavio en abril de1974. Después de llegar a uno de los pueblos de la parte baja del valle, empezamos a caminar hacia arriba en el camino de montaña que de repente terminó en un paraje sin salida. Continuamos subiendo por esos campos, en una mañana de neblina cerrada, sin encontrar un sendero. Estábamos perdidos. Al trepar a ciegas a veces encontrábamos gente. Cada vez que preguntábamos dónde estaba el pueblo, ellos nos decían que estaba un poquito más arriba. No sé realmente cómo finalmente lo encontramos. La neblina estaba aún espesa cuando llegamos a un pueblo con calles desérticas. Eventualmente encontramos un hombre que resultó ser el encargado del edificio de la iglesia. Allí pasamos un día agradable conversando y tomando cerveza con él y algunos vecinos del lugar. Ellos denotaban felicidad al saber que yo pensaba en convertirme en el sacerdote permanente de la parroquia. Ellos me dijeron que había un cuarto pequeño anexo al lado de la iglesia, con dos camas estrechas, donde el sacerdote podía alojarse.

Macate había vivido virtualmente sin cura, excepto ocasionalmente en abril y en agosto para las fiestas patronales en honor a Santo Toribio de Mogrovejo, quien fue uno de los primeros obispos del Perú allá por el siglo XVI. Toribio era bien conocido porque no se quedaba en Lima, donde residía la mayor parte de la población española, sino que viajaba por el campo y se adentraba en las montañas por años, visitando la población indígena en sus propias villas. Además, el convocó varios concilios de obispos de América Latina para reflexionar sobre las mejores prácticas para evangelizar a los pueblos originarios. Uno de los resultados de su trabajo fue la insistencia de que todos los sacerdotes aprendan las lenguas nativas, especialmente el quechua, idioma que hablaba la mayoría del Perú. El pueblo de Macate creía que él había visitado su valle y había hecho un milagro haciendo que brote agua de una piedra en la parte alta del pueblo, dando así inicio al fértil valle de Macate. Por estas razones, yo pensé que ésta sería una parroquia perfecta para el reinicio de mi ministerio pastoral.

Esa noche celebré misa y conocí a la pequeña comunidad cristiana del pueblo. Al día siguiente cuando íbamos a emprender la caminata de dos horas hacia la villa de Huanroc, para abordar el camión de regreso, la gente nos proveyó de un guía para que nonos nos perdamos de nuevo en nuestro descenso y a la vez aprendamos la ruta para seguirla en el futuro.

En Huanroc conocimos a algunos profesores de la escuela. Ellos también estaban entusiastas acerca de mi nuevo ministerio y la posibilidad de que les visitara en el futuro. Sin embargo, me di cuenta de que la escuela de Macate no era estatal, sino privada y financiada por los padres de familia. No podía transferir mi puesto de maestro ya que éste debía asignarse a otra escuela estatal. Cada uno de nosotros dependía de sus salarios para vivir y a la vez ubicar un trabajo más cercano a la clase trabajadora. Eso significaba que tenía que cambiar mis planes. También encontré que el camino a Macate estaba en malas condiciones y que el poblado estaba bastante lejos de Chimbote, y también de lo prolongado que sería llegar hasta ahí en motocicleta, como había pensado hacer. Me di cuenta de que el plan no era viable y opté por vivir y trabajar más bien en la parroquia *La Victoria* durante la semana, a la vez que enseñar en uno de los colegios estatales de Chimbote, y viajar a Macate en los fines de semana.

Un ataque largo de hepatitis A me alejó de todo desde mayo hasta setiembre de1974. Amigos de Cartavio vinieron a visitarme al comienzo de mayo y tuvimos un lindo fin de semana juntos. ¡Cuando ellos se despidieron me sentí tremendamente agotado! ¡No tenía energía para nada! ¡Me levantaba en la mañana, luego diez minutos después regresaba a la cama totalmente exhausto! Nunca antes había estado enfermo por un periodo tan largo. Tarde o temprano todos los norteamericanos cogíamos la enfermedad, debido usualmente a que bebíamos agua contaminada. ¡Nadie de Santa Cruz se escapó de contraerla durante nuestros años en Perú!

Los cuatro meses que tomó mi recuperación fueron como un gran retiro que me dieron la oportunidad valiosa de leer, reflexionar y orar. Durante la mayor parte del tiempo, Fred estuvo lejos en la escuela de idiomas de Cochabamba, Bolivia, para un curso de repaso en español. Bob Baker llegó en agosto. Finalmente, yo me sentí mejor, después de un viaje a Lima por el mes de agosto para alojarme y realmente descansar en la Casa Central de Maryknoll. ¡Gracias, Maryknoll, por toda su hospitalidad entonces y después durante todos mis años en Perú!

Durante el tiempo de mi convalecencia, el grupo de la Zona Norte con su plan pastoral de conjunto formó varios grupos de trabajo. Uno fue el de nosotros, que trabajábamos en las parroquias situadas en las montañas rurales como Macate. Cuando ya estaba bastante bien en octubre 1974, empecé a visitar Macate junto a dos Hermanas de San José de Carondelet. Eran ellas la Hna. Mary Kay Kottenstetter y Elena McLoughlin, quienes formaron conmigo el grupo pastoral nuevo de Macate. (Mi tía paterna, hermana Martina Shea, fue miembro de esa comunidad de Religiosas.) Empezamos las visitas a poblados, a veces por separado y a veces juntos. Organizamos reuniones con la gente de cada uno, explicándoles lo que nos gustaría hacer en Macate. Les dijimos que nosotros pagaríamos los costos de nuestros viajes en camión, pero que necesitábamos que nos provean de alimento y alojamiento, cuando llegáramos a sus villas. La gente fue maravillosa.

CHIMBOTE Y MACATE 1974 – 1980

Estaban tan felices de tenernos con ellos que de inmediato estuvieron de acuerdo. Ellos se organizaron en equipos de hospitalidad para recibirnos cada vez que los visitáramos. Los maestros de las escuelas públicas de estos poblados también fueron de gran ayuda para nosotros. ¡Gracias pueblo del valle de Macate por su hospitalidad en todos esos años!

Fue una experiencia de acogida el trabajar de nuevo en grupo, en equipos pastorales de sacerdotes, Religiosos(as) y laicos, tal como lo habíamos hecho antes en Trujillo y Cartavio. Las hermanas Elena, Mary Kay, Anita, Sally, Alma y María Dolores, todas sirvieron su ministerio espiritual en un tiempo u otro como parte del equipo pastoral de Macate. Varios amigos(as) laicos también ayudaron de tiempo en tiempo, así como algunos sacerdotes de Santa Cruz.

Macate era un pequeño pueblo en la altura de las montañas, a unas cinco horas en camión y a unos 128 kilómetros de Chimbote. La parroquia incluía veinte poblados más pequeños *(caseríos)*, en un valle extenso, rico en árboles frutales. Los camiones iban y venían recogiendo la fruta, y además proveían el transporte público y otros servicios a la gente. Viajábamos encima de los cargamentos en la parte trasera del vehículo, en un trabajoso viaje a lo largo de carreteras muy angostas de tierra afirmada, primero a lo largo del río Santa, y luego, el aire lleno de polvo, contorneando aún más arriba sobre curvas cerradas como horquillas seguidas de prendedor de pelo, siempre hacia arriba, hasta el rico y fértil valle. Los camiones salían de Chimbote a eso de las 2 de la mañana, y viajaban hasta las

9 a.m. para llegar al pueblo de Huanroc, donde terminaba la carretera. Ahí, se descargaba el camión y se volvía a cargar con la fruta del valle destinada a la venta; los camiones retornaban entonces hacia los mercados de Chimbote.

Generalmente viajábamos los sábados, y desde el fin de la carretera caminábamos a cualquiera de las villas que planeábamos visitar. El pueblo de Macate estaba por lo menos a dos horas de camino desde Huanroc. Había otro camión que tomaba una ruta diferente y más directa a Macate, un ascenso aún más empinado con aún más curvas peligrosas de prendedor, pero salía sólo dos veces por semana en días que no eran usualmente convenientes para nosotros, debido a que todos(as) enseñábamos en las escuelas de Chimbote.

Durante varios años continuamos como equipo visitando los poblados y formando líderes laicos que participaban en asambleas que se convocaban en el pueblo de Huanroc, que tenía localización más central. Las villas que aceptaban nombrar un grupo de cinco adultos, y que participaban luego en el proceso de formación en Huanroc con nosotros, podían contar con un sacerdote para su celebración patronal anual. Algunas de las villas estaban justo en la carretera que atravesaban los camiones, pero otras estaban lejanas y accesibles sólo mediante una marcha larga y empinada. Nosotros comunicábamos la fecha y hora de nuestras visitas mediante mensajes escritos vía choferes de los camiones, una vez que sabían de nosotros. Ellos daban nuestras cartas a pasajeros que iban a esos pueblos, para entregarlas a las personas a quienes estaban dirigidas. Este método trabajaba bien usualmente.

CHIMBOTE Y MACATE 1974 – 1980

Después de nuestras visitas inicial y de seguimiento, empezamos nuestro programa de formación de líderes en Huanroc. Tuvimos un resultado muy bueno en cada poblado, y empezamos a enseñar a los cinco representantes de cada uno, cómo hacer los requisitos preparatorios para el bautismo, primera comunión, confirmación y matrimonio, y cómo conducir liturgias de la Palabra en sus pueblos. Luego, nosotros los visitábamos para ver los resultados del proceso de formación. En general todo funcionaba muy bien, y estábamos muy felices por ello. Una vez que la gente estaba preparada para uno de los sacramentos, ellos recibían certificados del equipo de formación de su pueblo. Podían entonces recibir el sacramento en cualquier pueblo en donde nos encontraran.

Empezando en 1977, el grupo Zona Norte de parroquias de montaña empezó a organizar asambleas anuales que congregaban gente de varias parroquias. La cuarta tuvo lugar en Macate en 1980, y la gente allí, que estaba ya bien preparada, ¡condujo esa reunión casi por sí mismos! Aún el obispo Luis Bambarén, el nuevo obispo jesuita de Chimbote quien había reemplazado al obispo Burke en 1978, reconoció lo bien organizados que ellos estaban. Al comienzo él no favorecía estos encuentros porque estaba un poco desconfiado de la gente de la Zona Norte de su diócesis. La asamblea fue muy satisfactoria para la hermana Dolores y para mí. ¡Conseguimos ver a los líderes de Macate asumir totalmente el evento y hacer un trabajo excelente sin depender mucho de nosotros!

Nuestro nuevo provincial superior de Santa Cruz para ese tiempo, Bill Ribando, viajó a Macate conmigo en una de sus visitas provinciales. A veces olvidábamos lo difícil que eran estos viajes para alguien proveniente de Estados Unidos, no acostumbrado al Perú. En esa ocasión, tomamos el camión directamente hasta el pueblo de Macate para que Bill no tenga que hacer la larga y tediosa subida. Pero al regreso, después de una caminata larga de dos horas bajando el inclinado sendero desde Macate a Huanroc, ¡Bill enojado me pidió conseguirle un caballo! No tenía idea de donde encontrarle uno. Más tarde, después de una buena noche de reposo, él se disculpó. Por años Bill y yo tendríamos muchas risas sobre el viaje a Macate. ¡Gracias Bill, por acompañarme en ese viaje y por todo lo que hiciste para Santa Cruz en Perú! ¡Que reposes en paz!

En 1980 empecé a planear mi año sabático de 1981, y las hermanas de San José estaban preparando su traslado desde Chimbote al pueblo de Casma, cerca de una hora al sur en carro, y ello nos hizo asumir que teníamos que dar fin a nuestro trabajo pastoral en Macate al fin de ese año. Debido a que no había ningún otro sacerdote de Santa Cruz interesado en continuar el ministerio allí, sugerimos al obispo Bambarén que podía reemplazarnos Carlos, un sacerdote diocesano que trabajaba en ese entonces en la parroquia rural de Santa y quien estaba dispuesto a asumir nuestro plan pastoral de Macate, de ministerio con el liderazgo laico. El obispo aprobó y Carlos accedió a mantener los programas con los líderes laicos que habíamos formado en la parroquia. El pueblo estaba triste por nuestra partida, pero contentos de que tenían un reemplazo quien continuaría el ministerio colaborativo con ellos. Fue así que

CHIMBOTE Y MACATE 1974 – 1980

dejé la Parroquia de Macate en diciembre de 1980 con mi corazón feliz pero a la vez con pena. La gente de Macate era muy agradables para trabajar con ellos. ¡Gracias a todos ustedes y a cada uno!

Macate fue uno de los pocos lugares a donde no retorné a visitar con alguna frecuencia y mantener contacto con los amigos. Lo siento por ello, pero la comunicación con Macate no era fácil. Ocasionalmente me encontré en las calles de Chimbote con gente de Macate, pero no retorne al pueblo excepto una vez en 1984. En esa ocasión, los cuatro líderes laicos de la parroquia La Esperanza viajaron conmigo para un encuentro planeado por Carlos, quien admirablemente estaba continuando el trabajo que nosotros empezamos. Él quería una reunión en que se comparta experiencias entre los líderes laicos de los equipos parroquiales de Macate con las de laicos de la parroquia Santa Cruz de Chimbote con quienes yo trabajaba entonces. Fue un reencuentro maravilloso con los miembros de nuestro equipo laico original de Macate. Fue un regalo y una bendición para mi también ver a todos los líderes laicos activos todavía y activamente comprometidos con Carlos después de tantos años. ¡Fue un gran día de mi vida!

Yo fui a visitar recientemente a la hermana Dolores cuando fui a Tacna, donde ella vive y trabaja ahora, y compartimos nuestros recuerdos de Macate. ¡Gracias, hermana Dolores, y otras hermanas de San José y a la gente de Macate por todos esos años de amistad y colaboración en la misión conjunta! ¡Nunca los olvidaré!

GRACIAS PERÚ

EL COLEGIO DE SAN PEDRO

Poco después de que yo llegué a Chimbote en 1974, la Hermana de San José Elena McLoughlin me entrevistó para planear mi enseñanza de religión allí. Ella era la directora de la Oficina Diocesana para la Educación Cristiana (ODEC), que coordinaba entre la Iglesia y el gobierno peruano la enseñanza de religión en los colegios estatales. Yo mantenía mi puesto nombrado de profesor del estado; entonces ella me explicó lo que tenía que hacer para transferirlo desde Cartavio a Chimbote. El trámite requirió que yo viaje varias veces a Trujillo y Cartavio, durante marzo y abril de 1974, para hacer los papeleos. Luego caí enfermo de hepatitis, justo después.

En agosto mi provincial superior en Estados Unidos Bill Hogan recibió una carta del arzobispo de Trujillo quejándose que yo estaba visitando Cartavio cada fin de semana y agitando a la gente contra el nuevo pastor Romano. Bill contestó al arzobispo que él no podía entender como podía esto ser posible, ya que yo había estado enfermo y en cama en Chimbote desde el inicio de mayo. Lo que realmente pasó es que el consejo parroquial de Cartavio y la gente que formaba parte del movimiento Fe y Acción Solidaria (FAS) estaban protestando por las decisiones del nuevo párroco, que deshacían algunos de los cambios pastorales que Santa Cruz había hecho durante nuestros años ahí. ¡El arzobispo no podía creer que los laicos podían hablar y actuar por sí mismos! ¡Por tanto, para él yo tenía que estar metido!

Esos laicos de Cartavio eran impresionantes. Formaron ellos mismos un grupo llamado Santa Rosa y pidieron

CHIMBOTE Y MACATE 1974 – 1980

a una pareja de laicos de Trujillo, Miguel y Flor Cabrera, que sean sus consejeros espirituales. El grupo permaneció activo por muchos años a pesar de sus conflictos con Romano, los siguientes párrocos y el arzobispo mismo. Fue el tiempo en que algunos obispos peruanos habían empezado a alejarse de los cambios pastorales inspirados por Vaticano II.

Todo funcionó bien con mi papeleo y para agosto mi transferencia estaba completa. De inicio, Elena me dio unas pocas horas en varios colegios diferentes cuando empecé a enseñar en abril. Cuando me enfermé, tuve que pedir a otros de la comunidad de Santa Cruz que ayudaran. Arturo Colgan y Fred y algunos laicos amigos me sustituyeron hasta el fin de septiembre en que ya estaba bastante sano para reasumir. En ese tiempo, Elena había logrado programar todas mis horas en un colegio grande y prestigioso llamado San Pedro, situado a poca distancia, caminando, desde la parroquia La Victoria.

Enseñaba religión veinticuatro horas por semana, dieciséis en sesiones diurnas a estudiantes en los años tercero y cuarto de secundaria, y ocho en clases nocturnas a adultos jóvenes que no habían podido terminar sus estudios secundarios en su juventud temprana. En mis clases usaba un libro con imágenes bíblicas publicado por un grupo ecuménico metodista llamado CELADEC (Comisión Evangélica Latinoamericana de Educación Cristiana). Dos estudiantes usaban el mismo pupitre escolar y había usualmente 50 estudiantes en un aula. Yo compraba veinticinco ejemplares que eran compartidos por dos estudiantes en cada pupitre, y yo recogía esos 50 libros al final de la clase, para ser usados en la siguiente aula. Había mucho ajetreo con esto, pero se trataba de un excelente material de estudio.

Leíamos parte del folleto y luego los estudiantes trabajaban en grupos las preguntas dirigidas a la comprensión de la Escritura, y ver cómo podíamos ponerla en práctica en nuestra vida diaria y actual. Todas mis clases estaban organizadas con trabajo de grupo. Todos, los estudiantes y yo, disfrutábamos de este método que era recomendado por las autoridades educativas peruanas, que querían una educación que levantara la conciencia de los estudiantes para convertirse en pensantes críticos y creativos.

Durante los tiempos libres entre clases, me gustaba quedarme fuera de las aulas conversando con los estudiantes, más que irme a la sala de los profesores. De esa manera cultivaba la amistad de los alumnos. Con algunos jugaba básquetbol en el colegio los domingos por la tarde, y con otros, especialmente algunos estudiantes mayores de las clases nocturnas, iba a Macate. Siempre estaba impresionado por esos alumnos nocturnos. Tenían su mayoría 20 años o más, y no habían terminado la escuela secundaria cuando les correspondía porque tuvieron que trabajar y ayudar a sus familias. Entonces ahora como adultos jóvenes trabajaban durante el día y luego venían a estudiar de 7 a 11 p.m. Eran alumnos muy dedicados. Una señora, madre en sus 50 años, venía a estudiar en mi clase de primer año. Le pregunté por qué ella venía a clases nocturnas con toda esa gente joven y con todo el frío. Ella me dijo que ella había criado y educado a sus niños y ahora estaba lista para educarse a sí misma. ¡Qué gran señora!

CHIMBOTE Y MACATE 1974 – 1980

Después de las clases nocturnas yo siempre regresaba caminando hasta el pueblo con algunos estudiantes y allí tomábamos un *colectivo* (un servicio de taxi que transporta varios pasajeros a lo largo de su ruta), que me llevaba a casa en la parroquia Esperanza, donde vivía desde marzo 1975.

Sin embargo, el colectivo que iba a nuestra casa en Esperanza Baja no hacía servicio después de las 9 p.m., entonces yo tenía que coger una ruta diferente de colectivos que pasaba cerca, pero me dejaba a unas 20 cuadras de distancia, que tenía que caminar, para llegar a casa. No había electricidad en esos días y yo llevaba una linterna de mano para ver y protegerme de los perros que dormían fuera de las casas y ladraban y gruñían a quien sea que pasara a esa hora. Esa parte del camino yo la hacía solo, y nunca tuve problema alguno con ladrones o perros. ¡Gracias a Dios y la linterna de mano!

Durante esos años tuvimos un excelente grupo de profesores de religión en Chimbote. Preparábamos las clases juntos, y la mayoría éramos miembros activos del sindicato de profesores SUTEP. Cuando había tensiones políticas en el colegio San Pedro y las autoridades educativas venían al colegio a investigar, yo era con frecuencia llamado por los otros profesores para hablar en nombre del Sindicato, ya que ellos tenían miedo a ser despedidos.

Fueron emocionantes años de cambio político. Algunos de los estudiantes del colegio estaban altamente politizados también. Ellos querían participar en las huelgas en que estaban sus padres u otros miembros de sus familias. Yo trataba de apoyar a estos estudiantes de la mejor manera que podía, en la medida en que las autoridades educacionales decían que querían formar estudiantes creativos, conscientes y críticos. Yo participé activamente en dos huelgas nacionales de cuatro meses en 1978 y 1979. Fue un tiempo de mucha turbulencia política. El gobierno militar que había derrocado al presidente Velasco lo reemplazó con el presidente Morales Bermúdez, un verdadero dictador. Con la economía débil y la moneda peruana considerablemente devaluada, las protestas y huelgas eran frecuentes por todos lados.

Fue durante este tiempo también que yo decidí solicitar la ciudadanía peruana. En nuestro capítulo distrital de 1978, se acordó que si los estadounidenses decidían optar por la ciudadanía peruana, ellos recibirían el apoyo del distrito. Así, en mi entusiasmo juvenil decidí hacerlo. ¡Es interesante que durante este proceso todas las autoridades peruanas con quienes traté buscaban desanimarme de hacerlo! De cualquier manera, pienso que mi participación en las huelgas de maestros y mis discursos a favor de los profesores en el colegio San Pedro pusieron en problemas mi petición, y puede ser por ello que fue negada. Probablemente eso pasó por algo bueno, porque mi madre murió en mayo de 1979, y si las gestiones continuaban en su ritmo lento usual no hubiera podido viajar a su funeral ya que cuando sucedió no hubiera tenido ni el pasaporte estadounidense ni el peruano.

MINISTERIO JUVENIL

En 1974 el grupo de la Zona Norte también quería que sus miembros crearan grupos juveniles tanto en las

CHIMBOTE Y MACATE 1974 – 1980

parroquias como en los colegios; entonces decidí tratar de iniciar un grupo en el colegio. Dos hermanas de San José, Alma Jones y Lally Leigh, ofrecieron trabajar conmigo en esa tarea. Para nuestra reunión esa tarde conseguimos permiso de la parroquia cercana *Virgen de la Puerta,* situada también cerca del colegio San Pedro, para usar una casa pequeña vacía que ellas tenían, y allí se reunió un grupo muy simpático de estudiantes. Organizamos un grupo de confirmación para ellos y las confirmaciones se realizaron en la parroquia Virgen de la Puerta con el oficio del obispo James Burke. Continuamos usando la casa hasta 1979 en que Luis Bambarén, el nuevo obispo, abruptamente cedió el lugar a las Hermanas Misioneras de la Caridad, la orden fundada por la Madre Teresa de Calcuta.

Nuestro grupo formó parte de la organización juvenil pastoral de la Zona Norte; por ello pudimos asistir a muchas asambleas locales y regionales. Todavía estoy en contacto con varios de estos jóvenes que formaban estos grupos. Más tarde en 1979 dos de ellos, Bruno Rojas y Santos Sotelo serían los primeros postulantes peruanos de Santa Cruz, cuando empezamos nuestro programa de formación en Lima. Bruno dejó el programa después de un año, estudio en la universidad y más tarde se volvió sacerdote diocesano de la Asociación de Misioneros Peruanos (AMP), y luego continuó su servicio sacerdotal con las comunidades hispana y portuguesa que trabajaban en Japón, donde reside hasta la fecha. Santos también dejó el programa después de dos años con nosotros, y ahora vive como un laico casado en la parroquia Santa Cruz en Canto Grande, Lima. ¡Gracias, hermanas Lally y Alma, y gracias, Bruno y Santos y todos los comprometidos en este ministerio juvenil! ¡Ustedes están todos en mi memoria y en mi corazón!

Durante esos años también empecé un trabajo con los jóvenes de más edad que solían juntarse por las noches en la plaza frente a nuestra casa comunitaria en la Esperanza. Cuando regresaba tarde de dar clases en el colegio nocturno, a menudo me paraba a charlar con ellos. Ellos me comunicaron su interés en formar un grupo juvenil y me pidieron que lo inicie y acompañe. Muchos en la comunidad de Santa Cruz pensaban que yo estaba perdiendo mi tiempo con ellos. Para mí, por el contrario, era un modo excelente de conocerlos y servirles como sacerdote, tal como lo hicimos con el ministerio de la playa de Cartavio, que también para algunos miembros de mi comunidad sacerdotal fue una pérdida de tiempo. Esta gente joven, informal y abiertamente me relataba su vida y problemas personales. Y yo sentía que escucharlos y alentarlos en sus vidas podía ayudarles en algo.

Ellos formaron un grupo cultural y deportivo, y me tocó disfrutar de sus actividades por lo menos en el aspecto cultural. Nos hicimos amigos, y pienso que ellos estaban contentos con su nueva organización y por mi acompañamiento. Me encantaba y aún me encanta trabajar con jóvenes como ellos, que muchas veces son marginados como gente carente de importancia por la sociedad, y a veces por alguna gente de la Iglesia. ¡Gracias jóvenes, varones y mujeres, de Esperanza!

Durante esos años, continué enseñando a tiempo completo en el colegio secundario San Pedro en el otro

CHIMBOTE Y MACATE 1974 – 1980

lado de Chimbote y trabajando con el grupo juvenil allí, a la vez que viajaba a Macate con el equipo propio quincenalmente los fines de semana. La vida estaba plena de servicio sacerdotal y entusiasmo. Ayudé en las misas de fin de semana en la parroquia Esperanza cuando no iba a Macate, pero en general, con esas tres actividades, colegio, grupos juveniles y parroquia de Macate, no podía estar muy presente en la parroquia Esperanza.

Estuvo con nosotros por un tiempo un joven llamado Erman Colonia, de la comunidad andina de Pariacoto. Las hermanas allí pensaron que sería bueno para él vivir con Santa Cruz mientras discernía su vocación. Erman vivió allí por varios años hasta que decidió entrar ella seminario diocesano. Siempre consideró a nuestra casa en Esperanza como su hogar. Él fue ordenado sacerdote in 1984, pero salió poco después para casarse y unirse al grupo de sacerdotes casados. Ahora él es obispo de esa organización y está casado con una mujer sacerdote.

SANTA CRUZ

Al final de 1974, decidimos como comunidad que queríamos redactar la declaración de nuestra misión para la Congregación, en la medida que la concentración en Chimbote había fortalecido nuestra presencia en Perú, al reunir a los pocos que éramos en una sola área de misión, en vez de tenernos expandidos en áreas distantes. Pasamos varias semanas haciendo reuniones con este objetivo. Finalmente aprobamos un borrador de declaración muy bueno, expresando quienes éramos y lo que esperábamos lograr. Queríamos vivir la opción preferencial por los pobres viviendo entre los pobres. Trataríamos de vivir como ellos contando sólo con nuestros salarios, sin pedir dinero a nuestra provincia en Norteamérica, excepto para nuestros viajes a EEUU cada tres años, para visitar a nuestras familias. Queríamos enfatizar el lado profético de nuestra misión y nuestros votos religiosos de pobreza, castidad y obediencia, con un seguimiento más radical a Jesús en la Iglesia, como lo hizo San Francisco en el Siglo XIII. Allí planteamos a la Congregación algunas preguntas sobre nuestro futuro en Perú.

La declaración de misión fue redactada por David Farrell, Bob Baker, Fred Serraino, Arturo Colgan y yo. Norberto Wassen, un sacerdote diocesano alemán que compartía sacerdocio y vida con nosotros en la parroquia Esperanza ese año de 1974 también participó. Norberto vivió y trabajó con nosotros hasta el fin de 1977 en que murió en un accidente de automóvil en enero de 1978 mientras pasaba vacaciones en Alemania. ¡Gracias, Norberto, por tus años con nosotros! ¡Descansa en paz!

Después que escribimos nuestra declaración de misión, la comunidad de Santa Cruz me pidió ir a Estados Unidos por dos meses a descansar de mi hepatitis, y a la vez visitar los colegios de los Hermanos de Santa Cruz, e invitarles a unirse a nuestra misión en Perú. Visité casi todos los colegios en la sección este de los Estados Unidos y hablé con los Hermanos y sus estudiantes sobre nuestra misión en Perú. Desafortunadamente ninguno de los hermanos podía venir a trabajar con nosotros, debido a necesidad de personal en sus escuelas. Como ya mencioné, muchos religiosos estaban dejando la Congregación du-

CHIMBOTE Y MACATE 1974 – 1980

rante el tiempo en que Vaticano II había abierto la puerta hacia nuevos caminos para los laicos que trabajaran en la Iglesia. Sólo el hermano John Benesh llegó después, en 1985, proveniente de los Hermanos Santa Cruz de la Provincia del Medio Oeste, para trabajar en escuelas de Perú. ¡Gracias hermano John, por venir y permanecer en Perú aún hasta el presente en tu edad de ochenta y cinco años!

Fue entonces que, después de mi visita a las escuelas de los Hermanos en los Estados Unidos, a mi regreso a Perú a comienzos de 1975, se me pidió mudarme de La Victoria a la parroquia Esperanza de Santa Cruz. Fred Serraino había decidido retornar a ejercer su ministerio en Estados Unidos a fines de 1974. David Farrell había recién viajado a Chile en enero de 1975 para asumir como asistente superior del distrito Santa Cruz allí. El golpe militar de Pinochet en septiembre 1973, derrocando al presidente socialista electo Salvador Allende, había debilitado a ese distrito de Santa Cruz, porque la gente de Pinochet consideraba que la Congregación estaba infiltrada por el comunismo. Cualquier grupo comprometido con la justicia social era considerado comunista por los militares. En consecuencia, muchos religiosos de Santa Cruz habían huido de Chile o fueron deportados. Otros escogieron dejar la comunidad por razones personales. Algunos que tuvieron que partir de Chile fueron asignados a Perú, como Bob Plasker, deportado, y Bob Neidhardt, que huyó. Con la llegada de estos religiosos yo me mudé a Esperanza a vivir con Arturo Colgan y Norberto Wassen. Quedaban en La Victoria, donde había yo pasado mi primer año, Bob Neidhardt, Bob Plasker y Bob Baker.

GRACIAS PERÚ

En 1975 más sacerdotes Santa Cruz, que tuvieron que dejar Chile debido al golpe de Pinochet, empezaron a llegar a Perú. Después que Bob Plasker y Bob Neidhardt llegaron, les siguieron Dan Panchot, Phil Devlin, Mauricio Laborde y Diego Irarrázaval. ¡Entonces nuestro grupo creció! Empezamos a pensar en abrir una parroquia y un colegio en Lima.

Diego, un religioso chileno de Santa Cruz, que había tenido que huir de Chile después del golpe de Pinochet, vivía con Bud Colgan, Norberto Wassen y yo en la parroquia Esperanza cuando llegamos a Chimbote en 1975. Él viajaba ida y vuelta a Lima donde trabajaba por 2 semanas cada mes en el Instituto Bartolomé de Las Casas, fundado por Gustavo Gutiérrez y otros teólogos para realizar estudios sobre Teología de la Liberación y proyectos.

Bob Plasker, quien había sido el superior religioso en el distrito de Chile al tiempo del golpe militar y fue expulsado por el gobierno de Pinochet, fue el único profesor como yo. Además de trabajar los dos en el turno nocturno del colegio secundario San Pedro, también trabajábamos juntos en Macate durante 1975, hasta que se fue a abrir la parroquia de Canto Grande en Lima con Bob Baker en1976. Así, una vez más perdí un compañero y colaborador. Bob Plasker y yo solíamos cenar juntos frecuentemente en el centro de la ciudad antes de ir a nuestras clases en el colegio San Pedro. Y ya que trabajábamos también en Mácate, teníamos mucho tema para conversar. Él era una persona dinámica con mucha energía e ideas creativas.

También trabajamos con Bob Plasker en el proyecto PILA (Proyecto Interdistrital Latino Americano) que

CHIMBOTE Y MACATE 1974 – 1980

quería unir a los sacerdotes de Santa Cruz, hermanos y hermanas que trabajábamos en Perú, Chile y Brasil en un apostolado común en Perú. Este proyecto fue fruto de la celebración en 1973 de los cien años de la muerte de nuestro fundador Basile Moreau. Anhelábamos fundar una parroquia y colegio de Santa Cruz en un sector pobre en las afueras de la capital peruana Lima, a la que se uniría un miembro de cada grupo de Santa Cruz y así reunir todas las organizaciones Santa Cruz en América Latina. Después de animadas conversaciones iniciales y dado el interés que mostraba cada grupo, muy especialmente en el encuentro de Chimbote en 1975, se evidenció que la mayoría no tenía suficiente personal para liberar a un miembro para el proyecto en cuestión. Pero se logró empezar una estrecha colaboración de todas nuestras organizaciones en América Latina que duró años y empezó a hacer realidad el proyecto: una nueva misión con parroquia, colegio y casa de formación en Lima. Entonces ya contábamos con suficientes religiosos en Perú para extendernos a partir de Chimbote. ¡Fue un tiempo emocionante para desarrollar la colaboración entre los de Santa Cruz en América Latina!

En 1976, el capítulo provincial de la provincia del Este de Padres y Hermanos en Estados Unidos, que fue la provincia que fundó la misión en Perú, aprobó nuestra declaración de misión y creó para Perú un distrito de la provincia. Ello abrió para nosotros la posibilidad de aceptar peruanos en nuestro programa vocacional. También representó el compromiso de la provincia de establecer permanentemente a Santa Cruz en Perú.

GRACIAS PERÚ

La creación en1976 del distrito de la Congregación en Perú también nos dio mayor autonomía para tomar decisiones. Arturo Colgan fue elegido como el primer superior distrital, y Bob Plaker, Diego Irarrázaval y yo fuimos elegidos o nombrados al consejo. Empezamos a hacer planes para construir la nueva parroquia de Canto Grande en Lima, que debía inaugurarse al final de ese año, y el nuevo colegio de Fe Y Alegría que esperábamos podríamos abrir ahí en 1977 con la administración de Santa Cruz.

Canto Grande era una área grande y nueva donde gente pobre de Lima, se había recientemente establecido esperando escapar del hacinamiento que se vivía en la ciudad capital, buscando un terreno pequeño para construir una casa propia. Ellos vivían en casas de esteras sin agua potable, alcantarillado ni electricidad. Íbamos a poner casa propia, también de esteras, y vivir en medio de la gente pobre de allí.

El sistema de escuelas de Fe y Alegría es una organización fundada por jesuitas para áreas pobres donde no existen colegios públicos del estado o hay muy pocos. El gobierno peruano paga los sueldos de los profesores y así no se cobra a los alumnos la matrícula y los pagos que se hace en colegios privados. El pueblo ayuda a obtener fondos para la construcción gradual del colegio mediante un sorteo gigante nacional y otras actividades pro-fondos durante todo el año. Los jesuitas suelen pedir a otras comunidades religiosas administrar las escuelas, y entonces invitaron a Santa Cruz para participar en la administración de la escuela nueva, en la recientemente ocupada área de Canto Grande. Así, varios de la comunidad Santa Cruz de Chimbote fuimos a Lima a abrir esta nueva misión, que permanece hasta ahora.

Nuestra mudanza desde Cartavio a Chimbote en 1974 para reunir la comunidad de Santa Cruz se hizo una realidad en ese tiempo. Pasábamos tiempo juntos en comunidad y ello incluía salidas. Por ejemplo, íbamos cada Domingo como comunidad Santa Cruz a la casa de las Hermanas del Verbo Encarnado para cenar. Una de ellas, Luisa, se hizo gran amiga de Arturo Colgan y David Farrell, y también trabajaba en la parroquia Esperanza donde los dos también participaban. Las otras hermanas del Verbo Encarnado fueron Emma, quien era enfermera en su clínica contigua a su casa, y Ester Chávez, que era profesora de religión como yo y una buena amiga. Cuando estuve muy enfermo de hepatitis, ellas también me alojaron y atendieron en su casa por dos semanas. ¡Gracias Emma, Ester y Luisa! Ellas son difuntas ahora. ¡Que descansen en paz! Nuestras cenas dominicales cesaron después que David partió en enero de 1975 para convertirse en superior asistente en el Distrito de Chile, y cuando Luisa dejó su comunidad.

Con el paso del tiempo, sin embargo, debido a mi horario de enseñanza raramente tenía oportunidad de comer con la comunidad. Yo era el único profesor en el grupo. Llegaba tarde a casa después de las clases matinales en el Colegio San Pedro al otro lado de Chimbote, y por ello no podía estar en el almuerzo de la comunidad. Luego salía de nuevo por la tarde para reunirme con el grupo juvenil cerca del colegio San Pedro, en el local de la parroquia Virgen de la Puerta que ya mencioné antes. Después no regresaba de las clases nocturnas sino hasta cerca de medianoche. En los fines de semana usualmente andaba lejos en la parroquia de Macate. Así, me veía poco con la comunidad, excepto en las reuniones ocasionales que organizaban los sacerdotes de ONIS, o los sacerdotes y Hermanas de la Zona Norte.

Para mi fueron excelentes esos años de ministerio sacerdotal, pero la carga de trabajo sin días de descanso ni vida en comunidad terminaron agotándome. Terminé exhausto. ¡Yo era ya un adicto al trabajo! No tenía amigos íntimos en la comunidad de Santa Cruz desde la partida de Fred, y mi servicio me había llevado a lugares donde no había otros miembros. Sin embargo, los compañeros presentes me apoyaban, ayudándome de tiempo en tiempo en Macate, reemplazándome cuando las fiestas religiosas de los pueblos caían dentro de la semana. Subían conmigo a las fiestas religiosas o me reemplazaban en el colegio para yo poder viajar a la fiesta. Estoy agradecido con las Hermanas de San José, cuya casa se hallaba durante esos años en el centro de Chimbote. Ellas, así como los Hermanos Cristianos Irlandeses, que vivían no muy lejos de San Pedro, se volvieron mi comunidad, con quienes pude relajarme algo cuando había un tiempo libre en la noche. Ambas comunidades fueron muy acogedoras y hospitalarias. ¡Gracias!

En el capítulo siguiente tocaré acerca de mi lleno de gracia año sabático de 1981. También describiré mis años restantes en Chimbote, donde continué mi enseñanza en el colegio secundario y donde también pasé más tiempo con el equipo nuevo de la parroquia Esperanza.

4. CHIMBOTE 1982 - 1985

Mientras termino de escribir esta sección, el Papa Francisco está terminando su visita pastoral a Cuba y los Estados Unidos. ¡Qué gran testigo de Jesús es él! ¡Gracias Señor por dejarme ver un Papa que es tan semejante a ti! Pienso en Simeón en el templo diciendo "Señor, ahora puedes dejarme partir en paz".

MI AÑO SABÁTICO DE 1981

En 1981 pude gozar de un año de descanso, recuperación y revitalización lejos de Perú. Yo estaba cansado, y muy descontento por la dirección en la que el Papa Juan Pablo II, electo en 1978, estaba conduciendo a la Iglesia institucional, y especialmente con algunas de las decisiones tomadas por los obispos peruanos en esta nueva era. Me parecía que estábamos retornando a la Iglesia pre-Vaticano II, más autoritaria y miedosa de cualquier novedad. Parecía que la Iglesia estaba empezando a voltearse sobre sí misma y estaba más preocupada por su poder clerical y privilegios que por los sufrimientos del pueblo. El obispo de Chimbote Luis Bambarén tenía una gran imagen de justicia social, pero en lo concerniente a asuntos de la Iglesia me parecía conservador y autoritario como el nuevo papa.

GRACIAS PERÚ

Nuestro grupo pastoral de la Zona Norte, el grupo de sacerdotes y Hermanas que trataba de implementar la justicia social y los cambios religiosos consignados en los documentos de Vaticano II, en la Conferencia Episcopal Latinoamericana de Medellín en 1968 y luego en la de Puebla, México 1979, estaba bajo el ataque continuo de Bambarén. Los obispos peruanos en general estaban tomando medidas drásticas contra cualquier persona o grupo que creían era influenciado por el Teología de la Liberación, la misma que durante ese tiempo estaba siendo confrontada en los niveles romanos más altos por Joseph Ratzinger (que sería más tarde Benedicto XVI). Ratzinger consideraba que la Teología de la Liberación dependía demasiado del pensamiento marxista y que la Iglesia latinoamericana estaba demasiado enredada en la política. Fue el período que siguió inmediatamente al asesinato del arzobispo Oscar Romero de El Salvador por los militares, y al asesinato de cuatro religiosas estadounidenses también ahí. Asesinatos de gente de la Iglesia, tanto clérigos como laicos estaban ocurriendo en muchos países latinoamericanos.

Me parecía a mí que el liderazgo de la Iglesia estaba dejando atrás a las "comunidades cristianas de base" y a los problemas de justicia social. Varios sacerdotes de la diócesis de Chimbote que eran miembros de la pastoral de la Zona Norte fueron expulsados o fueron maltratados y severamente juzgados por Bambarén. Nuestro pequeño grupo de la Zona Norte, que trabajaba en parroquias andinas como la de Macate, fueron obstaculizados por el obispo mientras yo estaba trabajando allí. El creó obstáculos que impedían el funcionamiento de los grupos, para controlar él mismo lo que se hacía en las parroquias de montaña.

Luis Bambarén nombró a una ex-hermana de San José, muy conservadora, como directora de los profesores de religión. Yo tuve problemas con ella con respecto a mis horas de clases en el colegio San Pedro ya que ella no reconoció mis varios años de enseñanza allí. Felizmente cuando hablé personalmente con él, Bambarén me escuchó y rectificó la injusticia que ella estaba cometiendo. Arturo Colgan, quien había sido nombrado como vicario (asistente) de Bambarén, y estaba muchas veces entre dos fuegos, finalmente tuvo que renunciar a su puesto. Yo estaba muy a menudo molesto con la Iglesia institución y también me deprimí emocionalmente. Así fue que yo estaba contento de que podría dejar Chimbote por un tiempo.

Mi año sabático fue muy bueno, yo diría maravilloso. Empecé viajando a Brasil, para ver por mí mismo el crecimiento y funcionamiento del sistema pastoral de los "las comunidades cristianas pequeñas", que habían sido fundadas allí para revitalizar la fe de inmensa cantidad de gente de ese país que no contaban con un párroco -debido a la escasez de sacerdotes célibes, como yo-. Estas "comunidades cristianas pequeñas" eran pequeños grupos de laicos, hombres y mujeres, que se reunían cada semana en las casas o en el local parroquial para celebrar su fe juntos y sin contar con un cura. Ellos cantaban canciones y leían las Escrituras a partir de una hoja impresa, que contenía las lecturas de la Misa del Domingo y una reflexión bíblica preparada por la Conferencia Episcopal Brasileña. Cada año los obispos brasileños seleccionaban también un tema de justicia social (por ejemplo, pobreza, atención de salud, educación), para ser tocados en las liturgias dominicales. Estas reuniones eran llamadas Celebración de la Liturgia de la Palabra de la Misa del Domingo.

También quise conocer personalmente las misiones de Santa Cruz en Brasil, y entonces visité todas ellas, empezando por el colegio de los Hermanos de Santa Cruz en Santarém, situado en la selva del río Amazonas. Pasé diez días ahí y disfruté de la vida comunitaria y compañía de los Hermanos, particularmente mi buen amigo Hermano Ronald, quien era en ese tiempo el maestro de novicios para el distrito de los Hermanos. Luego volé a la ciudad de Belén situada cerca de la desembocadura del Amazonas en el Nordeste brasileño. Desde allí viajé por más de veinticuatro horas en ómnibus al pueblo de Medina, donde pasé varios días con las hermanas Santa Cruz en su nueva misión de montaña en Minas Gerais. Allí estaba mi buena amiga, Hermana Josephine Delaney, quien había venido al Perú en 1975 para la reunión de Religiosos Santa Cruz de América Latina (PILA, Proyecto Interdistrital Latinoamericano), que mencioné en el capítulo anterior. Tuve la oportunidad de visitar algunas de las "comunidades cristianas pequeñas" con las Hermanas, lo que requería viajar a caballo por varias horas. Gracias, Hermana Josephine, por esa experiencia.

Luego continué en ómnibus por otras dieciocho horas hacia São Paulo, la ciudad más grande de Brasil, donde pasé la Semana Santa con las Hermanas de Santa Cruz en su casa situada en una favela, barrio pobre, y pude ver a mi

CHIMBOTE 1982 – 1985

amiga Hermana Ruth. Allí, también, tuve una experiencia muy edificante con las "pequeñas comunidades cristianas de base" durante la Semana Santa. Compartiendo con ellos, me impresionó ver como laicos hombres y mujeres pueden celebrar juntos su fe, ¡todo por sí mismos!

También visité a los padres de Santa Cruz que tienen un colegio para la clase alta y una parroquia para la clase trabajadora en São Paulo. Luego hice una rápida visita a nuestros hermanos de Santa Cruz en su escuela para clase alta en la ciudad cercana de Campinas.

Finalmente, otro viaje de treinta horas en ómnibus me llevó a la ciudad de Caxias del Sur en el sur de Brasil, donde participé en un programa de renovación, un largo retiro de talleres para ayudar a sacerdotes, religiosos y laicos a reponer energías y habilidades para el ministerio eclesial. El grupo estaba formado por veinticinco brasileños y veinticinco hispanohablantes provenientes de varios países sudamericanos. ¡Qué experiencia tan grande y llena de gracia fue para mí! Ella aumentó mi energía y estima para mi visión de una Iglesia acorde con El Vaticano II, tal como fue mi experiencia en todos los años de Cartavio y Chimbote.

Como ya lo dije, yo andaba deprimido por el repliegue del papa y de los obispos peruanos de ese entonces, respecto a los documentos y esfuerzos previos inspirados por Vaticano II para renovar la misión de la Iglesia. Ellos a menudo hablaban en contra de las "pequeñas comunidades cristianas de base", temerosos de que se politizaran demasiado. Ellos temían perder control y poder sobre ellas. Ellos a menudo se referían a ellas como la Iglesia paralela de los pobres, insinuando que una estaba en oposición directa con la institución clerical.

El proyecto de renovación nos dio a los que participamos la oportunidad de compartir nuestras experiencias de Iglesia misionera y obtener un ímpetu renovado para regresar a construir esta nueva visión de la Iglesia en América Latina. ¡Gracias, Caxias, por renovar mis energías!

Agradezco a la gente que conocí en Caxias, especialmente a mi amigo chileno, recientemente fallecido, Hugo Espinoza, un laico que fue detenido durante los años de Pinochet por su liderazgo en el sindicato de obreros de la fábrica en que trabajaba. Hugo fue un cristiano muy activo en la iglesia chilena, y fue despedido de su trabajo por su solidaridad con los pobres. Su parroquia lo envió a este programa de renovación. Para mí, él era un excelente ejemplo del tipo de cristiano que tratábamos de formar en la Iglesia del Vaticano II. Visité a Hugo varias veces tanto en Chile como en Perú, a través de esos años. Tuvimos conversaciones durante el programa de renovación, y también a menudo por las tardes cuando salimos con otros participantes a tomarnos una copa, como la Hermana brasileña María Hylma Ceva López y el Maryknoll norteamericano Tom Henehan, quien trabajaba en Chile. He mantenido contacto con ambos a través de los años. ¡Gracias a todos ustedes de Caxias por su amistad energizante y por esos días tan inspiradores con ustedes ahí!

Después de Caxias, viajé de regreso al capítulo distrital de los Hermanos en Campinas por unos cuantos días, y luego a los Estados Unidos para pasar el segundo semestre de mi año sabático. Empecé visitando a mi padre en Albany, Nueva York, y pasando un tiempo precioso con él. Después, participé en más programas de renovación durante ese verano. Uno fue en la Universidad de Massachusetts en Amherst, sobre "Reaganomics", que cuestionaba los programas económicos del presidente Ronald Reagan. ¡Muchas gracias a ti, Joe Callahan, provincial de la Provincia del Este por recomendarme este excelente programa!

Asistí luego a una conferencia sobre el tópico de las "comunidades cristianas pequeñas" que se dio en el Instituto de Verano de las Hermanas Maryknoll, con el sacerdote brasileño José Marins, uno de los fundadores del programa de "pequeñas comunidades cristianas" en Brasil. Esta conferencia me ofreció la oportunidad de procesar todas mis experiencias previas con las "comunidades pequeñas" y descubrir sus raíces bíblicas.

Después de algún tiempo vacacional más con mi padre, empecé la segunda parte de mi año sabático con seria dedicación al programa de renovación de Maryknoll. Ello fue una continuación perfecta de mi experiencia en Caxias, que añadió al conjunto aspectos más personales como la oración, comunicación saludable, y puesta al día teológica. Tenía libres los fines de semana y así tenía tiempo de visitar amigos y miembros de la comunidad en el área de la ciudad de Nueva York. En una de esas salidas pude visitar mi buena amiga Caroline Nicosia a quien había conocido años antes en Roma, donde ella trabajaba con el Movimiento Para Un Mundo Mejor.

Todos estos programas renovaron mis energías para mi retorno al ministerio en Perú. Recuerdo especialmente a la Hermana Charlotte Smith quien fue mi directora espiritual. Ella me introdujo al Curso sobre Milagros, un programa para la libertad interior. Todavía estoy en contacto con la gente maravillosa y vivificadora con quien viví y estudié durante ese año. Gracias, Señor y gracias a la comunidad Santa Cruz por este tiempo de renovación en mi vida.

Cerca del final del programa de Maryknoll, fui invitado a hablar en la Asociación de la Infancia Sagrada, en su reunión anual que se realizaba en New Orleans. Yo no creo que ellos sabían lo que iban a obtener cuando me invitaron. Yo les había dicho previamente que seguía los lineamientos de la Teología de la Liberación que consideraban trabajar por la justicia social y la reforma institucional como prioridades para la Iglesia, aun cuando en tiempos de necesidad inmediata continuamos siendo gente donante y caritativa. A partir de mi experiencia en Perú pienso que la mayoría de la gente no quiere vivir de la caridad. Quieren ganarse su propio sustento. Ellos no quieren que nosotros simplemente les donemos alimentos, y más bien quieren que les enseñemos y les permitamos ganárselos por ellos mismos. Esto es lo que básicamente compartí con los de la Niñez Sagrada en su conferencia, y pienso que pude darles una perspectiva diferente de la misión de la Iglesia y algo para reflexionar. Disfruté del viaje que me llevó a New Orleans, la gran ciudad del jazz, donde me senté en la mesa con líderes laicos en un mar de mesas con cuellos de clérigo.

CHIMBOTE 1982 – 1985

PARROQUIA ESPERANZA

Después de pasar Navidad y algunos días más con mi padre, familia y amigos en el área de Albany, regresé a Chimbote en marzo de 1982. De inmediato retomé mi puesto de profesor, del cual me había ausentado con un permiso. Sin embargo, para el horario diario, en vez de regresar al colegio San Pedro en el otro lado de Chimbote como antes, empecé a enseñar en dos colegios más pequeños situados en nuestra parroquia Santa Cruz. Cada uno tenía adjunta una pequeña sección de estudios secundarios. Esto me facilitó combinar mis clases con el ministerio de la juventud en la misma parroquia en que yo vivía.

Continué enseñando por un año más en la nocturna del San Pedro. Sin embargo, decidí dejar ese trabajo porque había una gran actividad nocturna en la parroquia Esperanza como resultado del nuevo plan parroquial que estábamos implementando allí. Después de 1982 yo acumulé todas mis horas de clase exclusivamente en las sesiones diarias en las escuelas en la Esperanza Baja y La Unión. Desde 1982 a 1985 enseñé clases en estos dos nuevos colegios situados dentro de la parroquia.

Tuve excelentes años en el colegio San Pedro en las secciones diurna y nocturna. Varios de mis buenos amigos de la sección nocturna de San Pedro viajaron de vez en cuando a Macate conmigo. Pienso en Rafael Tamariz y Domingo Fernandez. Domingo era pintor, y a menudo me habló acerca de ir a los Estados Unidos a vivir y trabajar. Cuando le negaron una visa de trabajo, el viajó a través del desierto mexicano para llegar aquí, y eventualmente logró situación legal. Rafael se volvió un negociante exitoso con su propia pequeña fábrica en Chimbote. Tristemente, después de pocos años perdí el contacto con ellos, pero los recuerdo con afecto. ¡Gracias, chicos, por su amistad en la escuela nocturna todo ese tiempo!

Tengo muchos buenos amigos de esos años en la enseñanza. Carlos Loli, del grupo juvenil de la parroquia Santa Cruz, se unió a Santa Cruz años después, alrededor de 1985, pero luego en 1990 dejo la comunidad para casarse. Él fue nuestro segundo peruano que profesó votos en Santa Cruz durante 1989.

Otros amigos de la parroquia fueron Rosa Torres, María Loli, Carmen Rodríguez, Raúl Guevara, Felipe Sarmiento y Rogelio Lara. Del grupo de JEC en el colegio La Unión puedo citar a Lucho Saravia, Pepe Ballarte, y su hermana Ana. Y también Jorge Vera y Pancho Risco, de los grupos de JEC en Chimbote. Tantos de ellos son aún buenos amigos. ¿Cómo podría agradecerles suficientemente por todos esos años de amistad y ministerio juntos?

A partir de 1982, yo daba servicio sacerdotal a tiempo completo en la parroquia Santa Cruz en Esperanza con Richard Renshaw, quien era el párroco ahí. Él había reemplazado a Arturo Colgan, quien fue nombrado pastor de la parroquia Canto Grande en Lima en enero de 1982.

Richard, quien había sido mi amigo desde nuestros años juntos en Roma, vino a Perú en 1979 y trabajó en la parroquia de Canto Grande de Lima. Él fue asignado a Chimbote en 1981 como asistente de Arturo Colgan, quien fue nombrado maestro de novicios, para los dos novicios peruanos de Santa Cruz. El noviciado había sido

CHIMBOTE 1982 – 1985

establecido ese año en nuestra residencia comunitaria de la parroquia Esperanza.

Mientras yo estaba afuera en mi año sabático de 1981, muchos cambios sucedieron en la Congregación en Perú. Nuestra primera experiencia de noviciado había concluido con la profesión de votos de uno de los novicios peruanos. El nuevo profeso, Miguel Pasache, retornó a Lima para sus estudios, y Arturo Colgan fue asignado como pastor en la recientemente creada parroquia en Canto Grande. Sólo quedaba Richard Renshaw en Chimbote. Todos los miembros de Santa Cruz residían entonces en las dos casas de Canto Grande.

Yo había dejado la parroquia de Macate. La parroquia La Victoria había sido devuelta al obispo cuando Bob Neidhardt dejo la comunidad para casarse en 1980. En 1981, Diego Irarrázaval aceptó un nuevo puesto como director del Instituto de Estudios Aymaras (IDEA), en la prelatura Maryknoll de Juli, cerca de Puno, acerca de lo cual escribiré más tarde.

Richard y yo, que compartíamos la misma visión sobre el liderazgo laico y la importancia de las "comunidades cristianas pequeñas", decidimos intentar dar nueva vida a la parroquia Santa Cruz. No había una iglesia mayor, sino cuatro capillas situadas en cuatro vecindarios contingentes, cada cual con su propia dinámica. Nosotros los sacerdotes de Santa Cruz habíamos hecho lo mínimo, fuera de las liturgias dominicales, porque teníamos ocupaciones de Iglesia durante la semana, que consumían la mayor parte de nuestro tiempo y energía. Richard y yo decidimos convertir las cuatro capillas en "pequeñas comunidades cristianas", cada cual con su propio liderazgo y coordinador laico. Los cuatro coordinadores formarían entonces el consejo parroquial que trataría de unificar a las cuatro comunidades en lo que sería una parroquia única.

Para empezar, convocamos a una asamblea de toda la parroquia con todos los líderes laicos y participantes de cada una de las cuatro pequeñas comunidades. Presentamos entonces el plan de parroquia que habíamos esbozado, para recibir sus comentarios, sugerencias y finalmente su aprobación. Ellos lo hicieron con gran entusiasmo, lo que a nosotros nos energizó mucho más. Se aprobó que para el primer año Richard y yo, con sugerencias de cada "pequeña comunidad cristiana", nombraríamos los primeros coordinadores; y luego después de ello los coordinadores serían directamente elegidos por sus comunidades. Escogimos a David Cueva por La Unión, Gregorio "Goyo" Pastor para La Primavera, Santos García para Esperanza Baja y Jorge Flores para Esperanza Alta, después de consultar con cada comunidad pequeña. Algunos como Goyo eran caras nuevas en el ambiente. Los otros habían estado ayudando en la parroquia por años, en diferentes funciones. Ellos formaron un gran equipo, y en la primera reunión del nuevo consejo parroquial Juan García, de la comunidad pequeña de La Primavera, fue elegido para ser el coordinador del consejo parroquial.

Todos nos hicimos grandes amigos. A menudo íbamos a la playa Besique el domingo por la tarde, y celebrábamos cumpleaños una vez al mes con todas las familias. El nuevo consejo parroquial se reunía mensualmente con Richard y yo, junto con los líderes de los grupos femeninos y juveniles de la parroquia y los movimientos nacionales que estaban presentes en la parroquia. Entre éstos estaban el Movimiento de Trabajadores Cristianos (MTC), la Juventud de Estudiantes Católicos (JEC) y los equipos de preparación para los sacramentos del Bautismo, Primera Comunión, Confirmación y Matrimonio. El consejo parroquial coordinaba las actividades entre todos los diferentes grupos, planeaban todos los eventos parroquiales, tomaban decisiones concernientes a la parroquia, e implementaban el plan de la parroquia que había sido aprobado en la asamblea.

Los equipos que preparaban gente para los sacramentos alentaban a los padres de familia que querían que sus hijos se bauticen a participar en la Misa Dominical en su propia capilla. Se les pedían reunirse varias veces durante las semanas previas al día del bautizo. Durante las misas los padres primero eran presentados a la comunidad pequeña, como parte de la celebración bautismal. La siguiente semana, de nuevo durante la misa presentaban a sus niños a la comunidad. Luego en la tercera semana, se celebraba el bautismo durante la Misa Dominical. El gol era motivar a la familia a participar activamente en su "comunidad cristiana pequeña".

También instituimos en la parroquia un programa nacional para la preparación de la primera comunión que fue llamado Catequesis Familiar. Se trataba de que los padres se comprometían con la enseñanza de sus propios hijos. Primero, los padres venían a una sesión semanal con el equipo encargado, y allí estudiaban la lección por una semana en el folleto de difusión nacional. Luego los padres iban a su casa, y durante la semana se esperaba que ellos enseñen a sus propios hijos allí. Al final de la semana los niños se reunían con el catequista para celebrar juntos lolos que habían aprendido en casa. En general, el programa trabajaba bien, excepto que pocos padres asistían porque estaban ocupados trabajando largas jornadas para mantener a sus familias. La participación de las madres, por otro lado, era muy buena. Obviamente, uno de los objetivos de este programa era educar también a los padres en la fe.

El programa de Confirmación estaba ligado a los grupos juveniles en la esperanza de mantener a ellos comprometidos con su "pequeña comunidad" después de recibir ese sacramento. Estos grupos eran secciones locales de los movimientos juveniles nacional e internacional, de los cuales he escrito más arriba, quienes organizaban su membresía en pequeños grupos locales dentro de las parroquias. Ellos tenían su propio liderazgo y usualmente tenían un sacerdote o Religioso como guía espiritual. Yo era el consejero regional diocesano para los Jóvenes Trabajadores Cristianos (JOC) y los Jóvenes Estudiantes Católicos (JEC) en la Diócesis de Chimbote, y Richard fue el consejero del Movimiento de Trabajadores Cristianos (MTC).

En el verano enviamos veinte líderes laicos a Lima para participar en el curso de teología de dos semanas que habían establecido allí Gustavo Gutiérrez y la Universidad Católica. Con otras parroquias participantes organizábamos actividades pro-fondos durante el año para financiar el viaje. En Lima dormíamos en el piso de colegios que nos eran cedidos y comíamos juntos, de una bolsa común en el

CHIMBOTE 1982 – 1985

mercado. Fue una gran experiencia de comunidad para mí. Sacerdotes y Hermanas de otras parroquias también acompañaban al grupo. Siempre sentí que era más importante educar nuestro liderazgo cristiano laico que invertir en edificios de la iglesia. ¡LasLa personas son los ladrillos vivientes de la Iglesia!

Los dirigentes de JEC y JOC de diferentes colegios y parroquias se reunían mensualmente en nuestra casa en Esperanza. De hecho, así fue como conocía a Jorge Izaguirre quien era un estudiante de secundaria en la ciudad de Casma, localizada a unos 80 kilómetros al sur de Chimbote. Jorge era miembro de JEC en la parroquia de Casma a donde las Hermanas de San José habían ido a vivir y trabajar en 1981, y donde entonces eran los asesores espirituales de la JEC. Jorge a menudo venía a nuestra casa en Esperanza para las reuniones mensuales del grupo coordinador de JEC conmigo, su asesor espiritual diocesano. Él se unió más tarde a Santa Cruz en 1987, y ahora es el obispo en la Prelatura de Chuquibamba (Camaná) que se extiende desde la costa sur del Perú y se adentra en las áreas pobres de montaña de los Andes. Su nombre vendrá más tarde en esta historia. Tengo gratos recuerdos de tantos excelentes jóvenes, varones y mujeres.

Las Hermanas de Santa Cruz, establecidas en Brasil desde 1943, vinieron a trabajar con nosotros en la parroquia Santa Cruz en Chimbote en noviembre de 1982. Eran las hermanas Rose Virginia Burt, Susie Patterson y Patti Dieranger. Patti había participado conmigo en el programa de renovación de Maryknoll como parte de su discernimiento para dejar Brasil e venir a trabajar en Perú.

GRACIAS PERÚ

Las otras dos vinieron de diferentes apostolados en Estados Unidos. Rosa Virginia era enfermera, y Susie profesora. Ellas fueron de gran valor para la Iglesia en Chimbote y para la parroquia. ¡Gracias, Hermanas de La Santa Cruz!

En 1983 Chimbote y todo el Perú sufrieron una crisis climática causada por la corriente de "El Niño". Las lluvias torrenciales extraordinarias inundaron las siempre secas cuencas de los ríos e hicieron colapsar las casas de adobe. El sector de la parroquia Primavera, situado en la parte baja, fue particularmente afectado por la inundación que se acumuló rodeando la capilla y las casas de adobe. La creciente del río causó gran daño a los distritos rurales a lo largo de su cauce.

La parroquia tenía un grupo solidario conformado por tres mujeres, Pancha Vega, Chevita y Gertrudis Lara, quienes coordinaban la entrega de ayuda para gente enferma y sufriente de la parroquia. Después que cesaron las lluvias, ellas se adentraron para determinar quienes eran los más necesitados. La Hermana Patti encontró un lugar de trabajo. Ella asumió la dirección del programa y con éxito organizó estos nuevos grupos parroquiales rurales para conseguirles ayuda. Más tarde ella se convirtió en la directora del programa Caritas en la diócesis de Chimbote. Caritas es una oficina diocesana que supervisa la recepción de ayuda para la gente en necesidad, así como lo hace el Servicio de Alivio Católico (CRS) en Estados Unidos. ¡Gracias Patti por sus muchos años de servicio en el trabajo pastoral! ¡Ustedes hacen un gran trabajo!

CHIMBOTE 1982 – 1985

PASTORAL DE GRUPOS JUVENILES

Durante aquellos años en el Perú, el movimiento terrorista llamado "Sendero Luminoso" creció en actividad, sobre todo en la zona andina de Ayacucho en el sur peruano. Sin embargo, ellos empezaron a tener influencia sobre otros partidos de izquierda en otras partes del país, los cuales a su vez infiltraron los grupos juveniles parroquiales y los grupos juveniles nacionales como la JOC, y la JEC, que mencione más antes. Algunos de los grupos de JOC de Chimbote, especialmente los que no tenían asesor espiritual, se politizaron fuertemente, lo cual causó división y tensiones en el movimiento. Los grupos politizados se jactaban de que la Iglesia preparaba a los jóvenes y formaba los grupos, pero ellos entonces los captaban para su causa. Muchos de estos grupos de jóvenes politizados que estaban en mis clases podían repetir consignas que ellos habían aprendido, pero no podía explicarlas cuando yo se los pedía. ¡Triste situación! Todos estos jóvenes eran buena gente, aun siendo tan excesivamente idealistas e ingenuos como puede ser la gente joven. Era maravilloso que teníamos muchos grupos de JEC y JOC en la diócesis. Fue un tiempo apasionante para la pastoral juvenil. ¡Estoy muy contento de que pude ser parte de ella!

Recuerdo especialmente a mi amiga Hermana Ester Chávez a quien mencioné brevemente en el capítulo anterior. Ella coordinaba al grupo juvenil JEC en la parroquia contigua El Carmen. Compartíamos mucho ya que en este tiempo ella fue nombrada coordinador de los profesores de religión (ODEC), reemplazando a la ex-monja que estuvo nombrada por el obispo después de que la Herma-

GRACIAS PERÚ

na Elena se retiró y que había causado tantas dificultades en el grupo de profesores de religión por su estilo autoritario. Ester trajo un aliento fresco para todos nosotros los profesores de religión. ¡Gracias Ester, por tu amistad en esos años! Finalmente ella regresó a los Estados Unidos después que su pastor Miguel Company, un español de la isla de Mallorca, fue baleado en la cara una tarde en 1990, por un grupo de terroristas del Sendero Luminoso cuando salía de la capilla El Carmen después de celebrar la Misa. El sobrevivió milagrosamente y regresó a Mallorca. Ester se quedó en Chimbote un tiempo más, pero debido al aumento de ataques por Sendero Luminoso contra la gente de iglesia cerca de Chimbote y en otros sitios, ella estaba tan traumatizada que decidió retornar a su comunidad de Hermanas del Verbo Encarnado en San Antonio, Texas, donde trabajo en atención de salud con hispanos por muchos años, hasta que recientemente falleció. ¡Que descanse en paz!

Durante esos años, hubo tantos otros sacerdotes motivadores, como Hermanas, Hermanos y laicos y laicas, en especial profesores de religión, que trabajaron con estos grupos juveniles como asesores espirituales. Gracias a cada uno y a todos. Mi memoria falla al mencionar sus nombres, pero ustedes están en mi corazón.

SANTA CRUZ

En 1982 los sacerdotes Santa Cruz y Hermanas Santa Cruz en Chimbote celebraron con alegría la beatificación en ese año del ahora Santo Hermano André Bessette.

CHIMBOTE 1982 – 1985

El Hermano André fue un humilde Hermano Santa Cruz en Montreal, Canadá, quien murió en 1937. Él fue conocido por su devoción a San José y su don de sanar. Él fue llamado el Trabajador Milagroso de Montreal.

Durante esos años que Richard y yo vivíamos juntos 1981-1984, a menudo rezábamos juntos nuestras oraciones comunitarias de Santa Cruz. Esto fue algo que no pude hacer en años previos en Chimbote, debido a mi programa de clases. También organizábamos retiros silenciosos en casa para nosotros mismos. Richard fue para mi un alma gemela de Santa Cruz, algo que no había experimentado allí antes de 1981.

El comer juntos fue otro aspecto de nuestro compromiso de vivir como una comunidad Santa Cruz de dos miembros. Continuamos cocinando nuestras propias comidas, tal como lo habíamos hecho en Chimbote desde 1975 para vivir un estilo de vida sencillo. Yo cocinaba, ¡créanlo o no, de lunes a viernes!, ya que mis clases eran por la tarde y Richard trabajaba en la cárcel en las mañanas. El cocinaba los fines de semana. Afortunadamente a través de los años yo había aprendido bien a cocinar, así que nuestras comidas eran agradables. Por un tiempo también participamos en el comedor comunitario con cerca de quince familias de la parroquia, que sufrían problemas económicos. Tomábamos turnos en grupos de cuatro para preparar un almuerzo diario para todos los miembros. Mi trabajo era sobre todo pelar papas.

Nuestra comunidad local de dos era parte de la comunidad grande de todos los miembros de Santa Cruz en el Perú. En 1983, Richard y yo procuramos convencer a nuestro superior de entonces, Daniel Panchot, sobre la necesidad de ayuda psicológica para toda la comunidad. En 1982 nuestro programa de formación regresó al inicio cuando nuestro único miembro peruano profeso, Miguel Pasache, dejó la Congregación, y los otros tres postulantes salieron también, incluyendo a mi joven amigo del grupo juvenil Santa Cruz en Esperanza, Alejandro Valerio. Algunos de nosotros empezaron a buscar culpables entre nosotros por estas salidas, y teníamos discusiones fuertes en las reuniones comunitarias. También surgieron fricciones acerca de puntos de vista teológicos y eclesiales sobre la Iglesia y la vida religiosa, que continuarían a lo largo de los años siguientes.

Estas fricciones reflejaban las tensiones que se desarrollaban en la Iglesia más amplia durante el papado de Juan Pablo II. Con su mano derecha, Joseph Ratzinger (más tarde papa Benedicto XVI), el papa estaba nombrando obispos más tradicionales y conservadores en América Latina, que empezaron a perseguir a los teólogos de la Liberación como Gustavo Gutiérrez, y aquellos que los seguían en el espíritu de Vaticano II. Nosotros, los ocho miembros de la comunidad de Santa Cruz en Perú en ese tiempo, habíamos desarrollado problemas serios de comunicación entre nosotros mismos. Gracias, Daniel, por estar de acuerdo con Richard y conmigo y alentar al grupo para participar en reuniones que promovían la recuperación psicológica de la comunidad.

En marzo 1984 mi padre enfermó. Por coincidencia, había programado viajar a Estados Unidos para presentar mi primer escrito sobre la historia en Perú 1963-1983, en

CHIMBOTE 1982 – 1985

la conferencia de la Asociación Histórica de Santa Cruz, una organización que promueve y conserva la historia colectiva de las Congregaciones Santa Cruz fundadas por Basile Moreau in Francia en 1835. Pude, entonces, combinar el viaje con una visita a mi padre en Albany. Era obvio, para mi hermano y para mí, que nuestro padre no podía continuar viviendo solo en su departamento donde el residía desde la muerte de mi madre en 1979. Después de hablar con su doctor, indagué sobre la residencia de ancianos de las Pequeñas Hermanas de los Pobres, donde novicios de Santa Cruz hacían trabajo pastoral, en Latham, Nueva York, cerca de Albany. Llamé al maestro de novicios, Hermano John Paige, y el me dijo que iba a contactarse con la madre superiora. Ella me llamó casi inmediatamente, y dos semanas después mi padre fue admitido a su residencia para ancianos, justo una semana antes de mi programado viaje de regreso a Perú. Gracias, Pequeñas Hermanas de los Pobres por su cuidado esmerado a mi padre durante mi ausencia.

Cuando regresé a Chimbote, Marcos Cregan, un sacerdote Santa Cruz recién ordenado, se unió a Richard y a mí en la parroquia Esperanza por seis meses. Él había hecho voluntariado para ayudar por un tiempo en Perú antes de continuar sus estudios en los Estados Unidos. Él era un sacerdote dinámico y muy trabajador y fue de gran ayuda para nosotros, especialmente cuando Richard se enfermó poco después y tuvo que ir a Lima para reposo y convalecencia. Marcos luego se convirtió en un abogado de inmigración y, desde 2000 al 2014, en presidente de nuestra universidad Santa Cruz en Stonehill en Massachusetts.

GRACIAS PERÚ

Gracias Marcos, por ese tiempo con nosotros. Yo no sé lo que yo hubiera hecho si hubiera estado solo entonces.

Las sesiones de recuperación psicológica comunitaria empezaron en junio 1984 y continuaron a lo largo de los meses tempranos de 1985 mientras Richard vivía en Lima y yo estaba solo en Chimbote. Tomaba el bus a Lima cada domingo por la noche, un viaje de 10 horas. Richard y yo cenábamos juntos con Bob Baker, quien venía a la ciudad desde la parroquia de Canto Grande donde él estaba en ese tiempo. Después nos reuníamos con los otros cuatro de Canto Grande, quienes llegaban después de la misa nocturna, para empezar nuestra sesión con dos bien dotadas psicólogas. Sólo Diego Irarrázaval, quien vivía lejos en Puno, no participaba. Las sesiones fueron muy beneficiosas. Me ayudaron a aprender mucho acerca de mí mismo y acerca de la dinámica comunitaria/familiar, y creo también que ayudaron también a cada uno de los miembros del grupo, aun cuando alguno resistió bastante al proceso. En nuestras sesiones Richard y yo pedíamos a cada uno que comparta sus conflictos con sinceridad.

En especial quiero agradecer a la psicóloga Ana María, quien siguió siendo una amiga después y me ayudó de muchas maneras tanto personal como profesionalmente. Ella murió repentinamente hace pocos años, de una reacción alérgica a mariscos que consiguió en un restaurante limeño. Que descanse en paz.

En agosto de 1984 Diego Irarrázaval fue ordenado sacerdote. El había vivido como diácono con nosotros en Chimbote desde 1975 a 1981. Es un teólogo que ha estudiado la religiosidad popular en Perú, y lo hizo cuando

CHIMBOTE 1982 – 1985

estaba con nosotros. Luego en 1981 el aceptó la invitación del obispo Maryknoll Alberto Koenigsknecht, de la Prelatura de Juli cerca de la ciudad de Puno en los Andes elevados del sur peruano, para convertirse en el director del Instituto De Estudios Aymaras (IDEA), en el pueblo de Chucuito. Allí, el investigaría cómo los aymaras incorporaron la fe cristiana en su cultura, y cómo la cultura aymara a su vez podía inculturar su experiencia cristiana, tal y como lo sugerían los documentos de Vaticano II.

Él había optado permanecer como diácono en Santa Cruz, en vez de ser ordenado sacerdote, porque el sentía que la ordenación no debe ser una elección personal, sino una invitación de una "comunidad cristiana". Mientras vivía en el pueblo de Chucuito el vio una gran necesidad de sacerdotes ordenados, y la gente le estaba pidiendo que sea su pastor. Entonces él requirió ser ordenado. Diez miembros de la congregación viajamos desde Chimbote por tierra para su ceremonia de ordenación en Chucuito. Fue un agradable viaje de diez, especialmente con mi amigo David Cueva, que era en ese tiempo el coordinador general de la parroquia Santa Cruz.

Después que Marcos salió en octubre yo me quedé solo en Chimbote. Richard Renshaw estaba pasando todavía por dificultades personales y había decidido permanecer en Lima por un tiempo en la Casa Central de Maryknoll. Es allí donde yo siempre me hospedaba cuando visitaba Lima, porque nuestra parroquia de Canto Grande estaba a diez millas del centro de la ciudad, y era de difícil acceso en la noche. ¡Gracias de nuevo, Richard, por tu amistad que data de los días cuando estudiamos teología juntos en la casa internacional de Santa Cruz en Roma!

DEJANDO CHIMBOTE

Desde que dejé Macate en 1980, yo continué deseando ser transferido a un área rural. Diego había estado solo en Puno de seguido desde 1981, pero se me decía que yo era requerido en Chimbote y debía esperar. Finalmente, al final de 1984 el superior distrital Daniel Panchot decidió que yo podía ir a Puno para vivir y trabajar con Diego. El mismo vendría a la parroquia de Chimbote a vivir y trabajar solo, hasta que llegara a unirse con él en agosto de 1985 el Hermano John Benesh, a quien yo conocí en la Conferencia Sobre la Historia de Santa Cruz en marzo 1984. Gracias Daniel. Así, a inicios de 1985 yo empecé a preparar mi salida de Chimbote. Había organizado todo en la parroquia para mi salida, ya que iba a haber un corto el tiempo sin sacerdote hasta que llegara Daniel; es cuando me informaron de la muerte de mi padre, al final de abril 1985.

Antes de viajar para el funeral en los Estados Unidos, la comunidad parroquial quiso celebrar una misa de funeral para mi padre en mi presencia. Recuerdo sus amables palabras. Particularmente las que fueron dichas por Inocencio Lara, quien había sido un fiel acompañante para Santa Cruz en la parroquia desde el mismo inicio con David Farrell allá en 1970, y más tarde con Arturo Colgan. Inocencio dijo "No conocemos a tu padre personalmente, Tom, pero lo conocemos a través tuyo". Nunca he olvidado esas lindas palabras que me recordaron que era tan cierto que mi padre vivía en mí de tantas maneras. ¡Gracias, mamá y papá, por todo lo que ustedes me dieron! ¡Gracias Inocencio por recordármelo!

Así, mi partida de Chimbote sucedió unas semanas antes de lo planeado. Yo estaba lejos, en el funeral de mi padre en Albany, New York y, claro, lejos de mis amigos de Chimbote sin poder pasar más tiempo con ellos para decirles adiós.

Un día después de la misa funeraria para mi padre en la capilla La Primavera, viajé a Lima para volar a los Estados Unidos. A mi regreso fui directamente a Puno. Recuerdo que viajaba en el *colectivo* desde Esperanza a Chimbote con la Hermana Santa Cruz Patti Dieranger quien me acompañó hasta la estación de buses. Yo estaba llorando calladamente, después de mis adioses a mis amigos quienes habían venido para despedirme en la casa. Le pedí disculpas a Patti por mis lágrimas, y ella me respondió que era mejor haber amado, que nunca haber amado. ¡Gracias Patti por esas cálidas palabras que significaron tanto para mí en ese momento porque yo realmente amaba a la gente de Chimbote, tal y como había amado a la gente de Cartavio y Macate cuando los dejé en 1973 y 1980! Y, tanto como lloré por mi padre, también lo hice por estos queridos amigos que yo estaba dejando atrás, porque ya los extrañaba mucho y aún los extraño ahora. Pero sabía una vez más en mi corazón, que era el tiempo de salir de Chimbote, y que el Señor me estaba llamando nuevamente a algo nuevo, lo que relataré en el siguiente capítulo.

5. CHUCUITO (PUNO) 1985 – 1993

Cuando dejaba Macate en 1980 y empezaba mi año sabático en 1981, yo deseaba a mi retorno a Perú servir mi ministerio en un lugar rural como Macate. Nunca estuve interesado en trabajar en grandes ciudades como Lima, porque sentía que los pobres reales y olvidados de Perú eran aquellos que vivían en las regiones montañosas. En 1980 nuestro distrito Santa Cruz había recomendado que busquemos nuevos lugares para el servicio rural futuro.

Como ya lo dije, Diego Irarrázaval fue invitado al fin de 1980 por el obispo Maryknoll de la Prelatura de Juli Alberto Koenigsknecht, a venir a Chucuito y aceptar el puesto de director del Instituto De Estudios Aymaras (IDEA) con sede en ese pueblo. IDEA había sido fundado unos años antes por un sacerdote Maryknoll para enseñar el idioma y la cultura aymara a los miembros de su congregación, y a otras que vinieran a trabajar en la prelatura. El Instituto Aymara IDEA también investigaba cómo la cultura aymara había asimilado a la cristiandad dentro de su universo cultural y religioso y. Yo esperaba ayudar con la inculturación de los símbolos aymaras dentro de la liturgia romana tal y como lo habían recomendado los documentos de Vaticano II.

La Prelatura de Juli fue fundada en 1957. para lo cual se separó una parte muy grande de la diócesis de Puno con la esperanza que algún día esa área lograría el estatus de

CHUCUITO (PUNO) 1985 – 1993

diócesis. Todos los pueblos y caseríos localizados alrededor de Lago Titicaca, el lago más alto del mundo, fueron incluidos en ella. La Prelatura de Juli fue confiada por el Vaticano a la Congregación Misionera Maryknoll de Norte América la cual había estado trabajando en la diócesis de Puno desde 1942.

A inicios de 1981 Diego aceptó el puesto de director de IDEA. Antes de ello, él había trabajado por varios años en el Instituto Bartolomé de Las Casas en Lima, fundado por el teólogo de la liberación peruano Gustavo Gutiérrez, estudiando la religiosidad popular (las creencias y devociones cristianas) del pueblo peruano. Diego dirigió un estudio, con entrevistas en Chimbote sobre ese tema mientras estaba viviendo con nosotros allí, y escribió un libro con los resultados de su investigación. Después él ha continuado publicando libros y artículos y se ha hecho muy conocido en círculos teológicos del Perú y del mundo.

Al llegar a la Prelatura Diego tomó residencia en el pueblo de Ilave, en una casa de formación para aspirantes al clero diocesano. Ellos, sacerdotes y jóvenes aymaras en formación para ser sacerdotes le dieron una comunidad de vida. La desventaja era el viaje de 40 kilómetros que tenía que hacer diariamente al en un pequeño Volkswagen al pueblo de Chucuito donde estaban las oficinas de IDEA, más o menos a 24 km. de la gran ciudad de Puno.

Yo visité a Diego en Puno en 1983 para conocer la Prelatura, con la posibilidad en mi mente de que podría interesarme trabajar allí en el futuro. Sin embargo, Daniel Panchot me dijo que todavía yo era necesario en Chimbote. Aún no era tiempo para unirme a Diego. En agosto 1984, tal como lo recordé antes, el grupo nuestro de Chimbote viajó para la ordenación de Diego en Chucuito. Pronto después de ese viaje en agosto, fue factible mi cambió para trabajar con Diego cuando Daniel, nuestro superior distrital, pudo moverse a Chimbote. Así, cuando mi padre murió en 1985, yo estaba listo para mi transferencia de Chimbote a Chucuito,

Cuando retorné al Perú en agosto 1985, Alan García había sido elegido presidente del Perú reemplazando a Fernando Belaúnde, quien estuvo en el cargo desde 1980 cuando terminó la dictadura militar. Perú estaba en profunda crisis financiera, y tendría que contender con la creciente presencia desde 1980 del grupo terrorista *Sendero Luminoso*.

LLEGADA A CHUCUITO

Viajé directamente a Puno. A mi llegada Diego me recibió en el aeropuerto con Ursina, una mujer que trabajaba con él en IDEA. Me instalé en la casa de retiros de la Prelatura en Chucuito, mientras ambos buscamos un lugar para habitar. Es este momento, Diego residía en un cuarto pequeño en una casa de familia en las afueras de Chucuito. Él se había mudado allí desde Ilave en 1984, poco después de su ordenación sacerdotal. La familia no tenía un segundo cuarto para mí, así que necesitábamos otro lugar. Encontramos uno a inicios de septiembre, cerca de donde vivía Diego. Sin embargo, este era un lugar muy pequeño y la esposa del dueño usaba uno de los cuar-

CHUCUITO (PUNO) 1985 – 1993

tos el cuarto para almacenar su cosecha de papas. Ella podía haber tenido la creencia cultural aymara -a menudo usada para defenderse de extranjeros- de que Diego y yo éramos kharisiri, hombres blancos, a menudo sacerdotes, quienes iban a chupar la grasa de las personas gordas causándoles enfermedad y muerte. Sin embargo, la opinión del dueño prevaleció. Me moví al pequeño cuarto disponible de inmediato. Diego se trasladaría cuando sacaron la cosecha de papas en diciembre. Cuando puse mi cama de una plaza en el cuarto, no había mucho espacio para nada más. Diego venía a comer conmigo en nuestra muy pequeña cocina, donde solo una sola persona podía pararse a la vez, y prácticamente yo tendía que doblarme en dos para pasar por la puerta baja. Diego que era bajo gustaba del lugar. ¡Claro, a pesar de mi opinión! Después de dos meses el dueño regresó para decirnos que su mujer no se resignaba a darnos la casa entera. De modo que había de salir. Yo estaba agradecido a ella.

Con suerte, encontramos otra casa más grande al lado de la carretera principal a cerca de 2 kilómetros de Chucuito. Se trataba de una casa sencilla de adobe sobre una colina con una linda vista al lago Titicaca. Al comienzo Diego pensó que la casa era un poco grande y también la caminata de 2 kilómetros larga, pero finalmente decidimos alquilarla de todos modos, porque era nuestra única opción firme en ese momento. Nos trasladamos a la casa de adobe al inicio de enero 1986.

A partir de mi experiencia en Chimbote, en que no teníamos electricidad ni agua la mayor parte del tiempo, yo estaba bastante acostumbrado a alumbrarme con lámparas de kerosene y velas. Teníamos que recoger agua de un pozo, pero éste por lo menos estaba al mismo nivel de la casa y no teníamos que subirla a la colina. Vivir a una altura de cuatro kilómetros no nos permitía pensar en detalles tan poco importantes como ese.

Yo estaba muy feliz de tener un área mucho más grande en la cocina, un cuarto suficiente para algo más de una cama, y una puerta con suficiente altura para no golpearme la cabeza tan a menudo. En mi cuarto había una mesa y un banco, un estante de libros hecho de tablas y ladrillos, y un ropero plástico portátil para colgar mi ropa. La vista de la campiña y el lago desde mis tres ventanas era impresionante. Hasta tenía un lugar para visitas al final de mi pequeño cuarto.

Al fondo de su cuarto Diego creó una pequeña capilla. La casa tenía también un pequeño cuarto trasero donde los dueños probablemente almacenaban papas. Tuvimos que usar un retrete exterior, pero así fue también en Chimbote. Después de instalarnos, ambos nos dimos cuenta de que era una casa excelente. Estuvimos muy contentos con nuestra pequeña morada donde vivimos por cerca de quince años y donde recibimos a muchos visitantes. ¡Gracias Alejandro y Sofía por alquilarnos la casa! ¡Sólo por tres dólares al mes!

EL EQUIPO PASTORAL MÓVIL

Durante los meses de aclimatación a los 4 mil metros de altura y estar mirando posibilidades de ministerio, el obispo Alberto me llamó para que considerara acompañar a su equipo pastoral móvil que daba formación a líderes

CHUCUITO (PUNO) 1985 – 1993

comunitarios como catequistas. Relativamente nuevo, el equipo había sido establecido en 1981 por el obispo, después de una asamblea con todos los sacerdotes, Hermanos, Hermanas, y laicos que trabajaban en la prelatura. Él quería reclutar laicos de las comunidades agrarias que pudieran servir las necesidades de la comunidad católica, porque muchos evangélicos protestantes estaban penetrando dichas comunidades, y los católicos los estaban acogiendo debido a la falta de sacerdotes. De este modo el esperaba crear una presencia católica en cada uno de ellos.

Las parroquias grandes de la prelatura tenían varias centenas de comunidades campesinas. Si había suerte, una parroquia podía tener un sacerdote y un pequeño equipo parroquial que visitara a sus comunidades campesinas de tiempo en tiempo, para servir a sus necesidades espirituales. Una parroquia con sacerdotes fue la de Ilave, donde Diego vivió cuando llegó a la prelatura. Sus límites incluían un pueblo grande y cerca de doscientos cincuenta comunidades agrarias. De los cinco miembros del equipo parroquial de la parroquia, dos eran sacerdotes.

De hecho, la mayor parte de parroquias no contaban con sacerdotes. Un ejemplo era la de Chucuito, que incluía un pequeño pueblo y cerca de veinticinco comunidades extendidas en todas las direcciones del pueblo. Diego empezó sirviendo a la parroquia de Chucuito primero como diácono de Ilave. En 1984 cuando el vio que la gente necesitaba un sacerdote él pidió ser ordenado.

El laico Marcos Asqui, quien vivía con su familia en Chucuito, era el director de este Equipo Pastoral Móvil para la Formación de Laicos, cuya oficina estaba en la casa de retiros donde yo me alojé cuando llegué a Chucuito. Yo acepté acompañar a Marcos en el equipo, a pesar de que yo no hablaba aymara, el idioma indígena de la gente de la prelatura. La mayoría de los adultos que vivían en las comunidades agrarias hablaban más aymara que español.

La hermana Bárbara Cavanaugh, una Hermana de la Misericordia que vivía en el pueblo cercano de Acora, tenía un programa de formación para laicas. Entonces, Marcos y yo la invitamos junto con otras mujeres laicas que trabajaban con ellas para unirse a nosotros y crear un equipo de formación laica que formara líderes hombres y mujeres para la prelatura. Decidimos que el equipo visite todas las parroquias de la extensa prelatura para hablar con los pastores y los equipos parroquiales y saber lo que ellos habían estado haciendo para la formación laica, y deducir lo que a ellos les gustaría hacer en el futuro, y cómo ellos entenderían la ayuda de un equipo móvil de formación de laicos.

Nosotros preparamos un programa de formación de líderes que incluyó estudios bíblicos básicos y formación en teología en el contexto de la situación sociopolítica del Perú, particularmente en la región andina en ese tiempo. Incluía cursos en salud básica y medicina natural, derechos de la mujer, y lecciones para conducir ceremonias litúrgicas para laicos y la preparación de los sacramentos usando símbolos culturales aymaras. Creamos un programa bien redondeado que podía beneficiar a todos los miembros de las comunidades agrarias y no solo a unos pocos líderes religiosos. Y empezamos a visitar las parroquias durante los últimos meses de 1985 y el comienzo de 1986.

CHUCUITO (PUNO) 1985 – 1993

Algunas veces nos recibieron con entusiasmo. Otras veces el sacerdote, religioso o laico a cargo de la parroquia no estaba interesado en nuestra ayuda. Muchos equipos, especialmente los que tenían hermanas religiosas a su cargo, nos decían que preferían hacer su propio programa de formación y no necesitaban de nosotros. Otros, sin embargo, especialmente aquellos con laicos a cargo de una parroquia sin sacerdote, estaban muy agradecidos por nuestra oferta. Estas visitas nos dieron una idea de donde se encontraba la prelatura en cuanto a formación de líderes laicos, hombres o mujeres, en las comunidades.

Lo que yo personalmente descubrí en las visitas fue la necesidad de hablar aymara para comunicarme efectivamente con estas comunidades. Marcos, el laico director del programa de formación era un excelente líder y maestro aymara. La hermana Bárbara, una enfermera, hablaba un poco de aymara, y las mujeres aymaras de su grupo eran por supuesto fluentes. Yo era el único miembro que no lo hablaba. Así, al mismo tiempo que trabajaba con ellos, empecé a estudiar el idioma en el Instituto Aymara (IDEA). Me había dado cuenta de que hablar aymara era absolutamente necesario, si yo quería continuar ejerciendo el ministerio en las comunidades agrícolas. Al comienzo aprender el idioma parecía fácil, pero pasando el tiempo se hizo más difícil. No tengo un buen oído para idiomas, así que nunca logré un dominio de él. Pude terminar el curso completo y conseguí celebrar la misa en aymara. Gracias, Santiago Mendoza y Juan Mallea, mis profesores de aymara en IDEA, por todas esas clases del idioma y por su paciencia conmigo.

GRACIAS PERÚ

Yo pasé la mayor parte de las mañanas en las clases de idiomas en Chucuito. Sin embargo, a pesar de ello, yo sentí que yo no era realmente necesario en el equipo móvil sino quizás como apoyo a Marcos. También constaté que Marcos y muchos de los hombres aymaras no eran buenos para trabajar en igualdad con mujeres. Esto era particularmente cierto cuando ellos estaban en contacto con mujeres fuertes norteamericanas como la Hermana Bárbara y algunas otras hermanas a cargo de parroquias en la prelatura. Estas hermanas encontraban que muchos de los líderes varones eran clericales y autoritarios. Era que las hermanas querían organizar los equipos de formación más de forma circular que vertical. Sin embargo, Marcos era excelente con los hombres y demostró dotes naturales de liderazgo para ellos. El problema de género creaba considerables tensiones en el equipo, así como en la prelatura.

Todo llegó a una punta cuando el obispo Alberto murió en un accidente automovilístico en la primavera de 1986. Mike Briggs, un joven sacerdote Maryknoll, fue nombrado Administrador Diocesano. El era buen amigo de varias Hermanas Maryknoll quienes, como la Hermana Bárbara, eran mujeres fuertes. Ellas pensaban que el equipo móvil de formación del ministerio laico no era necesario en la prelatura. Ellas creían que estaba fuera de época y que cada parroquia debía hacer su formación de líderes laicos como le pareciera. Así, en agosto 1986 la asamblea de la prelatura, después de un debate intenso de las ventajas y desventajas, se decidió darle fin. Yo todavía creo que tal decisión fue un serio error, porque como resultado muchas parroquias simplemente no hacían nada para for-

CHUCUITO (PUNO) 1985 – 1993

mar líderes o catequistas. Yo creía que la formación de líderes laicos cristianos era importante, porque ellos eran los que quedarían junto a su gente cuando las Hermanas y yo nos fuéramos.

Posteriormente Marcos se unió al equipo de la parroquia de Chucuito, y la Hermana Bárbara regresó a ejercer su ministerio con mujeres en Acora. Durante esos pocos meses, sin embargo, yo podía aprender mucho acerca del área y de los aymaras, así como acerca de la dinámica interna de la prelatura. Gracias, Marcos, y gracias, Hermana Bárbara. Fue una importante introducción para mí en la vida del Altiplano (la meseta elevada) en la parte sur andina de la iglesia peruana.

MI PUESTO DE PROFESOR

Después de llegar a la prelatura, pensé que abandonaría mi puesto de enseñanza, pero el obispo quería que lo mantenga. Así que hablé con la directora del colegio estatal de Chucuito, Gladys Málaga. Ella me programó para enseñar veinticuatro horas de religión, incluyendo unas pocas horas de filosofía, empezando el año siguiente en marzo 1986. Entonces empecé el complicado proceso de cambiar mi puesto de profesor de Chimbote a Puno, tal como lo hice desde Cartavio a Chimbote en 1974. Gracias Gladys por el ofrecimiento. Que descanses en paz.

En todo el Perú se enseña religión en las escuelas del estado en todos los niveles de acuerdo a un acuerdo diplomático entre el gobierno peruano y el Vaticano. La enseñanza de religión es coordinada en cada diócesis por la

GRACIAS PERÚ

ODEC, oficina de educación católica. En ese tiempo la ODEC-Puno estaba a cargo de la prelatura de Juli, la que no tenía una oficina para ello. Casi inmediatamente después de mi llegada fui invitado a la ODEC-Puno para ayudarles en la preparación de talleres para los profesores de religión. Estaba contento de tener la oportunidad de enseñar Biblia y cursos de metodología a profesores que trabajaban en las comunidades y pueblos de la prelatura, y particularmente en este caso ya que las clases eran en español y no en aymara.

Me gustó trabajar con las Hermanas Dominicas de la ODEC-Puno. Ellas me sugirieron hablar con el obispo Alberto acerca de formar una oficina ODEC para la prelatura de Juli, porque ellas estaban sobrecargadas de trabajo en la diócesis de Puno. Lo hice al fin de 1985. Pensé que podría transferir mi puesto permanente de profesor desde Chimbote a esta nueva oficina. El obispo Alberto habló con el presidente peruano Alan García cuando éste visitó la Conferencia Anual de Obispos Peruanos llevada a cabo en Lima a inicios de febrero 1986. El obispo pidió dos plazas permanentes de profesores para establecer la ODEC-Juli para la prelatura, y el presidente firmó de inmediato la autorización. Una semana después, cerca de Acora, murió en un accidente de carro cuando se quedó dormido manejando. Yo pensé que ello terminaba cualquier posibilidad para una ODEC en Juli, pero cuando el nuevo administrador fue nombrado para la prelatura en la persona del sacerdote Maryknoll Mike Briggs, y en mi visita de las autoridades educativas en Puno al inicio de marzo 1986, ellos me dijeron que tenían dos puestos per-

CHUCUITO (PUNO) 1985 – 1993

manentes de profesor esperando ser ocupados en la nueva oficina ODEC-Juli a establecerse. ¡Yo siempre pensé que éste fue el primer milagro del obispo Alberto! Él fue un gran obispo y pastor. La gente solía decir que su carro era su oficina porque él siempre andaba visitando las comunidades del campo. Gracias, obispo Alberto, que descanses en paz.

Mike Briggs inmediatamente me propuso, y a la Hermana Vilda Zamalloa, una religiosa dominica que recientemente había perdido su trabajo en el colegio secundario del pueblo de Pomata y por tanto estaba disponible. Por consiguiente, en marzo 1986 tomé mi puesto de profesor como director de la nueva oficina de ODEC-Juli.

La Hermana Vilda y yo empezamos los planes para la nueva oficina. Estaría situada en Chucuito, ya que era el pueblo más central en la prelatura. Yo me cambié de la Oficina Móvil de Formación Laica que compartía con Marcos en la casa de retiros a la nueva oficina de ODEC-Juli en el Instituto Aymara (IDEA), cuyo local estaba al lado de la iglesia del Siglo XVI en la plaza principal de Chucuito. Esta movida facilitó mis clases de aymara, mi ministerio en la parroquia de Chucuito y mi trabajo nuevo en la ODEC con los profesores laicos de religión. Yo podía interactuar con más gente y así practicar mi aymara. Yo había estado más bien solo en la oficina de formación laica, porque Marcos estaba ocupado con los cursos de liderazgo en las comunidades agrarias. Gracias a Dios todo salió bien.

GRACIAS PERÚ

LA IGLESIA EN LOS ALTOS ANDINOS DEL PERÚ

Me tuve que acostumbrar a la manera como estaba organizada la Iglesia del sur andino peruano. El ministerio pastoral de la diócesis y prelaturas de los Andes sureños estaba coordinado por el Instituto Pastoral Andino (IPA). La interconexión entre las jurisdicciones eclesiásticas era un legado de los 1970s en que se reunió la Conferencia Episcopal Peruana y decidió agrupar a los obispos diocesanos en áreas regionales, de modo que pudieran organizar ellos mismos un plan pastoral común que pudiera asumir un plan pastoral común, que a su vez abordaría la situación sociopolítica y las necesidades religiosas en un área geográfica común. Fue un gran proyecto a nivel nacional para unificar a los obispos y a sus diócesis, con sus parroquias y otras instituciones, en una sola estructura eclesial regional. La decisión se inspiró en una reflexión de los documentos de Vaticano II y de la Conferencia Episcopal Latinoamericana de Medellín, que mencioné antes.

Después de la elección del Papa Juan Pablo II en 1978, sin embargo, los vientos de cambio en la iglesia empezaron a cambiar de rumbo a una postura pre-Vaticano II. Casi inmediatamente algunos obispos se volvieron temerosos de esta nueva estructura circular de la Iglesia. Yo creo que ellos pensaban que ésta le daba más poder de decisión a los laicos y Religiosos y sacerdotes. Así, el plan regional fue rechazado por todos los obispos peruanos excepto los del sur andino donde el plan funcionaba bien. Doy gracias a los excepcionales obispos de ese tiempo que colaboraban entre ellos y con la gente laica. Gracias obispo Alberto, y gracias a todos los obispos del sur andino.

CHUCUITO (PUNO) 1985 – 1993

Cada año el IPA organizaba un programa de seis semanas para nuevos misioneros, que venían tanto de afuera de Perú o de la costa peruana para ejercer su ministerio en la región. Todos aprendimos acerca de la historia, cultura y religiosidad de los pobladores hablantes de quechua y aymara, que vivían en la región mucho antes de la llegada de los españoles. El programa también nos ayudó a conocernos mejor. Yo participé en él en abril-mayo 1986 entre mis otras actividades.

LA PRELATURA DE JULI

Como ya describí, la Prelatura de Juli estaba organizada en equipos pastorales de sacerdotes, religiosos y laicos trabajando juntos. Muchas parroquias en la prelatura no tenían sacerdote. La parroquia de Moho, por ejemplo, era servida por Hermanas de San José, con quienes yo había trabajado en Chimbote y Macate. Las hermanas celebraban lo que llamábamos mini-misas. Éstas consistían en la primera parte de la misa, la liturgia de la Palabra, con la Comunión, obtenida del sacerdote de la parroquia vecina. Hacer así era una práctica común en la prelatura, ya que la mayor parte de parroquias no tenían sacerdote, pero sí tenían un equipo parroquial con una hermana o un laico a su cargo.

Diego y yo estábamos ocupados a tiempo completo en IDEA y la ODEC, de modo que para la parroquia de Chucuito éramos meramente ministros Eucarísticos para el equipo parroquial. Los otros miembros del equipo hacían la mayor parte de desplazamientos a las veinticinco comunidades campesinas situadas tanto en la península, a lo largo de la carretera principal, o arriba en los montes que rodeaban el pueblo. Algunas comunidades estaban a gran distancia. Ir desde Chucuito a la península requería viajar a través del lago por una hora en una pequeña lancha, porque a menudo las lluvias hacían que la única pista sea imposible de atravesar, y no había transporte público. Después de desembarcar de la lancha todavía teníamos que caminar kilómetros más lejos, para llegar a las comunidades. La hermana Maryknoll Jaruko Dio, la hermana de la Misericordia Martha Larson (una asociada de Maryknoll) y la hermana de la Misericordia Deborah Watson, eran todas miembros del equipo parroquial de Chucuito durante esos años. Ellas vivían en una pequeña casa en una de las comunidades del campo del otro lado de Chucuito. Ellas eran trabajadoras muy dedicadas en una situación, a menudo difícil. La mayor parte de la gente en las comunidades que servían hablaban mayormente aymara y sabían muy poco español. Por tal razón, la comunicación con la gente era difícil para ellas. Yo mismo había aprendido esa lección cuando trabajaba con Marcos Asqui en el equipo pastoral móvil. Estas hermanas le daban un tiempo importante a la catequesis y desarrollaban trabajo de ayuda social de emergencia también, especialmente cuando la gente perdía sus cosechas de papa debido a inundaciones. Gracias a las dos Hermanas, por todo lo que hicieron.

Mientras andaba encargado de tareas sacerdotales más especializadas, yo ayudaba en la parroquia de Chucuito de la que Diego era el párroco. Celebrábamos misa él y yo los sábados, solo si había matrimonios programados. El domingo era el día preferido, con una misa comunitaria

CHUCUITO (PUNO) 1985 – 1993

para todo y todos. Sentíamos que la práctica de combinar la misa semanal del domingo con sacramentos, como el Bautismo y el Matrimonio, creaba una atmósfera comunitaria, celebrando las etapas de la vida sacramental en el contexto de la comunidad.

Además, Diego y yo andábamos ocupados durante el año con las misas de fiesta anuales, en cada una de las veinticinco comunidades del campo que formaban la parroquia. Chucuito, fundada en 1563 por los españoles, tenía dos fiestas mayores cada año, la fiesta de Nuestra Señora de la Asunción en agosto y la fiesta de Nuestra Señora del Rosario en octubre. Eran fiestas que duraban una semana entera, con bailes y comidas y bebidas comunitarias, para los cuales los familiares se reunían de todas partes de Perú. ¡Como me gustaban esas fiestas!

Luego teníamos las hermosas procesiones de Semana Santa organizadas por la gente. Aprendí mucho acerca de la fe del pueblo aymara en estas celebraciones, que se realizaban con o sin cura. Las imágenes de Jesús y María estaban lindamente decoradas con flores y velas por las familias encargadas. Caminar en procesión, detrás de ellas por las calles oscuras, no pavimentadas y llenas de barro de Chucuito, a menudo con lluvia cayendo sobre nosotros, me recordaba que nuestra fe en el Señor Jesús implica seguirlo en situaciones difíciles, personales y sociales.

Otra celebración mayor en la parroquia de Chucuito era la Celebración de la Santa Cruz en el mes de mayo en la cima de las colinas de alrededor, que eran sagradas para las comunidades del campo. Mucho antes de la llegada de la cristiandad con los españoles, los aymaras consideraban a sus montes como lugares sagrados, tal y como lo hacían los hebreos. Para mi, estas grandes celebraciones eran un ejemplo de la inculturación de Jesús en el sistema religioso y cultural de los aymaras.

En años posteriores, la subida a los montes podía ser un poco difícil para mí, pero entonces yo podía ver a una mujer anciana trepando con tres cajas de cerveza en sus espaldas. Eso me estimulaba para seguir adelante, resoplando y pujando en mi camino. Gracias Señor por estos excelentes días, con un dedicado equipo parroquial y un ministerio diocesano e interdiocesano colaborativo. Espero que algún día la institución de la Iglesia adoptará más este tipo de celebraciones participativas, creativas, frescas y estimulantes.

Como mencioné antes, Marcos Asqui se incorporó como laico al equipo parroquial de Chucuito al fin de 1986, después que el programa pastoral móvil cesó para dar paso a la organización de un equipo de formación propio por cada parroquia. Durante esos años Marcos fue muy útil para la formación de líderes aymaras en Chucuito, porque él hablaba aymara.

Víctor Barrientos, el secretario de la parroquia por años, también integraba el equipo. Su trabajo diario era la administración de la oficina parroquial. Yo me hice gran amigo de Víctor, su esposa Jacoba y sus hijas Princesa y Carmen Rosa. Víctor y yo disfrutábamos tomando una cerveza arequipeña, en el intermedio de mis clases de aymara con mis profesores Santiago Mendoza y Juan Mallea.

También hice amistad con Estanislao Cruz, un estudiante del quinto año de colegio y vigilante nocturno de la

CHUCUITO (PUNO) 1985 – 1993

iglesia histórica en Chucuito, un patrimonio nacional. Estanislao era huérfano y medio hermano menor de Marcos Asqui. En las tardes después del trabajo, todos nosotros jugábamos a menudo voleibol y pasábamos un buen rato juntos. Gracias, Víctor, Marcos, y Estanislao por su gran trabajo en el equipo parroquial de Chucuito y por su amistad durante mis años en Chucuito.

Cuando yo llegué a la prelatura, había pocos grupos juveniles en las parroquias. Así, a fines de 1985 varios de nosotros en la prelatura decidimos hacer esfuerzos importantes para organizarlos, y así lo hicimos. Durante los años iniciales en la parroquia, Ursina, la secretaria de Diego en el Instituto Aymara (IDEA), trabajó conmigo para formar un grupo llamado "Raíces Culturales". Conseguimos diez jóvenes, y con ellos íbamos a las asambleas juveniles de la prelatura. Entonces todos los grupos parroquiales juveniles de la prelatura decidieron unirse al movimiento nacional Juventud Agraria Católica (JARC) parecida a la Juventud de Estudiantes Católicos (JEC), que describí en un capítulo anterior. Sus líderes nacionales vinieron de Lima, para dialogar con nosotros y los jóvenes acerca del movimiento, y luego por votación se incorporaron. Recuerdo todos esos jóvenes, especialmente Blas Tintaya, de Yunguyo; Artemio Huarachi y Wilber Mamani Cotillo, de Chucuito y muchos otros. Gracias a todos.

Así, al fin de un año yo estaba haciendo trabajo sacramental parroquial, ministerio juvenil con la JARC, estudiaba aymara a tiempo completo, apoyaba el equipo móvil de liderazgo pastoral, tratando de mantenerlo vivo con gente aymara, y trabajaba en la recién fundada

GRACIAS PERÚ

ODEC-Juli, para el ministerio de las clases de religión en las escuelas estatales de la prelatura. Mi corto trabajo con el equipo móvil me había preparado bien para trabajar con los profesores de religión de todos los colegios estatales de la prelatura, porque nuestras visitas a los equipos parroquiales en 1985 me permitieron conocer toda la prelatura. Yo estaba bien ubicado en mi nuevo ministerio pastoral en la prelatura de Juli, y por consiguiente, en el ministerio pastoral de la iglesia del sur andino peruano.

VOCACIONES DE SANTA CRUZ

Durante 1985 la Provincia del Este de Santa Cruz, de la que dependía el distrito de Perú, tuvo un capítulo provincial en los Estados Unidos, que tomó varias decisiones importantes para el futuro de Santa Cruz en Perú. Alguna gente de la provincia pensaba que debíamos retirarnos del Perú porque no teníamos vocaciones (postulantes para unirse a la Congregación de Santa Cruz) allí en ese entonces. Las vocaciones en la Provincia del Este también estaban disminuyendo, lo que estaba causando preocupación acerca del futuro de la provincia en los Estados Unidos. Gracias a Joe Callahan, superior provincial, que había visitado el Perú a menudo, pudimos lograr de nuevo la confianza de los miembros de la Provincia.

El capítulo formó el Equipo de Solidaridad con Perú, el cual organizó viajes a Perú para que los miembros pudieran ver de primera mano lo que estábamos haciendo. En los años siguientes tuvimos visitas de la Provincia del Este dos veces al año. Ellos venían en pequeños grupos de cin-

CHUCUITO (PUNO) 1985 – 1993

co o seis personas. Además de mejorar nuestro espíritu de grupo con estas visitas comunitarias, los visitantes personalmente aprendieron mucho acerca de nuestro ministerio en Perú y lo contaron al regresar a otros miembros de la provincia, lo que ganó apoyo para nosotros. Las visitas fueron un éxito rotundo. Después de ellas, tuvimos más apoyo de la provincia y las tensiones desaparecieron. ¡Gracias a los cerca de veinte miembros que nos visitaron durante esos años! Todos levantaron nuestro espíritu. ¡Gracias a ti, Joe Callahan, por todo lo que hiciste por nosotros!

En 1985 tuvimos un importante capítulo distrital que dio un nuevo vuelo a nuestro programa de formación en Perú, al restablecer programas de vocación y formación que habían estado detenidos desde 1982. En ese capítulo, después de una elección apretada, Daniel Panchot fue reelegido superior distrital. Algunos del distrito lo consideraban desorganizado y difícil para trabajar juntos, pero no yo.

Antes de venir a Perú Daniel había trabajado muchos años en Chile. Él fue arrestado después del golpe militar de Pinochet en 1973. Fue torturado y luego tuvo que dejar Chile. Daniel vino a Perú en 1977 y trabajó en el equipo parroquial recién fundado de Canto Grande, creando una escuela para niños discapacitados llamada *Yancana Huasi* (Casa del Trabajo).

Después del capítulo, Daniel nombró a Richard Renshaw como Director Distrital de Formación, en reemplazo de Arturo Colgan. Durante el capítulo habíamos votado para abrir una nueva casa de formación en Canto

GRACIAS PERÚ

Grande, en vez de que continúe la formación en la casa parroquial de allí. Daniel también me nombró como Director de Vocaciones, y a Bob Baker como Director de Estudios. Richard, Bob y yo trabajamos juntos como equipo para organizar un programa de formación con internado, que permitiría a siete jóvenes conocidos de Chimbote y Canto Grande, vivir en comunidad y considerar su vocación para la vida religiosa. Bob Baker supervisó ese programa, que funcionó en una casa alquilada en la parroquia de Canto Grande.

Carlos Loli, de Chimbote, fue el único de siete que terminó los dos años del programa de discernimiento. Entonces él pidió pasar a ser postulante en 1987 y novicio en Chile en 1988. El profesó en 1989, justo un año antes de salir. Durante todo el tiempo pasado de formación, él había sido honesto al presentar sus dudas acerca de una larga vida de celibato. El más tarde se casó y tuvo niños. El es ahora un profesor de educación religiosa en colegios públicos en Lima. Gracias, Carlos, por haber sacado adelante nuestro primer programa de vocaciones, y por haber siempre sido honesto con nosotros acerca de tus dudas.

Muchos otros, que dejaron el programa de discernimiento, también se volvieron buenos laicos cristianos. Muchos continúan trabajando hasta hoy en ministerios laicos. Yo siempre he creído que nuestros programas de formación de Santa Cruz deben estar orientados hacia la formación de líderes cristianos ambos Religiosos y laicos.

Me he mantenido en contacto con varios de estos jóvenes todos los años, y aún hasta ahora. Gracias a ti especialmente Héctor Nicho de la parroquia de Canto Gran-

CHUCUITO (PUNO) 1985 - 1993

de, con quien somos todavía buenos amigos. Héctor fue uno de los que dejó el programa de discernimiento, pero que ha continuado trabajando como un laico en la parroquia y en la escuela Fe y Alegría todos estos años.

Gracias también Richard Renshaw. Richard fue un adelantado a los tiempos de muchas maneras. Él nos guio a través de difíciles decisiones comunitarias acerca de la formación durante esos años, en que la comunidad de Santa Cruz estaba empezando a debatir puntos de vista muy diferentes acerca de la vida religiosa y la Iglesia.

En ese tiempo también tratamos de establecer una asociación de laicos Santa Cruz, con laicos hombres y mujeres de Chimbote y de Canto Grande. Arturo Colgan, que era entonces el nuevo pastor de la parroquia de Canto Grande, con algunos otros de allí pensó que ello podía causar divisiones en el laicado. Tuvimos un magnífico fin de semana en Canto Grande con algunos de los líderes laicos de las parroquias de Chimbote y de Canto Grande. Los laicos redactaron una linda declaración de misión que incluía la ayuda a las vocaciones de peruanos y vivir la espiritualidad de Santa Cruz. Es una pena decir que la asociación laica nunca fue iniciada.

Jorge Mallea fue nuestra primera vocación que vino del área de Puno. Le conocí a Jorge Él vino temprano en 1986, cuando yo estaba viajando con Marcos Asqui y el equipo pastoral móvil de la prelatura para formar liderazgo laico y visitamos el equipo de la parroquia de Moho, en el lado norte del lago Titicaca. Moho, un pueblo grande, era el más distante de Chucuito y también el área de la prelatura que estaba sufriendo de inundaciones causadas por el fenómeno meteorológico de *el niño,* que traía lluvias muy fuertes de tiempo en tiempo. Tuvimos que ir una parte del camino en lanchas de motor, porque la carretera había sido borrada por las aguas. Allí conocía a Jorge Mallea, quien era uno de los seminaristas diocesanos, que trabajaban en ese tiempo con las Hermanas de San José en la parroquia de Moho por el verano.

Yo doy cuenta una vez más de cuán importantes fueron las Hermanas de San José en mi vida. Como ya lo dije mi tía, la Hermana Martina, fue Hermana de San José y es uno de los pilares de mi vocación. También trabajé con estas hermanas en Chimbote y Macate. En la prelatura de Juli ellas trabajaron en la parroquia de Moho, donde no había sacerdote. Como de costumbre yo invité a los seminaristas diocesanos de Moho a que nos visitaran a mí y a Diego en Chucuito cuando quisieran, ya que teníamos cuartos para dos visitantes, y nos gustaba tener invitados. Jorge llegó a nuestra casa unos días después, y luego nos visitaba casi todos los meses. El pasó un tiempo de descanso con nosotros en agosto 1986, ayudando a Marcos con el equipo pastoral móvil y trabajando en la parroquia de Chucuito.

Desde mi llegada en agosto 1985, yo había estado enseñando en el programa preseminario en Ilave, donde antes vivía Diego. Luego en 1986 también empecé a enseñar clases de Biblia en el seminario regional diocesano de la ciudad de Juliaca, donde Diego ya dictaba clases, cerca de una hora y media en bus desde Chucuito. Yo me quedaba a dormir en ambos lugares, de modo que pude conocer bien a muchos de los seminaristas. A menudo veía a Jorge

CHUCUITO (PUNO) 1985 – 1993

en mis clases. Él pidió trabajar de nuevo con Santa Cruz durante las largas vacaciones de verano en 1987, y en ese tiempo el habló con Diego y conmigo, acerca de cambiarse del programa seminarista diocesano a Santa Cruz. Le dijimos que tendría que gestionarlo con su director espiritual y con la diócesis, porque yo no quería que apareciera que Santa Cruz estaba robando gente del programa diocesano. Jorge habló con el rector del seminario, el sacerdote Maryknoll Ray Finch, que era a la vez su director espiritual. Ray se mostró muy comprensivo del pedido de Jorge. Él sabía que Jorge había estado interesado en la vida religiosa desde el comienzo del discernimiento de su vocación allá en 1983, pero ya que no había comunidades religiosas en la prelatura en ese tiempo, él decidió unirse a la diócesis. ¡Gracias, Ray, por ese apoyo!

Se decidió que Jorge se transferiría a Santa Cruz en marzo 1988 y tomaría un año de descanso de la diócesis para discernir mejor su vocación a la vida religiosa. Jorge se quedó con Santa Cruz y se convirtió en nuestro primer sacerdote peruano de la congregación, tomando sus primeros votos en febrero 1990 y sus votos finales en febrero 1993, y fue ordenado sacerdote en noviembre 1994. Yo creo que Jorge probablemente sufrió un tanto durante sus años de formación, ya que como norteamericanos, nosotros todavía estábamos aprendiendo como adaptar Santa Cruz a la manera peruana de hacer las cosas. Pero el finalmente se convirtió en nuestro primer peruano ¡y a la vez el primer Religioso de Santa Cruz aymara! ¡Gracias, Jorge, por venir con nosotros y quedarte con nosotros todos estos años!

GRACIAS PERÚ

Mi trabajo de profesor en los seminarios de Juliaca e Ilave terminó en 1988, después que Jorge dejó del programa del seminario diocesano para unirse a Santa Cruz. Alguna gente en la prelatura sintió que yo lo había robado. ¡Eso pasa a menudo con los desentendidos y suspicacias infundadas, que son parte de la vida aún en la Iglesia! Por mi parte yo extrañe mi trabajo ahí, ¿pero entonces, ¿qué podía yo hacer?

Jorge Izaguirre, de Casma, cerca de Chimbote, de quien he escrito en capítulos anteriores, también entró en Santa Cruz como postulante en 1988, después de un año de pre-postulante en el programa de formación de Canto Grande. El pasó tres veranos en Chucuito, estudiando en el colegio de Puno para entrenamiento de profesores de educación religiosa y líderes laicos (ESER), del que se graduó en 1990.

Tanto como en 1990, el año que yo reemplacé a Diego como pastor en el equipo parroquial de Chucuito, Fidel Ticona, de una comunidad campesina cerca del pueblo de Ilave también entró como postulante de Santa Cruz. Fidel continuó adelante como lo hizo Jorge Mallea, y en 2000 en Chucuito el fue el segundo aymara que fue ordenado en Santa Cruz. Durante esos años, los postulantes de Santa Cruz usualmente pasaban sus veranos en Chucuito con Diego y conmigo, trabajando mayormente en nuestros programas de verano para niños y jóvenes, que organizaba el equipo parroquial. Agradezco a estas personas por unirse a Santa Cruz y prestar sus muchos talentos al servicio de la comunidad a través de nuestra Congregación.

En 1991 Jim Phalan llegó de Estados Unidos para vi-

CHUCUITO (PUNO) 1985 – 1993

vir y trabajar con Diego y conmigo en Chucuito. Al tiempo, Jim era un diácono de Santa Cruz. Después de pasar su año de diaconado con nosotros, él fue ordenado sacerdote en Chucuito en febrero 1992. Jim dedicó la mayor parte de su tiempo a visitar las comunidades agrícolas de la península.

Yo celebré mis cincuenta años en junio 1991, disfrutando la fiesta con compadres, ahijados, otros amigos, y mi comunidad Santa Cruz en Chucuito.

COLABORACIONES CON SANTA CRUZ EN PERÚ

Como parte de mis deberes como Director de Vocaciones en Perú, el superior distrital Daniel Panchot me pidió en 1985 que escriba a todas las provincias de Hermanos Santa Cruz y a las otras dos congregaciones de Hermanas de Santa Cruz para invitarles a participar en nuestro ministerio en el Perú. Las Hermanas de La Santa Cruz estaban ya presentes en Chimbote desde 1982. El distrito las había invitado a unirse a nosotros allí, después de estar en contacto con ellas desde 1975 cuando tuvimos nuestro primer encuentro de todos los miembros de Santa Cruz en América Latina, conocido como el proyecto PILA, del cual escribí antes.

En junio 1986, las Hermanas de Santa Cruz, la rama francocanadiense de las Hermanas de Santa Cruz, con sede en Montreal, respondieron enviando Hermanas para observar nuestro trabajo y considerar unirse a nosotros en la Prelatura de Juli. Las Hermanas Marguerite Gravel, Frances Savoie, Lia Finnerty y su superiora asistente Hermana Laura, llegaron para una visita de dos semanas. Ellas investigaron las varias posibilidades de ministerio con el administrador de la prelatura Mike (Miguel) Briggs. Las Hermanas estaban entusiasmadas, y en abril 1987 Lia, Frances y Marguerite fueron a Lima para tomar clases de idioma. Regresaron a la prelatura en septiembre 1987, para empezar su ministerio, viviendo con la Hermana de la Misericordia Bárbara Cavanaugh en la parroquia vecina de Acora. La Hermana Marie Pilon llegó del Canadá para trabajar con ellas en 1988. Ella empezó a trabajar como enfermera en las comunidades donde las hermanas vivían, primero cerca de Acora y más tarde en Mocachi. Este fue el inicio de una larga colaboración entre las congregaciones de Santa Cruz en la Prelatura de Juli. Gracias a ustedes, Hermanas de Santa Cruz.

Casi de inmediato la Hermana Marguerite tuvo dificultad para vivir en la altura, de modo que las Hermanas decidieron abrir otra casa de Santa Cruz en la parroquia de Canto Grande, Lima, gracias a la invitación del superior Daniel Panchot. La Hermana Marguerite fue allí. Al mismo tiempo las Hermanas de La Santa Cruz, que habían estado en Chimbote desde 1982, también decidieron abrir una casa nueva en la parroquia Santa Cruz de Canto Grande, después también de ser invitadas por Dan. La Hermana Vivian Coulon de la congregación Marianita Santa Cruz también llegó de visita en ese tiempo, pero no pudo quedarse porque no tenían una acompañante de su congregación para vivir con ella. Las Marianitas estaban tratando de encontrar hermanas para su recientemente fundada misión Santa Cruz en Chile. Así, en 1987 tres de

CHUCUITO (PUNO) 1985 - 1993

las cuatro congregaciones Santa Cruz estaban presentes en Perú. Gracias, queridas Hermanas, y gracias a ti Daniel Panchot, por hacer posible toda esa colaboración.

En agosto 1985 el Hermano John Benesh aceptó la invitación que yo le había hecho en la Conferencia de la Historia de Santa Cruz en marzo 1984. El vino a trabajar al distrito en agosto de 1985, uniéndose a Dan Panchot en Chimbote y enseñando matemática y química en el colegio de Fe y Alegría allí. Gracias John, por dar tu presencia en Perú por los Hermanos Santa Cruz.

Yo sentí que tal colaboración de Santa Cruz era muy importante para la misión en Perú. Empezamos a cooperar no solo en el ministerio conjunto, sino también en el trabajo vocacional y en realizar asambleas comunitarias, como la familia de Santa Cruz. Ese fue el sueño de nuestro fundador común el Beato Basile Moreau, quien siempre envió Hermanas, Hermanos y sacerdotes a una misión conjunta, aun cuando un obispo pedía solo uno de los tres grupos. Muchos de los miembros peruanos mayores de nuestra congregación a menudo dicen que su atracción inicial hacia Santa Cruz fue este espíritu de colaboración entre los hombres y mujeres, clérigos y laicos.

Así, empezando 1988 nosotros estábamos haciendo ministerio vocacional junto a las Hermanas. Cada año después, un grupo numeroso de jóvenes, varones y mujeres se reunía para contemplar su posibilidad de vocación a la vida Religiosa, en una reunión mensual que convocábamos en la parroquia de Chucuito. Como director de ministerio vocacional, yo también viajaba con frecuencia a Lima y Chimbote para ayudar en la organización de encuentros

GRACIAS PERÚ

vocacionales allí. Permanecí como director de vocaciones en el área de Puno por muchos años, y también como director nacional, excepto solo 1988-1991.

Además, Bob Plasker, de quien escribí en capítulo previo sobre Chimbote, organizó dos programas de renovación de seis semanas para los sacerdotes Santa Cruz, Hermanos y Hermanas Santa Cruz que trabajaban en América Latina, en el cual participé cuando pude. Esta era una continuación de la colaboración iniciada en 1974 en el encuentro PILA en Perú.

LA ODEC-JULI

En 1988 la Hermana Santa Cruz Frances Savoie empezó a colaborar conmigo en el programa de entrenamiento de profesores laicos de religión en la prelatura (ODEC-Juli) que se estaba expandiendo gracias a la ayuda financiera de Adveniat, una organización católica alemana que financiaba programas de Iglesia en áreas pobres de América Latina, y en otros lugares. Antes de recibir tal ayuda yo me había solventado la continuidad del trabajo con los ciento veinticinco dólares que por años Jim y Marcie Wilson me enviaban mensualmente. Jim había sido un Hermano Santa Cruz hasta que salió para casarse en 1980. Yo había vivido con él en Roma, y sus padres y los míos vinieron una vez a visitarnos, cuando ambos estábamos allí. Gracias Jim y Marcie, por su generosidad, solidaridad y amistad.

En 1986 dos jóvenes, Rudi (Rudolph) Cutipa y Wilber Mamani Cotillo, empezaron a ayudarme de vez en

CHUCUITO (PUNO) 1985 – 1993

cuando como secretarios en la ODEC, cuando yo tenía que viajar a colegios distantes para talleres con los profesores. Más tarde, cuando recibí más ayuda económica de Adveniat, contraté a Rudi para ser el secretario de la oficina. En 1987 la Hermana Vilda, quien había empezado conmigo en la ODEC EN 1986, fue trasladada fuera de Yunguyo por su congregación; entonces la Hermana Dominica María Gabriela Hurtado, de Yunguyo, tomó su puesto en el equipo. Entonces Narciso Valencia, un sacerdote diocesano aymara recientemente ordenado, se unió al equipo de ODEC en 1991. Frances, María Gabriela, Rudi, Narciso y yo organizamos los talleres para los profesores de colegios a todo lo ancho de la extensa área de la prelatura.

Además de la dificultad de viaje en las carreteras afirmadas, teníamos que tratar con muchas autoridades educacionales diferentes, que no estaban siempre dispuestas a cooperar con nosotros, ya que pensaban que la enseñanza de religión no era tan importante. Ellos no habían tenido que tratar con una oficina antes, y entonces no estaban acostumbrados a colaborar con la iglesia en estos asuntos. Ya que la ODEC-Juli era nueva, tuvimos que empezar desde cero a convencer a los profesores de colegios secundarios para asistir a nuestros talleres. La mayoría no tenían ningún entrenamiento formal en educación religiosa, y algunos usaban su tiempo de clase para enseñar otras cosas. A menudo era una batalla desalentadora, pero poco a poco ganamos terreno, y cada año teníamos más participantes. Fue un experiencia educativa para todos nosotros. Podía ser muy frustrante el viajar una larga distancia para un taller, para encontrar al llegar que las autoridades educativas ni siquiera habían informado a los profesores sobre éste, o no habían dado el necesario permiso a los profesores para cancelar sus clases de ese día, para asistir. Aun cuando les dábamos papel para imprimir las invitaciones, a menudo no las distribuían, o peor aún, usaban el papel para sus propios asuntos. Mi temperamento irlandés se alteraba en tales situaciones.

Rudi era mi línea de salvación cuando había problemas, porque siendo peruano y aymara él podía tratar con las autoridades más eficientemente que los que no éramos peruanos. Wilber continuaba ayudando a veces cuando íbamos a áreas donde había un número grande de profesores y necesitábamos más mecanógrafos para hacer los certificados de los profesores. Gracias Rudi y Wilber.

Yo permanecí en la ODEC-Juli por muchos años porque disfrutaba de las oportunidades de enseñar, más que los aspectos administrativos. Yo soy un profesor de vocación y me uní a Santa Cruz para enseñar.

Yo extrañaba las aulas, pero creía que podría hacer más el bien formando profesores laicos en su fe, con estudios bíblicos e instruirles en la metodología proveedora de vida, de ligar la fe con problemas de la vida real. Los profesores mismos parecían apreciar los talleres, y cuando las numerosas autoridades educativas pudieron conocernos mejor, ellos empezaron a apreciarlos también. Espero que cada uno aprendió cosas que les ayudaron a ser mejores docentes y educadores en la fe.

En este tiempo el grupo terrorista Sendero Luminoso, presente en el Perú desde 1980, se hizo más presente en

CHUCUITO (PUNO) 1985 – 1993

el área de Puno. Varias instituciones de la Iglesia, particularmente las dedicadas a ayudar a la gente necesitada como el Centro Agrario en Puno, fueron atacados por terroristas, quemados o bombardeados. El pueblo de Moho donde vivían las Hermanas de San José fue atacado, y las Hermanas tuvieron que ocultarse durante la violencia. Los viajes del equipo de la ODEC y los talleres fueron impedidos por la creciente presencia de Sendero en la región de Puno. Muchos profesores eran simpatizantes del grupo terrorista, que estaba usando del miedo y la violencia para luchar por más justicia social e igualdad en Perú. Tuvimos que buscar maneras de responder a la nueva realidad de vivir en medio del terror. La prelatura formó un equipo de derechos humanos encabezado por la Hermana Maryknoll Patricia Ryan, que fue de gran ayuda, porque nos alentaba a perseverar haciendo nuestros talleres en las áreas más lejanas de la prelatura.

Cada enero en todos esos años, también enseñé en la escuela de verano que entrenaba profesores laicos de religión (ESER), para toda el área del Sur andino. Los profesores asistieron a este programa de verano durante el mes de enero por tres años, después de los cuales recibieron reconocimiento oficial por parte de las autoridades peruanas y por parte de la Iglesia para enseñar educación religiosa en los colegios estatales. Mi objetivo en la ODEC-Juli fue asegurar que solo profesores entrenados, con certificados oficiales en educación religiosa, enseñaran en los colegios secundarios estatales. Era a veces una batalla con los directores de colegios y otros, tanto en cargos estatales o de iglesia, que estaban acostumbrados a usar las clases de religión para otorgar puestos de profesores a sus amigos. Especialmente me molestaba cuando sacerdotes y Hermanas me pedían dar puestos a sus amigos o a personas que no tenían un certificado de docente o poco entrenamiento. Pienso que al fin y al cabo ganamos la lucha hasta cierto punto.

En la escuela de verano (ESER) usualmente yo enseñaba Biblia, Historia de la Iglesia en América Latina, y Metodología de la Educación Religiosa. La Hermana Alma Jones, de las Hermanas de San José de Moho y con quien yo había trabajado en el ministerio juvenil en Chimbote, también me ayudó un año. Nos alternábamos para la clase de Biblia. Yo pensé que todo iba muy bien, pero algunos estudiantes encontraban que las clases eran confusas. También enseñamos en equipo la clase de Metodología con la Hermana Santa Cruz Frances Savoie. Gracias Alma por los años que compartimos el ministerio tanto en Chimbote como en la prelatura.

Me gustaba tremendamente ese mes de enseñanza, durante el cual yo me alojaba en la Casa Central Maryknoll de Puno. Es el mismo lugar al que por años yo había ido para relajarme y reflexionar en mis días libres. Gracias Maryknoll por su hospitalidad en su casa de Puno. Yo estaría ausente de nuestra casa en Chucuito, pero era un mes de revitalización para mí. Enseñábamos a profesores y a veces a laicos (catequistas) procedentes de las tres Prelaturas vecinas de Sicuani, Ayaviri, y Juli, así como de la diócesis de Puno. Al quedarme en Puno pude conocer a muchos laicos profesores y líderes laicos. La escuela de verano tenía una impresionante plana de profesores, todos

CHUCUITO (PUNO) 1985 - 1993

los cuales estaban comprometidos con la visión de una Iglesia encarnada en la cultura Sur andina y en las situaciones vitales de la gente.

En general yo disfruté aquellos primeros años en la prelatura, así como la colaboración de las cuatro jurisdicciones eclesiásticas de Puno, Sicuani, Ayaviri y Juli las que formaban lo que llamábamos la Iglesia del Sur Andino. Nuestras asambleas usualmente se llevaban a cabo en la casa de retiros de Chucuito con sacerdotes, Hermanas y laicos, que nos sentábamos juntos por diez días, con los cuatro obispos, para discutir, reflexionar, y planear una estrategia eclesial común en la región Sur andina. Desafortunadamente, esta colaboración entre miembros laicos y del clero y entre cuatro obispos en sus jurisdicciones, con un plan pastoral común, no era siempre apoyada por otros obispos peruanos de ese tiempo, o por el Vaticano. Pero sí trabajaba bien para nosotros y estábamos felices con ella, y continuó creciendo a pesar de aquellos que no la aprobaban. Yo creo que seguimos a Jesús, en identificarnos con los problemas de los pobres y tratar de acompañarlos en sus dificultades encontrando maneras de estar con ellos en sus luchas y defendiéndolos cuando era necesario, haciendo que sus voces sean escuchadas. Y para mí realmente esto es todo lo que significa seguir a Jesús.

VIOLENCIA DE ACCIDENTES

Junto a la violencia de los grupos terroristas en el área de Puno, también soportamos una serie de accidentes durante esos años. En mayo 1988 yo estaba manejando un

GRACIAS PERÚ

Volkswagen escarabajo con Jim Mulligan, mi compañero de noviciado, que me estaba visitando, Juan Mallea, hermano de Jorge, que trabajaba con Diego en el Instituto Aymara (IDEA), y Richard Renshaw, director del programa de formación en Canto Grande donde Jorge estaba entonces de postulante. Estábamos regresando a Chucuito después de visitar la familia de Jorge Mallea, que vivía en una comunidad agrícola en las afueras del pueblo de Juli. Entonces, yo estrellé nuestro carro dentro de la parte posterior de un camión, que se había detenido sin luces de peligro en la estrecha carretera de dos fajas de ida y vuelta. Jim Mulligan sufrió las heridas más serias, con una pierna y un pie fracturados, y dislocamiento de su cadera. Yo tuve una extensa herida del cuero cabelludo que requirió treintaicinco puntos. Los otros dos sentados en la parte posterior, Richard Renshaw y Juan Mallea, sufrieron solo pequeños cortes y moretones. Todos sobrevivimos, gracias a Dios. Estábamos a unos 70 kilómetros del hospital de Puno cuando ocurrió el accidente. Con mucha suerte una camioneta pick-up, que venía detrás, se detuvo y nos llevó al hospital en Puno, donde recibimos buen tratamiento. Ahora Jim todavía camina con una cojera. Gracias, Jim, por tu amistad desde 1960, nuestros días de noviciado en Bennington, Vermont. Y gracias nuevamente a ti, Richard, por tu amistad a lo largo de los años desde nuestros días en Roma.

Gratitud especial para Juan Mallea quien probablemente salvó mi vida esa noche al poner su camisa alrededor de mi cabeza para detener la hemorragia. Poco antes del accidente Juan me había pedido que sea el padrino de

CHUCUITO (PUNO) 1985 – 1993

su recién nacido hijo Daniel. En Perú un padrino es como un segundo padre para el niño que se bautiza. Esta práctica tiene una considerable significación religiosa y cultural para la gente. El padrino se hace responsable de ayudar al niño(a) con su consejo, y quizás con ayuda económica para su educación o emergencias si fuera necesario. El padrino se vuelve un segundo padre para su ahijado(a) y un miembro de su familia. Yo estaba declinando el pedido de Juan, como yo usualmente hacía cuando se me requería como padrino, por motivo de que, como religioso, yo no tenía un ingreso económico, y no podía cumplir con sus expectativas económicas. Pero considerando lo que Juan había hecho por mi, después del accidente, yo quería ser su *compadre*, y *padrino* de su hijo Daniel, y así ser parte de su familia. Gracias Juan por salvar mi vida, por ayudarnos a todos esa noche del accidente, por invitarme a ser parte de tu familia, y por ser un excelente compadre y amigo todos esos años.

Pocos días después fui con Juan al lugar del accidente y bebimos un té mezclado con tierra del lugar. Es una costumbre aymara basada en la creencia que los espíritus malos en la tierra a veces tratan de coger a la gente que maneja en partes desérticas del camino. Cuando te bebes esta tierra, el espíritu malo entra en ti, y entonces no va a tratar de hacerlo de nuevo. Quizás esto trabaja como una vacuna. También puede esto derivarse de la idea que toda la creación es una, y que todo está interconectado de alguna manera. Yo me hice compadre de Juan e Isabel en diciembre 1988 en presencia de Jorge, hermano de Juan, quien pasaba vacaciones en Chucuito en ese momento.

GRACIAS PERÚ

Un fin sorprendente a esta historia ocurrió pocos años después en 1991 cuando Juan Mallea y yo estábamos visitando a mis amigos Jaime y Lois Pino en Tacna. Jaime quien había sido un diácono en la Prelatura de Juli y Lois quien había sido una Hermana habían trabajado en el área de Puno hacia los 1970s, y entonces salieron y se casaron. Ellos estaban viviendo en los Estados Unidos cerca de mi pueblo natal en Albany, Nueva York, cuando yo los visité en 1981 durante mi año sabático. Diez años después, en 1991, yo los encontré de nuevo en Tacna para el funeral de la madre de Jaime. Es entonces que supe que fueron miembros de la familia de Jaime los que manejaban la camioneta pick-up, que nos rescató esa noche del accidente. ¡Qué pequeño es el mundo!

El mismo año del accidente, en el otoño de 1988 la Hermana Santa Cruz Frances Savoie sobrevivió a un accidente aéreo de un vuelo de Aeroperú, desde Juliaca a Lima al momento del despegue en Juliaca. Frances fue una de las pocas personas que sobrevivieron al accidente con solo una lesión ligera al hombro. ¿Otro milagro? Más tarde la Hermana Frances sufrió de serios efectos posteriores que le impidieron volar en avión, y le tomaron años para que lo pueda hacer de nuevo. Ella regresó al Canadá en 1990 por varios años para tratarse de ese trastorno de su salud. La extrañamos en el equipo de formación de profesores de religión (ODEC).

En 1992, Paul Farber, un sacerdote de la Provincia Santa Cruz del Este, visitó Perú. El provincial David Farrell le había pedido que sea el Coordinador de Solidaridad con el Perú en los Estados Unidos. Cuando él llego a

CHUCUITO (PUNO) 1985 – 1993

Puno en agosto 1992 él sufrió seriamente de enfermedad por la altura, que se complicó aparentemente con su medicina para la hipertensión arterial. Él murió en nuestro automóvil, en el camino hacia el aeropuerto de Juliaca. Que descanse en paz.

Poco después, al final de agosto 1992, el equipo de entrenamiento de profesores de religión (ODEC) que viajaba en carro para dar un taller a profesores, arrolló y mató a una pequeña de cinco años, que cruzaba la pista hacia su escuela. La hermana mayor la había dejado atrás. Pasado esto, Rudi quien manejaba el carro cuando sucedió el hecho, y yo, nos fuimos a La Paz, Bolivia, cuatro horas distantes por ómnibus, para diez días de relajamiento de nuestros nervios. Pocos meses después, todo el equipo viajamos allá para unos pocos días de descanso.

Todos nosotros estuvimos muy nerviosos durante esos años por la constante presencia del movimiento terrorista Sendero Luminoso, que atacó el pueblo de Moho donde vivían las Hermanas de San José. Todos los del grupo que decidimos quedarnos vivíamos bajo la amenaza terrorista. No fue sino después de años que nos dimos cuenta de la gran tensión que envolvía nuestras vidas.

UN NUEVO OBISPO

La Prelatura de Juli había estado sin obispo desde febrero 1986, en que murió el Obispo Alberto en accidente de carro. Después de una demora de tres años, en 1989, Roma finalmente nombró al nuevo obispo Raimundo Reveredo, un sacerdote Vicentino peruano de Lima, que había estado trabajando por muchos años en Santiago, Chile. Yo y varios otros estuvimos muy contrariados porque habíamos esperado que el nuevo obispo fuera un aymara, que pudiera hablar la lengua de la mayor parte de la gente y entender mejor su cultura. Casi todos en la Prelatura de Juli estábamos preocupados porque aparecía que Roma nombraba obispos en esos días, cuyo estilo y actitudes iban a crear más tensión que alivio para todos los que servíamos nuestro ministerio en la región. Nos parecía a muchos de la prelatura que había una presión sobre el nuevo obispo, de parte del episcopado peruano y de Roma, para cambiar el estilo colaborativo que había sido la norma de trabajo en la Iglesia del Sur andino por un largo periodo. Como consecuencia, iban a desarrollarse tensiones interna y externamente entre los miembros de la Iglesia en esos años.

Yo estuve muy agradecido por la oferta de un año sabático en 1993. Arturo Colgan, el superior distrital, y su consejo, consideraron que yo debía examinar mi consumo de cerveza. Así, viajé en febrero 1993 para un año sabático revitalizador.

6. EL MARAVILLOSO AÑO 1993

Fue en 1993 que yo completé veinticinco años de vida y trabajo en Perú. Gracias, Señor por 1993, un año que renovó mi vitalidad de tantas maneras, con una energía espiritual que continúa dando fuerzas a mi trayecto de vida aún hasta ahora.

Al final de 1991 parte del liderazgo comunitario pensó que yo podría tener un problema con el consumo de alcohol; pensaban sí, que yo estaba bebiendo demasiado. El superior distrital Arturo Colgan, quien vivía en Canto Grande en ese tiempo, me confrontó un día para decirme que él y su consejo distrital pensaban que durante mi año sabático yo debía buscar ayuda profesional. Yo le dije que me sorprendía que él y los demás de su consejo distrital nunca pensaron que hubiera sido bueno hablarme personalmente acerca de ello, tal como lo recomienda el Evangelio, antes de formarse una opinión. Sin embargo, yo no estaba resistente a su preocupación, ya que yo sabía que yo estaba bebiendo más de lo que yo quería, y estaba dispuesto a buscar a enfocarlo mediante una ayuda profesional.

Pensar acerca de la cerveza en mi vida me remonta a mis años de niñez. Uno de los pilares de mi vocación fue mi tía Julia, hermana de mi padre, quien se volvió Hermana Martina con las Hermanas de San José de Carondelet. Yo tengo un temprano recuerdo de su visita a nuestra familia en nuestra casa para Navidad cuando pidió a mi padre un vaso grande de cerveza. Yo estaba sentado en su regazo, cuando ella lo recibió, y tomé un sorbo de la espuma en el tope. Me pareció como espuma de jabón. Después de esto nunca probé cerveza de nuevo hasta mis años de adolescente en que, por perder en un juego de póker, tuve que beber un vaso completo, y lo vomité todo encima de las cartas. ¡Qué disgusto y sorpresa para mis compañeros de secundaria! Yo me sentía tan mal, que solo quería irme a dormir. Y no volví a tomar cerveza, hasta cuando participé en las fiestas religiosas de Macate, donde todos los hombres la bebían socialmente parados y en círculo. Yo ponía solo un poco en el vaso, el cual circulaba por todos, al estilo peruano. Se trataba de una manera muy comunitaria de celebrar la amistad. Ese fue el comienzo de mi afición a la cerveza en Perú.

Yo fui siempre un tomador en grupo. Nunca busqué la cerveza o el alcohol cuando estaba solo. De este modo, yo sabía que mi problema con la bebida estaba, de alguna manera, atado a mi vida de relaciones sociales con hombres en grupo, más que a la cerveza en sí misma.

Cuando David Farrell, en su cargo de superior provincial para entonces, vino de visita a Chucuito al inicio de 1992, junto con Arturo hablaron conmigo de nuevo acerca de ello. Ambos repitieron que querían que yo obtuviese ayuda médica durante mi año sabático de 1993 que ya estaba yo planeando. Yo no tenía problema en cuestionar mi excesiva bebida. Así, acepté su propuesta y decidí buscar un programa adicional en ese año, que pudiera ayudarme con cualquier adicción que padeciera.

Mi buen amigo aymara Jorge Mallea iba a profesar sus votos finales en el mes de febrero 1993, y me había

EL MARAVILLOSO AÑO 1993

pedido ser su testigo oficial, por lo que no quería salir de sabático hasta después de ello. El problema fue encontrar un programa de renovación en los Estados Unidos que empezara en marzo, ya que la mayoría empezaba en enero. Hablé con el sacerdote Maryknoll y amigo Miguel Briggs, y él me dijo acerca de un programa en el cual él y otros de Maryknoll habían participado y se llevaba a cabo en Attleboro, Massachusetts. Cuando hablé con los organizadores, del Servicio de Asesoría y Formación, descubrí que ellos sí tenían un programa de diez semanas que empezaba a mediados de marzo. Estaba en perfecto tiempo para empezarlo y era otro signo de que Dios me estaba guiando hacia allí.

Cuando supe que el programa iba a realizarse en el local de la Basílica LaSalette en Attleboro, pensé que era otro signo del Señor, ya que el segundo pilar de mi vocación era mi primo Jack Barnes en la parte materna de la familia, un sacerdote de LaSalette quien murió tempranamente cuando yo estaba en el colegio secundario. El me enseñó a no tener miedo en el agua, y la técnica de la natación. Gracias Jack.

Ambos Jack y la Hermana Martina estaban felices en sus respectivas vocaciones. Yo siempre había querido ser como ellos. Es por eso que sentía ahora que este programa era querido por Dios para mí. Siempre he creído en signos fuertes de Dios, para guiarme en hacer decisiones en mi vida.

Escribí al superior provincial David Farrell acerca del programa, diciéndole que me gustaba como estaba presentado, pero que era muy caro porque era conducido por terapeutas profesionales. David me contestó que valía la pena sufragar su costo. Gracias, David, por tus bondadosas palabras y por dejarme participar en esta experiencia renovadora de mi vida.

Un prerrequisito para el programa de Attleboro era que yo escribiera una autobiografía a ser presentada, dividida en quince capítulos, cada uno acerca de un aspecto de la historia de mi vida familiar. Así, yo emprendí su redacción en 1992 mientras aún estaba en Chucuito, usando una antigua máquina de escribir Olivetti y padeciendo mi terrible habilidad para mecanografiar. Había preguntas específicas a responder en cada capítulo, pero podía añadir cualquier cosa que considerara importante de mencionar. Gracias a esta experiencia de escribir la historia de mi vida, yo tuve la oportunidad de aprender mucho acerca de mí mismo, sobre cosas que no había reconocido antes, y una oportunidad de penetrar más profundamente en algunas cuestiones acerca de mis experiencias de vida, que yo no había entendido tan bien antes. Fue el inicio de un intenso recorrido interior para mí.

A fines de 1992 yo dispuse para que Rudi Cutipa, que trabajaba conmigo en el equipo de formación de profesores de religión (ODEC), tomase las riendas, con la ayuda de las Hermanas, como director del equipo durante mi ausencia en 1993. Jim Phalan me reemplazaría como pastor en el equipo parroquial de Chucuito, que estaba siendo coordinado con el laico Marcos Asqui ese año. Entonces, ¡yo estaba listo para partir!

Dan Kayajan, un seminarista Santa Cruz de los Estados Unidos, quien estaba pasando un año pastoral en Perú

EL MARAVILLOSO AÑO 1993

en 1992, vino a Chucuito en diciembre de ese año para celebrar conmigo el aniversario de mis 25 años de vida sacerdotal. Él estaba programado para trabajar con nosotros en el programa parroquial de verano por tres meses, pero desafortunadamente se enfermó con hepatitis al inicio del verano y tuvo que regresar a Canto Grande. Gracias Dan por tu tiempo con nosotros en Perú y por tu amistad a través de los años.

Como siempre, enseñé durante el mes de enero 1993 en el programa de formación de profesores de religión (ESER) en Puno. Luego, en febrero, fui a Lima, junto con el padre y hermano de Jorge Mallea, para participar en su ceremonia de votos perpetuos. En febrero tuvimos varias celebraciones más de mi aniversario veinticinco en Canto Grande, Chimbote, y Cartavio/Trujillo, antes de partir del Perú para mi sabático. ¡Gracias a todos(as) por esas conmemoraciones de nuestros años de amistad!

Un día al final de febrero 1993, tiempo de verano en Perú. Jorge Mallea y Jorge Izaguirre me acompañaron al aeropuerto de Lima. Fue difícil para mí un adiós a Perú por un año entero, y estaba nervioso acerca de lo que me podía deparar el futuro.

Mi año sabático fue planeado para empezar en la residencia comunitaria Santa Cruz en Cocoa Beach, Florida, donde me encontraría con mi hermano Bud y mi cuñada Jo para una semana de vacaciones juntos. El regreso a los Estados Unidos se hizo sin novedad hasta que noté que mi vuelo entre Miami y Orlando estaba cancelado. Tuve que hacer un largo viaje en una van con aire acondicionado congelante del cual obtuve un resfrío de estómago, y ¡por consiguiente estuve despierto toda la noche! Mi hermano Bud me esperó en el aeropuerto de Orlando. Tuvimos una estupenda reunión familiar. Fuimos a Universal Studios cerca de Orlando a ver la presentación de "Yo Quiero a Lucy", visité al hermano de Jo, Charlie Alfano, quien entonces vivía en West Palm Beach, y pasamos un tiempo en el área de Cocoa Beach, que yo visitaba por primera vez.

Al fin de esa semana, volé al norte, a Providence, Rhode Island, en un día que se volvió tormentoso con fuerte caída de nieve. Me recogieron en el aeropuerto y me llevaron a Attleboro por pistas resbalosas cubiertas de nieve.

La mañana siguiente me presentaron al terapeuta llamado Ed. El me acompañó, leyendo él mismo la autobiografía que yo había escrito. Yo estuve sorprendido cuando Ed me confió que él tuvo experiencias similares en su vida.

Después, otro terapeuta, Bob, me condujo a través de pruebas psicológicas para descubrir mi exclusiva y única personalidad. Luego otro terapeuta, Jim Stone, quien más tarde sería mi terapeuta primario durante el programa, me entrevistó acerca de mi hábito de tomar y mi posible adicción. Jim era un alcohólico en recuperación. El repitió lo que yo ya intuía acerca de mí. Se trataba de una señal de alerta para otras adicciones en mi vida, que yo descubriría lentamente durante el programa de diez semanas. Gracias, Jim, Ed, Bob, y todos los otros terapeutas de Attleboro.

Después de esa primera semana preparatoria en Attleboro, fui a nuestra casa provincial en Bridgeport, Connecticut, viajando por tren con una maleta muy gran-

EL MARAVILLOSO AÑO 1993

de, en otro día de nieve. Los aeropuertos estaban cerrados, por lo que el tren de Boston a Providence estaba repleto, y terminé sentándome en mi propia maleta en el espacio entre vagones, para todo el viaje de cuarto horas. Jim Preskenis, el provincial asistente, me estaba esperando en la estación. Al siguiente día, después de conversar con David Farrell el provincial superior, manejé hasta Albany y pasé una semana con Bud y Jo. Luego manejé de regreso a Attleboro con mi sobrino Patrick, quien en ese tiempo estaba en su primer año de estudios en Stonehill College, mi Alma Mater.

El PROGRAMA SABBATH

Empecé el programa de diez semanas en Attleboro a mediados de marzo. Abrió tarde, porque hubo otra severa tormenta de nieve en la costa del este, que creó dificultad para que viajen varios participantes. Cuando finalmente comenzó, formamos un círculo sagrado con incienso y velas.

Yo había resuelto anticipadamente que compartiría honestamente mucho acerca de mi vida durante este programa, pero que no lo diría todo. Pero cuando los directores compartieron las propias historias de sus vidas en frente de nosotros en el día inaugural, yo decidí que diría la mía como era. ¡La experiencia fue tan liberadora!

Yo había decidido que quería que estas diez semanas sean como una nueva experiencia de noviciado para mí. Mi año 1960 de noviciado en Bennington, Vermont, había sido especial en mi formación de Santa Cruz. Durante ese año, nosotros los novicios vivimos una vida monástica carente de muchas distracciones externas. Yo decidí que durante este programa de diez semanas yo no saldría mucho. Yo quería quedarme y recogerme en mi mismo.

El grupo que nos precedió había sido bastante social, pero afortunadamente la mayoría de los ocho en mi grupo estaban buscando un tiempo más tranquilo. Decidimos que la noche del viernes sería para socializar viendo una película en la casa, y los fines de semana estaríamos libres para hacer algo juntos o no. Eso me vino de perfección. Yo había traído de Perú cantidad de cartas pasadas, escritos y libretas de anotaciones, recuerdos de mi vida en todos estos veinticinco años pasados. Así, pude tranquilamente leerlos y decidir descartarlos o guardarlos, para los archivos de Santa Cruz si es que describían mi vida en los años de formación, o guardarlos para la historia de mi familia. Pude escuchar muchas buenas grabaciones y leer muchos libros de la biblioteca del programa. Estaba en el mismo cielo con todo ese tiempo disponible para leer y ser yo mismo. Tomé largos paseos en el tiempo de los brotes iniciales de la primavera de Nueva Inglaterra, en los que rezaba y reflexionaba sobre el itinerario de mi vida.

Los otros 7 varones de mi programa fueron un Hermano Religioso, un misionero laico de Maryknoll, dos sacerdotes diocesanos, un sacerdote Maryknoll y dos otros sacerdotes Religiosos. Yo simpaticé de inmediato con Leo y Paul, dos de los sacerdotes Religiosos que también eran misioneros. Fuimos juntos a nadar a la YMCA (Asociación de Jóvenes Cristianos), tres veces a la semana por las mañanas a las 6 a.m. Nos fuimos en mi Un carro nos lleva-

EL MARAVILLOSO AÑO 1993

ba. ¡No puedo creer que nos levantábamos tan temprano! La natación regresó a mi vida.

El programa contenía muchas experiencias nuevas para mi. Los ejercicios bioenergéticos, los estudios de la personalidad en grupo, la terapia de masajes, me ofrecieron una actitud holística nueva hacia mi cuerpo. En mi juventud a menudo andaba avergonzado, pensaba que era muy flaco, debilucho, que me faltaba masa muscular. Las sesiones de terapia espiritual me permitieron examinar mi historia espiritual, y enfatizar en el trabajo de grupo que Dios es mi amigo. Luego el programa de espiritualidad de doce pasos me ayudó a reconocer las adicciones en mi vida, y encontrar maneras de liberarme de ellas. Las terapias con el arte de Mándala me ayudaron a penetrar más profundamente en mi historia de vida reflejándose en una forma libre y creativa de color y dibujo personal. También tuve tres sesiones individuales de terapia con mi terapeuta primario, Jim Stone. ¡Gracias Jim, por ser tan buen guía para mí! ¡Y gracias, terapeutas Clare, Ed, y Jackie por estar allí para mí también! ¡Yo nunca los olvidaré!

Yo no profundizaré en todo lo que aprendí acerca de mí mismo en ese tiempo. Sólo quiero precisar que el reconectarme con mi cuerpo, espíritu y emociones, y desligarme un poco de mi mente controladora, fue una experiencia bendecida y liberadora para mí, que me marcaría considerablemente en los años siguientes.

Compartimos nuestras historias en el grupo de Attleboro, desde nuestra infancia y adolescencia hasta el presente. Fue sorprendente cuan similares algunas de ellas eran. Aprendí mucho sobre mi mismo a partir de lo que escuchaba de otros, especialmente del Redentorista sacerdote Paul. Fue tan liberador para mi contar mi historia también, sin evitar nada. Sollozando, abrazado de Paul y de Jim por momentos, durante mi narración, significó mucho para mí. Estas memorias dadoras de vida me dieron, y dan nueva energía aún hasta el presente.

Yo estaba planeando dejar el programa antes de su fin para irme a Notre Dame para la celebración comunitaria de Santa Cruz de los aniversarios de ordenaciones sacerdotales. Pero, después de transcurrido una parte de él, decidí que me quería quedar en Attleboro hasta su final, junto a todos. Así, no fui a Notre Dame y permanecí hasta el final.

El día último, formamos un círculo sagrado de nuevo, tal como lo hicimos al inicio. Pensé que el círculo estaría incompleto al final, pero para mi sorpresa no fue así. El círculo había crecido en forma simbólica de modo que dondequiera que yo estuviere en el mundo podría beber de la nueva energía vital que había encontrado en estas diez semanas. Paul, mi nuevo amigo irlandés de Brasil nos dio a cada uno un anillo de madera. Todo lo que necesitaba hacer era tocarlo, cada vez que sintiera necesidad de la fuerza del grupo. Para mí era un gran símbolo. He perdido el anillo, pero aún siento la fortaleza del grupo hasta ahora, especialmente cuando siento que la necesito. Dejé el programa al fin de mayo con un gran entusiasmo. Agradezco a Santa Cruz por darme esta oportunidad. Fue una experiencia llena de gracia para mí.

Pocos meses después, a mediados de julio, regresé a Attleboro para otra semana de terapia tal como lo recomendaron los terapeutas. Fue una experiencia de refuerzo el continuar compartiendo mi vida y liberarme aún más. Una vez más, un excelente grupo de hombres caminaron conmigo durante esa semana. Gracias a cada uno y a todos por compartir sus vidas.

Como Religiosos, tenemos mucho en común cuando nos quitamos nuestras máscaras. Recuerdo especialmente a un sacerdote jesuita en este programa de una semana quien parecía tener los mismos padres que yo tuve. Ambos descubrimos que nuestros padres actuaron casi exactamente iguales y hablaron las mismas palabras a los dos.

EL VERANO

Pasé junio y julio con los Hermanos Santa Cruz de Valatie, New York, cerca de mi ciudad natal de Albany. Era la primera vez que me quedaba allí. Después que murieron mis padres, cuando yo estaba en casa de tiempo libre, cada tres años por el trabajo en el Perú, visitando a mi familia y amigos por tres meses, yo me había alojado en el noviciado interprovincial de Waterford, New York. Valatie fue una nueva experiencia de comunidad para mí. Había varios Hermanos Santa Cruz viviendo allí, que habían sido mis profesores en el Vincentian Institute en Albany.

En junio celebré mis veinticinco años de ordenación sacerdotal con la Provincia del Este de Santa Cruz en nuestro centro comunitario del Stonehill College en North Easton, Massachusetts, con mis compañeros de clase y con mi familia, varios primos y amigos íntimos.

GRACIAS PERÚ

Después viajé a la Universidad San Edward en Austin, Texas, para presentar mi escrito sobre la Espiritualidad de Santa Cruz en Perú. Éste fue mi tercer documento sobre la historia de la Congregación en Perú en el transcurso de diez años.

Al final de junio, mi hermano Bud y su familia organizaron una celebración de veinticinco años para mí en Valatie. Más de una centena de mis amigos y familia se reunieron para Misa y luego un ágape en el restaurante cercano. Fue una gran oportunidad parapar mi, el agradecer en mi homilía a toda mi familia y amigos por su presencia en mi viaje por la vida. Gracias, Bud y Jo, por organizar esa celebración, y gracias a todos los que participaron.

Visité familia y amigos hasta inicios de agosto, cuando partí para Irlanda para la segunda parte de mi año sabático. Primero, visité a Roger y Josie Masters, mis amigos ingleses a quienes conocí en 1967, mi año de diaconado, durante el programa de verano en Aldershot, Hants, Inglaterra. Ellos me visitaron en Perú varias veces desde 1987. En 1991 regresaron a Perú para vivir un año con toda su familia, de más de nueve niños adoptados.

Después de pasar unos días con Roger y Josie, hice mi primera visita a nuestra nueva parroquia hermana de Chucuito, en Karlsruhe, Alemania. Siguió un viaje a Roma, donde recordé mis tiempos de estudios de teología por cuatro años, 1964-1968, durante el Concilio Vaticano II. Esta vez, en 1993, me quedé en el Generalato Santa Cruz. En el calor de verano un día de agosto caminé por mis antiguos lugares, incluyendo la Universidad Gregoriana

EL MARAVILLOSO AÑO 1993

donde llevé cursos, y la Fuente de Trevi por allí cerca, donde yo había tirado una moneda en 1968, esperando retornar algún día.

Continué hacia Francia para visitar a Louie Lemeur, un condiscípulo francés de Santa Cruz en Roma. Él estaba entonces sirviendo en una parroquia al oeste de Francia donde Santa Cruz fue fundada allá en 1835. Todavía yo recuerdo una homilía que Louie dio durante mi visita. Él nos recordó que le debemos gratitud a la Iglesia institucional por proveernos de los Evangelios. ¡Algo positivo encontré para recordar, acerca de la Iglesia institución!

De allí regresé a mis amigos de Inglaterra y luego fue a Dublin, Irlanda, para el programa renovador de Fe Y Misión, dieciséis semanas en Dalgan Park en el Centro de Sacerdotes Misioneros Columbanos muy cerca de la ciudad.

EL PROGRAMA DE FE Y MISION

El Programa de Fe y Misión, como el de Attleboro, fue creado para abrirnos a todos a una nueva vida. Fuimos veinticinco hombres y veinticinco mujeres participantes, mayormente sacerdotes y Hermanas. La casi totalidad de nosotros estaba trabajando fuera de nuestras culturas nativas. Yo escogí este programa entre otros, porque yo quería compartir mis experiencias de vida con un grupo de misioneros que me comprendieran. Una participante fue la Hermana Maureen Lynch, de las Hermanas de la Caridad de Halifax, la misma congregación de mis amigas Hermanas que yo había conocido en mis días de Cartavio en Perú. Ella y yo éramos los únicos participantes nacidos en Estados Unidos. Ambos trabajábamos en Perú, y así teníamos mucho que compartir. Gracias, Maureen, por tu amistad. Que descanses en paz.

Otros participantes fueron el sacerdote Columbano Paul y la Hermana de la Misericordia Jackie, quienes también servían su ministerio en Perú. Ellos también habían recién completado el programa de Attleboro, en la sesión siguiente a la mía. Por ello, teníamos mucho para compartir, también. Hasta practicamos juntos los ejercicios de bioenergética.

Una vez por semana, los participantes nos reuníamos en grupos pequeños para un compartir más personal. Mi grupo me ayudó a contemplar aún más profundamente la historia de mi vida.

Parte del programa era un retiro dirigido de ocho días. Se centraba acerca de lo que estaba pasando en la vida de uno, más que enfocarse solamente en temas religiosos o virtudes cristianas. Yo nunca había hecho un retiro como este antes. Me recordó de la espiritualidad que yo había descubierto en Perú trabajando con los grupos de la Acción Católica como los Jóvenes Obreros Católicos (JOC), quienes examinaban los hechos de la vida real y luego usaban las Sagradas Escrituras para reflexionar sobre ellos. Las escrituras no eran el punto de inicio, sino más bien la luz o guía para la vida, a través de las dificultades del día presente. Redempta, una Hermana Columbana irlandesa, fue mi directora espiritual durante ese retiro. Gracias, Redempta, por ser una profunda guía espiritual.

Después del retiro, tuvimos cinco días libres. Desde

EL MARAVILLOSO AÑO 1993

que vi la película "Brigadoon" en mi niñez yo siempre quería visitar Escocia. Roger Masters, mi amigo británico que vino a Perú con toda su familia en 1991, me esperaba en Glasgow. Mientras lo esperaba en el primer piso del hotel, robaron en mi habitación en un piso superior. Afortunadamente yo no perdí nada importante. El robo me recordó una vez más que yo no estaba completamente en control, y que debía desprenderme de cosas materiales en mi vida. Roger y yo visitamos Oban, Inverness y Edinboro en un tren que ofrecía un boleto de vuelta en el mismo día. Gracias, Roger, por tu amistad y por esas vacaciones soleadas en Escocia en el friolento noviembre de 1993.

Durante mi tempo en Dalgan Park, fui dos veces a visitar a los primos de Bart Salter en Skibbereen cerca de Cork. Bart era un sacerdote de Santa Cruz amigo, nativo de Irlanda, compañero de seminario en el Stonehill College. Yo había visitado a sus primos Denis y Mary O'Shea, a mi regreso de Roma en 1968. Fue un gozo el renovar nuestra amistad después de veinticinco años.

En la segunda parte de Dalgan Park, había un programa especial de una semana, para ayudarnos a tratar con asuntos de autoridad en nuestras vidas. Estas sesiones me ayudaron entender mi propia dinámica personal con la autoridad. Durante ella, nos alentaron a actuar algunos roles, en los que actuábamos diferentes estilos al responder a personas autoritarias, como una manera de entendernos a nosotros mismos. Poco sabía entonces en ese entonces que este taller me ayudaría mucho en los años a venir cuando tuve varios conflictos con autoridades educativas eclesiásticas y civiles.

GRACIAS PERÚ

Gracias a todos ustedes del programa en Dalgan Park, ambos condiscípulos y profesores, por esas dieciséis semanas de renovación vital, que me expandieron en tantas facetas de mi vida.

Cerca del fin del programa recibí carta del superior distrital en Perú, Arturo Colgan, reasignándome, a mi regreso, a mis ministerios en Chucuito. Por supuesto, yo estaba gozoso. Gracias Arturo.

Todas las cosas buenas llegan a un fin. A mediados de diciembre regresé a Inglaterra por unos pocos días de alegría navideña con Roger y Josie Masters y su familia y con otros amigos ingleses como Chris Mann a quien también conocí en mi diaconado el verano de 1967 in Aldershot. Chris había visitado a mi padre en Albany, Nueva York, durante el verano de 1981, cuando yo estaba en mi primer sabático. Gracias, queridos amigos ingleses, por ser una parte importante en mi vida.

Justo antes de Navidad regresé a los Estados Unidos renovado y refrescado. Dalgan Park fue un seguimiento perfecto al programa de Attleboro.

EL INVIERNO

Pasé Navidad con mi hermano Bud y su esposa Jo y su familia. Era mi segunda vez en Albany para las fiestas de fin de año desde 1977. Pasé enero visitando familia y amigos en el área de Albany, y participé en la reunión comunitaria anual de invierno de Santa Cruz, en el King's College en Wilkes-Barre, Pennsylvania. Fue un invierno frío y nevoso. El carro que me alquiló la provincia se detuvo varias veces debido al fallo de la batería.

EL MARAVILLOSO AÑO 1993

Gracias a ustedes que me recibieron en sus hogares durante ese año de renovación vital, y durante todos los años que visité en medio de mi tiempo en Perú. En mi homilía de 25 años, yo dije que yo soy el que agradezco por lo que soy a toda la gente maravillosa que ha sido parte de mi vida. Somos cada uno el fruto de nuestra familia, amigos y de nuestras experiencias en la vida. Gracias, Señor, por poner tan maravillosa gente en mi camino.

Al final de febrero, me preparé para mi retorno a Lima. Pasaría por Cocoa Beach donde mi hermano Bud iría a recibirme. Sin embargo, el día que debía viajar desde Nueva York hubo una tormenta pesada de nieve. El aeropuerto La Guardia fue cerrado justo cuando llegamos ahí, así que tuve que regresar a Bridgeport en la misma camioneta. Lo que fue una hora de viaje para ir al aeropuerto se convirtió en un viaje de regreso de seis horas. El tesorero provincial que era un condiscípulo mío, Brad Beaupre, me esperó en el paradero de la camioneta. Al día siguiente regresé al aeropuerto de Nueva York y pude salir por vuelo. Mi hermano Bud había llegado a Orlando desde Albany el día anterior, atravesando con las rutas la tormenta de nieve en el área de Albany. Después de varios días juntos en la residencia Santa Cruz en CocoaBeach, Bud con su cuñado Charlie Alfano, me llevaron al aeropuerto de Miami para mi viaje a Perú. Fue el punto final de un gran año y el inicio de una nueva aventura en Perú.

En febrero 1994 regresé a mis tareas previas en Chucuito, reconfortado por este maravilloso año sabático que nunca olvidaré.

7. CHUCUITO (PUNO) 1994 – 2000

Mientras continúo escribiendo mis memorias, me sorprende una vez más cómo Dios trabaja en mi vida. Mi siento apoyado por El en este esfuerzo para compartir mi historia. Recientemente asistí a un día diocesano de reflexión para sacerdotes mayores en Orlando, Florida, donde el ponente, un psicólogo de San Louis, habló sobre la importancia de vivir nuestra tercera edad de una manera sana y gratificante. Dijo que una manera es hacer de mentores de otros y compartir la sabiduría de nuestras historias. Eso, también, es uno de los motivos para escribir estas memorias. Además del goce incomparable de revivir mis días en Perú, recordándolos de esta manera, también me impulsa el deseo de compartir mi vida con los más jóvenes.

Quiero compartir alegrías y tristezas, luces y tinieblas, el amor y el pecado -o la ausencia de amor- en esta mi vida. No todo fueron rosas. Mientras usted lea, encontrará algunas oportunidades en que fue débil y fallé. Yo no estoy orgulloso de estos episodios, pero son parte de mí. El año 19931933 me ayudó para revisitar la historia de mi vida y hacerme responsable de ella, y descubrir que mi es Dios amoroso y compasivo, y estuvo caminando conmigo todo este tiempo. Gracias, Señor, por tu presencia aún en los días oscuros y difíciles de mi camino en la vida.

Ahora reinicio mis memorias de Perú, empezando en febrero 1994 cuando yo regresé, re-energizado de mi año

CHUCUITO (PUNO) 1994 – 2000

sabático, un tiempo de reflexión, un año crucial en mi vida.

Estaba exultante de que el superior provincial en los Estados Unidos, David Farrell, y el superior distrital en Perú, Arturo Colgan, me pidieron regresar a Perú y volver a mi amada misión entre el pueblo aymara en Chucuito, en la Prelatura de Juli a las orillas del Lago Titicaca. Honestamente, yo había estado temeroso de ser asignado a algún otro lugar. Por tanto, una vez más agradezco a ambos, David y Arturo.

Perú había cambiado mucho desde que el líder del grupo terrorista Sendero Luminoso, Abimael Guzmán, había sido puesto en la cárcel y su movimiento había sido totalmente dispersado. El presidente Alberto Fujimori, que había sido elegido en 1990 para reemplazar a Alan García, también estaba recuperando al país del colapso financiero. La situación estaba menos tensa, más tranquila. También había retornado el turismo, que es tan importante para la economía, y también los inversionistas extranjeros.

EL REGRESO A CHUCUITO

Yo había estado de regreso sólo por unas semanas cuando, en abril, Marcos Asqui Chambi, mi amigo y miembro del equipo parroquial, murió repentinamente de cáncer pancreático. Yo lo acompañe al aeropuerto de Juliaca para despedirlo, el día que el hospital de Puno lo envió a Arequipa para una operación de emergencia. Tristemente, el murió en la operación. Yo estaba agradecido de que la parroquia pudo enviar a su esposa Hilda y a su hermano Estanislao para acompañarlo en su viaje a Arequipa. Usted puede recordar cuán importante fue Marcos durante mis días iniciales len la Prelatura de Juli antes en 1985, cuando trabajé con él en el equipo que el encabezó para la formación de líderes laicos en las comunidades campesinas. Marcos fue un buen amigo, y un gran líder laico para la Iglesia. Su muerte nos chocó a todos. Le dimos una gran despedida en Chucuito. El obispo Raimundo, quien había sido elegido en 1989 como nuevo obispo en la Prelatura de Juli, vino a celebrar la misa funeraria y yo di su elogio en la homilía. Mas luego le dimos su nombre al salón de la parroquia.

Yo había planeado, a mi regreso del año sabático, sugerir que Marcos sea el administrador laico de la parroquia de Chucuito. Eso me hubiera dado tiempo para dedicarme al equipo de formación para el entrenamiento de profesores laicos de religión en los colegios del estado (ODEC). Este era el ministerio que más me gustaba, y en el cual yo sentía que podía poner mi talento de profesor. La idea terminó cuando Marcos murió. Nuestros planes no son siempre los de Dios. Sin embargo, algo positivo resultó de su muerte.

El hermano menor de Marcos, Estanislao Cruz, quien se había encargado de la vigilancia nocturna de la vieja parroquia histórica por años, fue invitado a unirse al equipo parroquial. Él se comprometió mucho en la preparación de la gente para recibir los Sacramentos, en las comunidades campesinas de la parroquia. Estanislao creció como persona con los años. En 1995 fue elegido coordi-

CHUCUITO (PUNO) 1994 – 2000

nador del equipo de la parroquia de Chucuito, y me acompañó durante todos mis años como pastor de la parroquia hasta el 2001, en que Diego me reemplazó. Más recientemente, en 2012, Estanislao fue elegido alcalde por el distrito de Chucuito. Felicitaciones, Estanislao. Gracias por tu amistad y por nuestro ministerio juntos.

Estanislao empezó un nuevo método de preparación para los Sacramentos en las comunidades campesinas en la península distante y la región alta de la parroquia. El viajaba hacia ellas con un equipo cada semana para ofrecer la preparación sacramental en cada sitio. Diego o yo seguiríamos después con la celebración de los Sacramentos, especialmente la Primera Comunión, Confirmación y Matrimonio. Estanislao también acompañaba a líderes religiosos laicos aymaras que habían sido formados previamente por su hermano Marcos, y quienes normalmente celebraban el sacramento del Bautismo. Estanislao y su equipo laico entraban en las comunidades fácilmente porque ellos hablaban el idioma aymara y eran bien conocidos por la gente. A través de ellos la parroquia logró una mayor presencia en esas comunidades.

La composición del equipo parroquia cambió durante esos años también. Habiendo ya pasado la amenaza terrorista que terminó con la captura de su líder Abimael Guzmán, en septiembre 1992, mucha gente de iglesia estaba ahora pasando dificultades pastorales con el obispo Raimundo Reveredo. Varias Hermanas que habían sido parte del equipo dejaron la prelatura. Las Hermanas Martha Larson, Debora Watson, Jaruko Doi, y Marisa Hanahoe, quien se unió al equipo en 1992, todas salieron.

GRACIAS PERÚ

Jim Phalan de Santa Cruz fue transferido por nuestro superior distrital, Arturo Colgan, a nuestra casa de formación en Canto Grande.

Las Hermanas de Santa Cruz que habían servido su ministerio en la parroquia de Acora decidieron cambiar su residencia comunitaria a la comunidad campesina de Mocachi situada a medio camino entre las parroquias de Chucuito y Acora. Ellas pidieron ser miembros del equipo parroquial de Chucuito en 1994. Las Hermanas Santa Cruz Frances Savoie, Blanche Lemarre, Raquel Laramie, y Marie Pilon todas empezaron a trabajar con el equipo de Chucuito. Gracias, Hermanas, por todos esos años de colaboración en el ministerio.

Yo nunca quise ser párroco. Yo me uní a Santa Cruz por su carisma fundacional único, de que sus miembros eran educadores en la fe. Sin embargo, en Perú debido a la seria necesidad de párrocos, yo siempre terminaba realizando las funciones de tal. Yo no le daba mucha importancia a ello, y lo evitaba siempre que podía. Yo estaba más interesado en el equipo de ODEC, al cual le daba más tiempo y energía. Estoy muy agradecido a muchos laicos y Hermanas religiosas que mantuvieron la buena marcha de la parroquia.

Afortunadamente, el ser párroco fue una carga liviana en la prelatura, porque nosotros funcionábamos más en una forma circular con los equipos pastorales. Para mí ese fue un gran modelo de Iglesia, más orientada comunitariamente, que de arriba a abajo. Tengo esperanzas de que la Iglesia se convertirá más al estilo de liderazgo que reposa en las bases, como yo lo viví en esos años en Perú. Señor,

CHUCUITO (PUNO) 1994 – 2000

gracias por mis años en esta Iglesia circular, vivificadora, en la que los carismas de la gente son apreciados y usados.

Gracias Diego, por los años que compartimos juntos en la comunidad, y el ministerio en la parroquia de Chucuito en que alternamos como pastores. Gracias por tu amistad, apoyo y respeto. Tenemos diferentes personalidades, pero tuvimos éxito en respetarnos mutuamente y apreciar nuestros talentos y diferencias individuales en todos esos años.

Mencioné en el capítulo anterior que durante mi año sabático visité nuestra parroquia hermana de Santa Hedwig en Karlsruhe, Alemania, cuando iba a mi programa de renovación en Irlanda. La parroquia de Chucuito solicitó membresía en 1991 en el programa Partnerschaft, de parroquias hermanas entre Perú y la Diócesis de Freiburg en Alemania. Antes de salir para mi sabático, la parroquia de Chucuito había sido aceptada por la parroquia de Santa Hedwig. Entonces, yo tomé unos días para visitar al pastor Bruno Hill y su equipo parroquial allí, y fui recibido muy cálidamente. Bruno Hill vino a visitar la parroquia de Chucuito en septiembre 1994 junto a Brigitte Beer, la coordinadora de su comité parroquial Un Solo Mundo. Ellos pudieron constatar las necesidades de la parroquia de Chucuito, y a la vez conocernos mejor entre nosotros.

En junio 1995 ellos nos invitaron a mí y a Estanislao, quien para entonces era nuestro coordinador parroquial a visitar su parroquia en Alemania. Hicimos un viaje relámpago de dos semanas a la parroquia en Karlsruhe y compartimos mucho con la comunidad allí. A nuestro regreso, Estanislao y yo visitamos la familia Masters en

Inglaterra a la que me refiero en capitulo previo. Luego en 1996 Brigitte, con Hermann su esposo, vinieron por dos semanas de visita a Chucuito. En años siguientes, otros del equipo parroquial como la Hermana de Santa Cruz Francisca y la Hermana aymara de la Misericordia Carmen Rosa Callomamani, y la Hermana de Santa Cruz Blanche Lemarre, así como el laico Roberto Ari, fueron de visita a la parroquia alemana. Tuvimos excelentes relaciones con la parroquia alemana, intercambiando noticias por medio de cartas y afianzando nuestros vínculos a través de estas visitas de los miembros de la parroquia.

La parroquia Santa Hedwig ayudó a la de Chucuito con donaciones, especialmente financiando nuestros programas de escuela de verano parroquial en enero cada año. También contribuyó a la construcción de la biblioteca y el local juvenil, y la cancha de voleibol. Gracias Bruno y Brigitte y todos los hermanos en la parroquia de Karlsruhe por su amistad, generosidad y solidaridad con nosotros en esos años. Nuestra amistad permanece viva hasta ahora. Yo sé que ellos siguen ayudando a los proyectos de las Hermanas de Santa Cruz en Perú, y especialmente la misión de salud de la Hermana Marie Pilon en Mocachi.

ODEC

En 1994 cuando regresé de mi año sabático al equipo de ODEC, había algunos cambios también. La Hermana Frances había regresado de Canadá y los Estados Unidos donde había ido a recuperarse del trauma del accidente de Aeroperú, en el aeropuerto de Juliaca en 1988. Al mismo tiempo la Hermana dominica María Gabriela, de Yungu-

CHUCUITO (PUNO) 1994 – 2000

yo, estaba con problemas de salud debido a la altura, y su comunidad quería que bajase a Lima a trabajar. La Hermana de San José Carmen Carrión, quien vivía con su comunidad en Moho en la parte norte del Lago Titicaca, se había unido al equipo de ODEC desde 1991 cuando se necesitaba alguien que vivía en esa área de la prelatura, ya que el viaje desde Chucuito a Moho duraba seis horas. Rodolfo (Rudi) Cutipa había crecido en su trabajo durante mi ausencia, y así estaba asumiendo mucho más del trabajo administrativo fuera de la oficina, y ayudaba con el grupo juvenil en la parroquia de Chucuito. Decidimos contratar otra persona para la secretaria de la oficina de ODEC en Chucuito, de modo que Rudi tenga más tiempo para su trabajo fuera de la oficina, visitando profesores de religión, directores de escuela y otras autoridades educativas.

Cada año el equipo de la ODEC definía prioridades en nuestro trabajo con los profesores. Un año podía tratarse de talleres con profesores de colegios. Un año preparamos un nuevo currículo para los colegios y actualizamos los programas para estudiantes y profesores.

Los talleres para escuelas primarias requerían viajar mucho, ya que la prelatura era muy extensa y muchas de las comunidades campesinas no estaban situadas cerca de las carreteras principales. Como describí antes, una dificultad era que las autoridades educativas a menudo no daban permisos respectivos para que los profesores asistan a los talleres, o ni siquiera les hablaban acerca de ellos. Esto podía ser muy frustrante. Viajábamos tres o cuatro horas en caminos llenos de baches, y cuando llegábamos no había nadie que nos reciba. Otras veces si funcionaba todo, y los profesores nos recibían contentos y agradecidos. A menudo nos invitaban a almorzar al concluir, y nos decían que nosotros éramos los primeros educadores que habían llegado a visitar sus escuelas y querían que regresemos pronto porque habían aprendido mucho. Escucharlos decir esto era muy reconfortante. Gracias a ustedes, profesores de escuelas.

Organizamos dos talleres para los profesores de secundaria cada año, usualmente en Chucuito, porque era el pueblo situado más centralmente en la prelatura. Por tres años consecutivos, invitamos al equipo Pastoral Bíblico de mujeres laicas de Chimbote, que fue fundado por el sacerdote Santa Cruz Gerardo Barmasse. Ellas habían creado un número de programas de formación Bíblica muy buenos, fáciles de entender y con una metodología muy activa y dinámica. Los profesores laicos gustaban de estos talleres bíblicos de cinco días, y participaban cerca de doscientos usualmente. Estos eventos aumentaban nuestro entusiasmo también; y nuestra influencia se hacía sentir en el medio. Yo siempre sentí que un factor importante para el éxito de ellos era que los profesores laicos podían ver a otros laicos, y especialmente laicas, como ellos, haciendo un gran papel evangelizador sin necesidad que un sacerdote o una Hermana les digan qué hacer. Yo esperaba que ello les inspirara en su propio ministerio de profesores estatales peruanos de religión. Gracias especialmente a Teresa y Alita, que siempre venían a estos talleres, por su amistad y testimonio de como los laicos pueden servir su ministerio en la Iglesia.

CHUCUITO (PUNO) 1994 – 2000

También incluimos en estos talleres cursos de metodología educativa. Queríamos que los profesores laicos no solamente enseñen la doctrina o las oraciones, sino que también aprendan a relacionar las escrituras con la realidad cultural, política y social en la que vivían los estudiantes. Les enseñamos a usar la metodología de acción social cristiana de "*Ve* la realidad, *Reflexiona* sobre ella usando la Biblia, Actúa para mejorar la realidad, y luego *Celebra* que estamos participando en construir un mundo mejor". Esta era la misma metodología que usaban los grupos de acción social como la Juventud Estudiantil Católico (JEC), los Trabajadores Jóvenes Católicos Rurales (JARC) y los Trabajadores Adultos Cristianos (MTC).

He mencionado más antes que el equipo de formación religiosa (ODEC) y la parroquia de Chucuito funcionaban económicamente con las donaciones recibidas de Adveniat desde Alemania. Ellos fueron ayudados también por donaciones anuales de la Fundación Koch de Gainesville, Florida. Ambas fuentes ayudaban a los programas de la Iglesia para liderazgo laico. La ayuda llegaba anualmente con la aprobación del obispo local. Otra ayuda para los profesores de religión de ODEC continuó llegando con las donaciones mensuales de Jim y Marcie Wilson. Fue gracias a ellas que yo pude desarrollar la formación del ministerio educativo (ODEC) durante esos años. Gracias a todos ustedes.

Un año nuestro equipo del programa de entrenamiento para profesores de religión (ODEC) se unió con los equipos ODEC de Ayaviri, Sicuani y Puno, en la región Sur Andina para crear nuevos programas para la educación religiosa en los colegios del sistema educativo estatal. Queríamos que los programas reflejen la realidad vivida de la población andina. Fue para mi otra importante experiencia de colaboración. Cada uno de los equipos tomó uno de los programas de cinco años para desarrollarlo. Nuestro equipo de la Prelatura de Juli era el más grande, y tomó los programas por dos años. Cuando cada equipo había preparado su programa asignado, todos nos reunimos para darles forma, hasta que estábamos satisfechos con ellos. Fue para mí un resultado impresionante. Los obispos rápidamente aprobaron los programas finales presentados.

Yo debo agregar aquí que, a pesar de las dificultades que muchos en la prelatura tuvimos con Raimundo Reveredo nuestro obispo de Juli, él dio un apoyo fuerte a nuestro equipo de formación de profesores (ODEC). Él a veces nos acompañó cuando teníamos problemas, y se sentaba con nosotros y decía a las autoridades que él había venido a apoyar su equipo porque "¡lo que ellos quieren, yo quiero! Él fue nuestro gran defensor y siempre conseguíamos lo que necesitábamos.

Cuando el obispo Raimundo venía a hablar con los profesores de religión de secundaria durante los talleres, el siempre les dijo a ellos y a nosotros, que nuestro programa de entrenamiento de profesores laicos era la actividad más importante en su prelatura, después del seminario. El escuchaba atentamente a los profesores. Y les decía que había venido más a escucharlos que a darles una charla. Él quería responder a sus preguntas y resolver sus problemas. Gracias, obispo Raimundo Reveredo. Usted dio aliento a

CHUCUITO (PUNO) 1994 – 2000

nuestro equipo ODEC varias veces cuando lo necesitábamos más, y a veces cuando ya casi nos rendíamos, al no poder sobrellevar las dificultades administrativas.

Otro ejemplo del gran compromiso del obispo Raimundo con la prelatura ocurrió cuando el grupo terrorista Sendero Luminoso entró en uno de los pueblos y mató a varias autoridades civiles del mismo, incluyendo al alcalde. El obispo Raimundo viajo inmediatamente al pueblo para ofrecer ayuda, sin preocuparse de su seguridad personal.

MINISTERIO DE VOCACIONES

Como mencioné más antes, yo fui nombrado director nacional de vocaciones para Santa Cruz desde 1985 a 1988, y luego de nuevo en 1991 cuando Arturo Colgan fue reelegido superior distrital. (Arturo fue el primer superior distrital de Santa Cruz 1976-1980). En 1994, Arturo me llamó de nuevo para ser Director de Vocaciones para el distrito, y a la vez a cargo de ellas en el área de Puno. Jorge Mallea fue nombrado al cargo en Lima. Varios miembros de la Congregación fueron escogidos para manejar las vocaciones en el área de Chimbote, dependiendo de las asignaciones cambiantes anuales allí. Tuvimos un buen equipo para vocaciones, hecho más efectivo por nuestra colaboración con las dos congregaciones de Hermanas Santa Cruz, que habían estado con nosotros en las tres áreas peruanas desde 1987. Nosotros organizamos encuentros vocacionales junta con las Hermanas, y ambos los jóvenes y las jóvenes que participaban les daban a ellas una aprobación más a Santa Cruz por esta colaboración.

GRACIAS PERÚ

Al fin de cada año, invitábamos a jóvenes en nuestras áreas interesados en ser postulantes en la Congregación, a participar en un retiro en Lima, organizado por la Conferencia Peruana para Religiosos. El retiro permitía a los tres que formábamos el equipo vocacional conocer a cada uno de los candidatos. Después nos reuníamos, decidíamos quienes del grupo nosotros pensamos que estaban listos para el programa de postulantes, y enviábamos esos nombres al superior distrital y a su consejo para su aprobación. Pensamos que ese sistema de selección funcionaba bien para nosotros. Usualmente unos seis de esos postulantes eran aceptados cada año, la mayoría de ellos eran usualmente jóvenes aymaras pobres, del área de Puno en que yo vivía. Hicimos un calendario de pared con fotos de nosotros y nuestros ministerios, con información de contacto. Mas tarde añadimos calendarios de tamaño libro. La edición fue limitada porque no teníamos un gran presupuesto.

A inicios de 19961966, sin embargo, algunos peruanos que habían entrado durante esos años y que estaban entonces estudiando en Chile, donde no había Hermanas de Santa Cruz trabajando, empezaron a pedir que nuestro material vocacional peruano sea acerca exclusivamente de los hombres como era en Chile. Esta exclusión de las mujeres de Santa Cruz me causó molestia.

Algunos en Santa Cruz empezaron a cuestionar la calidad académica de los jóvenes que se nos unían, diciendo que no deberíamos aceptar candidatos de familias de poco ingreso económico porque no eran bien educadas. Pensaban que solamente teníamos que buscar vocaciones entre la gente más educada, de clases sociales altas, con mejor historia familiar. Entonces, si todos nuestros ministerios eran con los pobres, ¿cómo se esperaba que reclutemos entre las clases sociales altas?

Más y más me sentía yo en gran desacuerdo con estas actitudes que estaba convirtiendo nuestro trabajo vocacional en Perú en una carga pesada, diferente a la alegría que había sido antes para mí. Me parecía entonces que muchos, o al menos los más que protestaban, estaban descontentos con mi conducción.

Yo empecé a tener sueños repetidos de que yo había dejado una maleta en el aeropuerto. Cuando compartí este sueño con la Hermana Frances, ella pensó que podría significar que yo necesitaba librarme de algo en mi vida que era una carga. Me di cuenta de inmediato que era este ministerio vocacional. Entonces, en 1995 tuve una larga conversación con el superior distrital Arturo Colgan acerca de mis preocupaciones, le dije que sentía una falta de apoyo de parte de muchos en la comunidad Santa Cruz, y le pedí que me relevara de ser el director distrital de vocaciones. Yo, si quería continuar el trabajo vocacional en Puno donde estaban las Hermanas.

Arturo pensó que yo estaba siendo demasiado sensible a las opiniones de otros y me pidió reconsiderar, pero yo le dije que pensaba que Jorge Mallea, que era el miembro del equipo vocacional en Lima, podría hacer el trabajo bastante bien. Él incluso vivía y trabajaba en Canto Grande. Arturo finalmente aprobó a Jorge como el nuevo director vocacional distrital. Yo permanecí en el equipo con Jorge, junto con otro peruano de Chimbote. Nosotros continuamos atrayendo cinco o seis candidatos más para el programa de postulantes cada año, justo hasta el año 2000, en que otro equipo vocacional fue nombrado. Jorge me hizo recordar hace poco que los primeros seis peruanos profesos en el distrito de Perú todos se unieron a Santa Cruz durante nuestro tiempo de directores de vocaciones. ¡Gracias, Jorge!, yo disfruté el trabajar contigo en todos esos años. También disfruté del trabajo vocacional en Puno con las Hermanas de Santa Cruz. Gracias a ustedes, mujeres de Santa Cruz.

NUEVOS VIENTOS EN SANTA CRUZ

Arturo Colgan tuvo una difícil reelección como superior distrital en el capítulo de 1997 que reunió a todo el distrito en Perú. Se notaba que algunos jóvenes peruanos que tenían que votar, junto a otros, querían un cambio de liderazgo. Yo también pensaba que un cambio estaría bien, ya que Arturo había sido el superior desde 1991. El otro candidato era Bill Persia quien estaba justo empezando su año sabático en Nueva York. Me hubiera gustado que Bill fuera el superior, pero no hubiera querido hacer que deje su año sabático, que había empezado con estudios en la Universidad Fordham de la ciudad de Nueva York; por eso voté por Arturo. Después de la elección, Arturo propuso que en la nueva elección sólo dos peruanos con votos temporales puedan votar. Aunque muchos estábamos contra esta propuesta, ella pasó por una ligera mayoría. Por alguna razón después de esa elección, Arturo parecía pensar siempre de que yo estaba detrás de su difícil

CHUCUITO (PUNO) 1994 – 2000

reelección. Puede ser porque Diego y yo en Chucuito éramos siempre francos y críticos acerca de algunos aspectos de su liderazgo en el distrito.

Pocos años antes, en 1995, David Farrell había regresado a Perú, a Canto Grande, después de estar fuera del país por 20 años. Él había salido en 1974 para ser asistente superior distrital en Chile después del golpe militar de Pinochet. Después de seis años en Chile, el fue a Inglaterra para nuevos estudios, y luego se fue a América Central para comprometerse en trabajo social. En 1986 Joe Callahan el superior provincial de la Provincia del Este le pidió ser su asistente provincial, y luego en el capítulo de 1988 él fue elegido superior provincial de la Provincia del Este hasta 1994. A fines de 1995, después de un año con el Instituto de Familia de Santa Cruz en los Estados Unidos, él decidió regresar a Perú.

Durante el capítulo distrital de 1997, David y Arturo propusieron instituir el Instituto de Familia de Santa Cruz en Perú. Era una nueva iniciativa de Santa Cruz, una rama del Rosario en Familia fundado por Patrick Peyton de Santa Cruz en la década de 1940 en Albany, Nueva York. El Instituto de Familia intentaba actualizar el Rosario enFamilia enfocando más amplios aspectos de la vida familiar. En Perú también pudo proveer niveles salariales norteamericanos a algunos de los Religiosos, y pudo por tanto dar considerable ayuda económica.

David, quien había sido nombrado recientemente pastor de la parroquia de Canto Grande en Lima, fue entonces nombrado por Arturo para ser el director de este flamante Instituto de Familia con sede en Canto Grande.

GRACIAS PERÚ

Por ese tiempo, Canto Grande había crecido hasta ser una parroquia gigante, cubriendo una extensa área con una población de cerca de 250,000. La parroquia consistía en diecinueve capillas, cada una de un tamaño suficiente para ser una parroquia aquí en los Estados Unidos. El colegio de Fe y Alegría allí había crecido a más de 2,000 alumnos en primaria y en secundaria. Había una escuela para niños discapacitados llamada Yancana Huasi (Casa del Trabajo) fundada por Daniel Panchot. Así, Santa Cruz tenía ahora varias instituciones grandes localizadas en el área de Canto Grande.

Yo ofrecí participar en Chucuito, en este nuevo Instituto de Familia desarrollando dos proyectos, uno un proyecto parroquial conducido por la Hermana Santa Cruz Blanche Lemarre, y el otro, un proyecto ODEC con Rudi y yo haciendo talleres en los colegios públicos. Ambos trataban aspectos de la educación en relación de asuntos familiares, tales como la violencia, autoestima, dificultades de comunicación y asuntos de género en la familia andina. Algunos profesores de religión que trabajaban en el sistema escolar público estuvieron muy entusiasmados acerca de los talleres, y ellos ayudaron para que nos inviten a las escuelas. Los talleres ganaron popularidad y éxito. Había mucho interés en esos años, particularmente acerca de problemas de auto estima y violencia familiar. Recibimos muchas invitaciones de los colegios públicos.

En 1997 Al Mahoney llegó a la parroquia de Chucuito para unirse a Diego y a mí. Al, que era de la provincia inglesa-canadiense de Santa Cruz, había trabajado previamente en Chiapas, Mexico, por veinte años hasta que fue

CHUCUITO (PUNO) 1994 – 2000

expulsado por el gobierno mexicano en 1993. El gobierno no quería que clérigos extranjeros trabajaran y permanecieran en el área porque había mucha inestabilidad política allí. Junto con otras cosas que él asumió, Al empezó a ayudar a la hermana Blanche con su proyecto del Instituto de Familia, organizando talleres comunitarios de las familias cristianas andinas en la parroquia de Chucuito. Durante esos años, los proyectos del Instituto de Familia trajeron mucha nueva actividad, tanto para la parroquia de Chucuito como para el equipo de formación religiosa de profesores (ODEC).

ODEC Y LA PRELATURA

En Junio de 1999 Raimundo Reveredo, el obispo de Juli, se retiró por motivos de salud. El nuevo administrador, nombrado previamente para conducir la Prelatura de Juli fue el sacerdote diocesano aymara Pedro Siguayro. Yo siempre consideré a Pedro como un amigo, desde el tiempo en que llegué a la prelatura en 1985, aún a pesar de que en asambleas de la prelatura él a menudo era muy crítico sobre las comunidades religiosas porque, él decía, nosotros "robábamos líderes a la prelatura".

Al día siguiente de la salida de Raimundo, Pedro me dijo que el equipo de Solidaridad y Derechos Humanos de la prelatura quería tener una reunión conmigo. Él no me dijo de qué se trabaja. Cuando fue a la reunión al siguiente día, descubrí que Pedro había invitado a todo el equipo de ODEC excepto a Rudi Cutipa. Pedro estaba iniciando una investigación en el equipo ODECODE-Juli, aduciendo que había quejas serias y acusaciones por parte de algunos profesores de religión, así como de algunos sacerdotes, Hermanas y laicos de las parroquias de la prelatura contra Rudi, quien era, bajo mi dirección, el administrador laico de la ODEC.

Rudi se había separado recientemente de su esposa Marisol, y ella iba por la prelatura quejándose de él. Yo fui el padrino de su matrimonio allá en 1989, y yo había estado presente en muchas de sus reconciliaciones durante los años, por lo que yo sabía acerca de lo complicado de sus relaciones matrimoniales. Yo creía que las relaciones de pareja de Rudi no debían ser mezcladas con su desempeño en el trabajo. Algunos de la prelatura pensaban diferente obviamente.

En la reunión el equipo de Solidaridad y Derechos Humanos me informó que algunos de los profesores laicos de religión habían acusado verbalmente a Rudi de corrupción, de pedir y aceptar sobornos de ellos, cuando querían obtener horas de enseñanza en algún colegio en particular. Yo no había notado personalmente ningún indicio de ello, pero accedía a una investigación completa de las acusaciones. Yo les dije que colaboraría con ellos de cualquier manera que sea útil, que aceptaría los resultados y que tomaría acciones como sea recomendado. Pero además les dije que me sentía desilusionado, que la única persona del equipo de ODEC de los profesores de religión, no invitada a esta primera reunión fue precisamente Rudi, el que era acusado. Yo pensaba que él tenía derecho de estar en la reunión y que su versión de los hechos debía ser escuchada por ellos.

CHUCUITO (PUNO) 1994 – 2000

Al comienzo los nombres de los profesores que hacían la acusación no me fueron revelada. Se me dijo que ellos tenían derecho al anonimato. ¿Cómo iba yo, como director del equipo, a juzgar lo que estaba pasando, si no sabía quiénes estaban implicados? Yo sabía que, como cualquiera de nosotros, Rudi tenía rasgos personales y debilidades que molestaban a alguna gente de la prelatura. Él podía ser altanero, a veces podía tener aires de superioridad. Pero también pensaba que él era un miembro dedicado, bueno y trabajador de la ODEC, que trataba de hacer lo mejor de su parte, a veces en situaciones difíciles, en relación a las autoridades educativas y de colegios.

Tampoco había yo visto personalmente o escuchado de ningún hecho de corrupción o malversación de parte suya como autoridad. Tampoco tenía sentido que los profesores le daban dinero a Rudi, ya que todos los nombramientos para horas de enseñanza en los colegios tenían que ser aprobado personalmente por mi después de una reunión del equipo completo. Sospechaba que había alguna envidia y cólera contra él, por parte de los que no habían recibido trabajo, especialmente de parte de amigos o familiares recomendados por miembros religiosos o por los profesores laicos de religión en la prelatura. Yo mismo era objeto de algunos de estos ataques verbales o escritos cuando en tiempo atrás yo no daba puestos a gente que no eran profesores certificados, ni a quienes no tenían preparación para la enseñanza de educación religiosa en el sistema de enseñanza público, aun cuando tuvieran fuertes cartas de recomendación de algún sacerdote, Hermana o líder laico de la prelatura. Por consiguiente, sentía que el descontento iba dirigido a mí, más que a Rudi, y que la gente de la prelatura encontraba más fácil atacar mis directrices yendo contra Rudi, más que atacándome a mí directamente.

El equipo de Derechos Humanos realizó la investigación durante varios meses. Nunca llamaron a Rudi para hablar con ellos directamente. Durante la investigación no pudieron hallar una prueba fehaciente de ningún acto impropio. Los profesores que acusaban a Rudi no pusieron por escrito sus acusaciones y tampoco se reunieron con el equipo de investigación. Yo conocía a estos profesores por mis experiencias propias con ellos, y sabía en mi corazón que muchos de ellos estaban mintiendo, ya que yo mismo había tenido problemas con ellos. La conclusión de dos meses de investigación fue que no había prueba clara contra Rudi, pero que el equipo de Solidaridad y Derechos Humanos aún sentía que había algunos indicios de culpa. Pedro insistía en que Rudi sea despedido. Yo le dije a Pedro que yo no iba a despedir a Rudi ya que no había prueba de ninguna falta, pero que él, como administrador de la Prelatura y mi superior en ese momento y en este caso, podía despedir a Rudi si así lo quería. Sin embargo, por alguna razón Pedro no lo hizo entonces.

Después yo y el resto del equipo de formación de profesores laicos de religión (ODEC), hablamos con Rudi acerca de modificar algo de su forma de actuar que podría estar causando malestar en la prelatura. Luego, establecimos nuevas regulaciones internas para evitar cualquier mal entendido entre los profesores en el futuro, incluyendo un sistema claro de puntos para que puedan obtenerse pues-

CHUCUITO (PUNO) 1994 – 2000

tos de profesores de religión.

Yo estaba profundamente triste por el hecho que algunos de los sacerdotes y Hermanas y gente laica comprometida habían estado envueltos en estas acusaciones. Yo agradezco a Dios por mi comunidad local de Santa Cruz que componían Al Mahoney, Diego Irarrázaval y Fidel Ticona, y por las Hermanas de Santa Cruz, quienes todos fueron un gran apoyo para mí, dándome buen consejo durante este difícil periodo.

Fidel Ticona, un aymara joven de Ilave quien se había unido a la comunidad en 1990 y fue ordenado diácono en 1999, estaba entonces viviendo y trabajando en la prelatura de Juli con nosotros. Además de ayudar en el ministerio parroquial de Chucuito, especialmente con los grupos de jóvenes y de mujeres en el Instituto de Familia, Fidel también trabajó con Víctor Maqque, el director del equipo pastoral en la Universidad de Puno. Gracias, Fidel, por tu decisión de acompañarnos en Chucuito.

El ser cuatro los miembros religiosos de Santa Cruz, con Diego, Al, Fidel y yo, hizo que nuestra vida comunitaria sea más feliz. Nuestra casa, alquilada desde 1985 en la colina de Cusipata, con vista al Lago Titicaca, era pequeña, pero era un gran ejemplo de estilo de vida rural sencilla. Gracias a ti Sofía, por alquilarnos tu casa por tantos años.

MI FAMILIA PERUANA

Durante mis años en Perú acepté varias veces ser padrino de bautizo y de matrimonios. El ser padrino de bautizo me hizo asumir el rol de "segundo padre", para mi ahijado y de "compadre" con los padres del niño. Como es la costumbre en el Perú, mi ahijado debía respetarme siempre, visitarme a menudo, y ayudarme cada vez que yo lo necesite. Por mi parte como padrino, se esperaba que cuide a mi ahijado espiritualmente, y económicamente en lo posible. Para mi, esta era una responsabilidad muy seria que yo no quería aceptar a la ligera, ya que yo no era peruano o aymara, y no sabía cuánto tiempo permanecería en Perú. Además, como religioso, yo no tenía los recursos financieros a mi disposición para ayudar al ahijado.

Ser padrino de matrimonio conllevaba una responsabilidad similar. Como padrino, yo me convertía en un segundo padre para la pareja casada. Cuando ellos tenían problemas maritales, venían a mi como su padrino, más que a sus propios padres naturales. En ambos casos yo me convertí en integrante de sus familias.

Al comienzo de mi tiempo en Perú allá en 1968 yo había decido no aceptar ninguna de estas invitaciones, porque pensaba que mis circunstancias me impedían asumir responsabilidades culturales y económicas que eran inherentes al ser padrino. Yo cambié de opinión en 1979 cuando mi amigo Felipe Calderón, quien vivía en nuestra casa en Cartavio junto con su hermano Pablo, me pidió en 1978 celebrar su matrimonio en Callao, cerca de Lima, en la capilla de la marina; y luego más tarde me pidió ser su *compadre*, padrino de su primer hijo Isaac Pedro, nacido en 1979. Yo acepté por la larga amistad que teníamos. Cuando viajé a Lima después que Felipe se estableció allí en 1972, yo los visitaba a menudo, y seguíamos unidos

CHUCUITO (PUNO) 1994 – 2000

como amigos. Nunca me arrepentí de esa decisión. Desde entonces, Felipe y su esposa Mena han sido mi familia en el Perú. Gracias, Felipe y Mena, por invitarme a su familia. Yo no podría haber elegido una familia mejor.

Diez años después tuve una experiencia similar con Juan Mallea en Chucuito. Él es hermano de Jorge Mallea, sacerdote de Santa Cruz. El día que conocí a Juan en su casa de Juli, le dije que había un puesto abierto para enseñar aymara con Diego en el Instituto Aymara (IDEA). Él fue a ver a Diego, solicitó el trabajo y lo consiguió. Esto lo hizo muy feliz. Juan alquiló un cuarto en Chucuito para usar durante la semana. El fin de semana iba a pasar con su familia en Capilla Cutina, una comunidad campesina cerca de Juli. El venía a comer frecuentemente conmigo y con Diego y a veces pasaba la noche en nuestra casa de Cusipata. Después se mudó a Chucuito con su familia. Una noche me pidió que sea su *compadre,* padrino de su hijo recién nacido Daniel. Le dije que lo pensaría, pero realmente mi plan era decir que no. Luego unos pocos meses después yo tuve el accidente automovilístico que describí más antes, y Juan fue la persona que probablemente salvó mi vida. Después de ello yo acepté a él y a su esposa Isabel, y estoy contento de que lo hice. Juan e Isabel han sido grandes *compadres*. Yo me siento parte de su familia, gracias a ustedes Juan e Isabel.

Poco después de esto mi amigo de mis días en Chimbote, Goyo Pastor y su esposa Francie me pidieron para ser *compadre,* padrino de sus dos hijos, Lucho que tenía retardo mental, y Junior Teófilo. Acepté porque conocía a Goyo por tantos años. María José Masters de Inglaterra

GRACIAS PERÚ

fue la *comadre*, madrina conmigo para Junior, y Santos García fue la *comadre* para Luchito. Desde el comienzo, yo insistí que por lo menos la madrina sea una peruana por si acaso yo tenía que dejar Perú, pero perdí la batalla en el caso de Junior. Gracias Goyo y Francie por ser mi familia en Chimbote. Y descansa en paz Francie.

Por los 1990, Estanislao Cruz y su esposa Leonor me pidieron apadrinar a su hijo Willie, cuya fotografía conmigo está en la carátula de este libro. Una vez más acepté porque los había conocido ya por cinco años. Luego Juan Anchapuri, cuñado de Juan Mallea, y su esposa Carmen Rosa Barrientos me pidieron ser el padrino de su hija Vanessa. Juan había sido candidato a Santa Cruz en 1990 y Carmen era la hija de mis buenos amigos Víctor y Jacoba Barrientos. Una vez más acepté. Finalmente, Salvador Asqui y su esposa Candi me invitaron a ser padrino de su hijo Nilto. Acepté una vez más porque Salvador fue el hermano del fallecido Marcos Asqui, y Estanislao Cruz fue su hermano menor. Gracias también a ustedes, Estanislao y Leonor, Juan y Carmen y Salvador y Candi, por invitarme a ser parte de sus familias.

Mientras vivía en Chimbote, también acepté la invitación de ser padrino (segundo padre) en el matrimonio de Juan García y su esposa Pancha Vega. Ellos quisieron un matrimonio católico para bendecir su matrimonio civil de veinticinco años. Con la Hermana Santa Cruz Patti Dieranger, también acepte a su pedido, ya que la ceremonia fue una celebración sencilla, casi privada en la capilla La Primavera en Esperanza. Gracias, Juan y Pancha, por esa invitación.

CHUCUITO (PUNO) 1994 – 2000

Más tarde en Chucuito en 1988 también acepté ser padrino de matrimonio a Rudi Cutipa, quien trabajó conmigo en el equipo de formación de profesores (ODEC), y Marisol. Yo no habría aceptado, si al hacerlo hubiera incurrido en los gastos tradicionales que debe hacer el padrino durante la celebración cultural de tres días en la tradición aymara. Sin embargo, Rudi y Marisol ya vivían juntos, tenían un niño y querían tener una celebración de matrimonio sencilla y discreta, ya que ninguna de las familias de ellos estaba muy de acuerdo con el matrimonio. Después de mucho pensarlo, finalmente consentí, junto con la Hermana Santa Cruz Lia Finnerty como madrina. Mis *compadres* Felipe y Mena vinieron de Lima, así como mis *compadres* Goyo y Francie, desde Chimbote para esta celebración. Ellos habían sido invitados para ser padrinos de Heidi la primera hija de Rudi y Marisol. Unos años más tarde en 1994, junto con la Hermana de Santa Cruz Frances Savoie como madrina yo acepte ser padrino de su segundo hijo Junior. Tristemente, su matrimonio se rompió en 1988. Gracias, Rudi y Marisol, por la invitación a ser parte de su familia durante sus años de unión.

Mi última aceptación fue en 1997 cuando mi buen amigo Wilber Mamani Cotillo y su esposa Juana me pidieron ser padrino de su matrimonio. Yo había conocido a Wilber desde mi llegada a Chucuito en 1985 cuando se unió al grupo juvenil de ahí, y empezó a ayudarme en ODEC. Hemos sido muy buenos amigos en todos estos años. Ellos también iban a tener una celebración familiar sencilla de su boda, y por tanto yo acepté una vez más. Gracias a ustedes, Wilber y Juana, por invitarme a su familia y por su amistad todo ese tiempo.

En el año 2000 decidí cerrar mi libro de padrinazgos porque, debido a mi edad, aunque después hubo otras invitaciones, como la de Percy Málaga y su esposa Marlene, la hermana de Wilber, que estuve tentado a aceptar. Lo siento, Percy y Marlene.

Esta es mi familia en el Perú. Yo estoy muy feliz con todos ellos y orgulloso de cada uno. La mayoría de mis ahijados por Bautismo están ahora casados y tienen sus propios hijos. Yo he puesto lo mejor de mi parte para ser un buen padrino, y creo que tengo su amor y respeto, y esto es suficiente para mí.

EL NUEVO SIGLO

Por años mi buen amigo Jorge Mallea y yo tomamos vacaciones juntos, justo después de Navidad cuando Jorge venía a visitar a su familia en Cutina Capilla en Juli. Para dar una bienvenida al año nuevo 2000 decidimos viajar a Tacna y luego a Arica, Chile. Fuimos a Tacna porque yo quería hablar con el obispo de allí, Hugo Garaycoa, que era uno de los pocos obispos progresistas que quedaban en Perú. Yo quería saber si él estaría interesado en tener en su diócesis a alguien como yo, y quizás algunos otros de la comunidad de Santa Cruz, en un futuro. Fue un período de tiempo en el cual yo no estaba seguro si quería continuar trabajando en la prelatura de Juli, a pesar de mi cariño por el pueblo aymara. Yo estaba sintiendo una gran tensión debido a las dificultades que estaba teniendo el equipo de formación de profesores (ODEC) con el admi-

CHUCUITO (PUNO) 1994 – 2000

nistrador interino Pedro Siguayro y algunos sacerdotes diocesanos más jóvenes. Yo estaba enfadado sobre las declaraciones de la nueva administración de Pedro contra el equipo de la ODEC, que yo consideraba injustas e infundadas. Al viajar a Tacna, yo buscaba una posibilidad de plantar la semilla de una nueva misión de Santa Cruz en Tacna en ella comunidad del capítulo distrital de Santa Cruz en febrero 2000una nueva misión.

Tenía en ese entonces la idea que Santa Cruz podía formar dos comunidades locales en la región, una la que estaba ya establecida en Chucuito y otra nueva en Tacna, cada una con dos miembros. Ellos a su vez conformarían una comunidad regional de cuatro que podía reunirse para compartir sus experiencias comunitarias por unos días cada uno o dos meses. La nueva carretera asfaltada entre Tacna y Puno acortaba el tiempo de viaje por bus entre ellas, de doce a ocho horas. Además, las Hermanas de Santa Cruz iban a abrir una nueva misión en Tacna en marzo de 2000, y Al Mahoney y yo pensamos que la misión para varones de Santa Cruz podía ser una buena manera de continuar la colaboración con ellas. Usualmente las Hermanas seguían a los varones de Santa Cruz, entonces esto sería a la inversa por esta vez.

La reunión con el obispo Hugo fue muy informativa, y se le notaba muy entusiasmado con la posibilidad de que Santa Cruz vaya a su diócesis en un futuro próximo. Jorge y yo también visitamos a las Hermanas de Maryknoll y a sacerdotes que trabajaban en Tacna, y también a mis buenas amigas de los tiempos de Cartavio, Hermanas Zelma y Kay, quienes trabajaban ahora en Ilo, en la diócesis de

GRACIAS PERÚ

Tacna. ¡Entonces Jorge y yo fuimos a Arica para recibir el Año Nuevo 2000! Hubo allí tres celebraciones, cada una correspondiendo a las zonas horarias de Bolivia, Perú y Chile.

El año 2000 empezó con un programa pastoral de verano de todo un mes en la parroquia de Acora que reunió a todos los hombres y mujeres peruanos Santa Cruz en formación. Fue organizado principalmente por Fidel y Al, ya que Diego y yo estabamos como siempre enseñando en el ESER de Puno durante ese mes de enero. Entonces al inicio de febrero prácticamente todos los miembros peruanos de Santa Cruz, junto con la mayor parte de la comunidad de Canto Grande y Chimbote participaron en la alegre celebración de tres días por la ordenación al sacerdocio del aymara Fidel Ticona. Fidel me invitó a ser *padrino* de su ordenación, así como lo hizo Jorge Mallea. Gracias Fidel, por tu amistad en todos estos años.

En el capítulo distrital de Santa Cruz que se reunió en Lima en febrero 2000, Al Mahoney y yo sugerimos que el distrito contemplara la posibilidad de abrir una nueva misión en Tacna con las Hermanas de Santa Cruz. Después de un debate, los miembros del capítulo votaron por empezar la búsqueda de un nuevo sitio para una mision, enfocándose especialmente en Tacna, donde se hallaba el obispo progresista Hugo Garaycoa y donde las Hermanas de Santa Cruz iban a abrir una nueva misión.

Esto era buena noticia. Yo estaba pasando por mucha tensión con Pedro y los otros de la Prelatura de Juli y que yo sentía la necesidad de cambiar de lugar. Llegue inclusive a considerar mi retorno a Estados Unidos, a pe-

CHUCUITO (PUNO) 1994 – 2000

sar de que amaba a Perú con todo mi corazón. Afortunadamente mi buen amigo Fred Serraino, que recién había regresado a Perú en 1998, fue elegido superior distrital a fines de 1999. Con su aliento y apoyo yo decidí empezar un mini-sabático, un retiro de treinta días, algo que nunca había hecho antes.

En junio 2000, gracias a Fred, partí para Estados Unidos a un retiro en la Casa de Retiros Jesuita en Punta Este, en Gloucester Massachusetts. Sería para mí una otra experiencia clave, personal y espiritualmente, en el viaje de mi vida guiado por el Señor.

8. CHUCUITO (PUNO) 2000 – 2004

Mi retiro de treinta días tuvo lugar durante el mes de julio 2000 en la Casa de Retiros Jesuita en Punta Este, Gloucester, Massachusetts. El sacerdote jesuita Frank Belcher fue mi guía espiritual. Fui al retiro bastante convencido que era un buen tiempo para que yo deje la misión en la Prelatura de Juli para buscar algo nuevo. Todavía sentía mucha tensión con Pedro, el administrador de la prelatura, y con mis ahijados de matrimonio Rudi y Marisol Cutipa, quienes se había separado en octubre 1998 después de muchos años de problemas maritales. Su separación había creado estrés no solo entre el equipo ODEC y algunos miembros de la prelatura de Juli, sino también entre algunos de mis otros amigos en Chucuito.

Durante el curso del retiro yo tuve una experiencia extraña en el día décimo, cuando tuvimos un medio día libre. Tomé el tren esa tarde junto con Doug Perlitz, un laico del retiro que trabajaba con niños de la calle en Haití. Los dos queríamos pasar el día solos, pero acordamos encontrarnos en la tarde para cenar juntos antes de regresar a Gloucester. Justo había llegado a la ciudad, cuando de pronto tuve un ataque de pánico. Me mareé, tuve náuseas y malestar. No tenía a donde ir, y tenía que pasar varias horas para tomar el siguiente tren de regreso a la casa de retiros. Caminé por la plaza del Común de Boston toda la

CHUCUITO (PUNO) 2000 – 2004

tarde ansioso e inquieto, luego tomé el primer tren que pude de regreso a Gloucester. Tan pronto como entré a mi carro que había dejado en la estación de Gloucester, el pánico se disipó completamente. Fue muy difícil para mí explicar esta experiencia que yo interpreté como un signo de Dios. A mí me gusta controlar todo y a todos en mi vida, y sentí que Dios me decía que era El quien estaba en control y yo no necesitaba preocuparme. Que yo podría confiar en Él. Que yo podría dejarle a Él el control de mi vida.

¡Ese era el problema que yo estaba enfrentando durante los diez primeros días del retiro: que yo quería estar en control de mi vida! Yo quería controlar las vidas de otros también. Esa experiencia fue esencial para mí, el sentir que estaba en las manos de Dios me guste o no, y que Dios es mi amigo y que Él cuidaría de mí a través de todo y en cualquier circunstancia.

Yo estuve muy contento de que tuvimos tres días al fin del retiro para compartir entre los treinta participantes. Todos tuvimos experiencias espirituales extrañas. Estaba entusiasmado de retornar a mi vida en Chucuito y continuar adelante, porque sabía ahora que Dios estaba guiándome y apoyándome en todas las dificultades ahí. El mensaje de Dios para mí fue regresar a mi ministerio en Chucuito y confiar que ¡Él estaba conmigo en todo lo que esto implicaba! Gracias a mi director espiritual el jesuita Frank Belcher. Tú me entendiste desde el comienzo, habiendo tenido tu propia experiencia espiritual en Irak. Tú me guiaste muy bien durante esos treinta días. Descansa en paz.

GRACIAS PERÚ

Regresé a Perú en agosto 2000 después de pasar un tiempo en EEUU visitando mi familia, la comunidad de Santa Cruz, y amistades. Mis amigos británicos Chris y Moira Mann, quienes me visitaron antes en 1996 durante mis vacaciones de Perú en EEUU, vinieron a verme de nuevo. He conocido a Chris desde el verano de 1967 cuando yo trabajé como diácono en su parroquia de Aldershot, Inglaterra. Nos mantuvimos en contacto todos los años transcurridos. Él vino a Albany en 1981 y se quedó con mi padre y conmigo por un mes, y yo lo visité durante mi año sabático de 1993. Gracias Chris y Moira, por su amistad duradera.

ODEC

Cuando regresé a mi trabajo en el equipo de formación (ODEC) en septiembre 2000, encontré de inmediato un nuevo conflicto entre el administrador diocesano Pedro Siguayro y Rudi Cutipa. El administrador diocesano estaba enojado con Rudi, porque mientras yo estaba en Estados Unidos había aparecido un artículo en el periódico de Puno criticando la Prelatura de Juli por la manera como estaba asignando las plazas de religión a los profesores en los colegios estatales. Como mencioné más antes, el equipo ODEC había recientemente establecido un estricto sistema de puntaje para evaluar a los profesores que postulaban a plazas. El día en que las autoridades educativas estaban asignando puestos de profesores en una reunión abierta al público, una profesora sin los puntos necesarios lo que ella misma sabía, aceptó un puesto al que

CHUCUITO (PUNO) 2000 – 2004

no tenía derecho. Cuando Rudi apareció con un profesor que tenía el puntaje para ocupar el puesto en esa escuela, él descubrió lo sucedido; entonces insistió que el trabajo sea otorgado al profesor con el puntaje necesario quien había llegado junto a él. El periódico de Puno publicó el intercambio verbal que ocurrió entre Rudi y las autoridades educativas. Pedro estaba enojado por lo que consideraba un periodismo negativo para la Iglesia. Yo no podía encontrar ninguna falta en lo hecho por Rudi. Él había reaccionado justo como yo lo hubiera hecho. El insistía en hacer justicia para el profesor con el puntaje correcto. ¡Y el administrador diocesano sólo veía en ello un escándalo para la Iglesia!

Poco después Pedro convocó a una reunión de nuestro equipo de formación de profesores (ODEC) y me dijo que yo tenía que despedir a Rudi. Yo le dije que no podía hacerlo en conciencia. Entonces Pedro despidió a Rudi en frente de todos. Yo sentí que, si Rudi había caído en falta, yo por ser su supervisor igualmente era culpable. Así que, inmediatamente, ofrecí mi propia renuncia a Pedro, a ser efectiva en abril 2001, cuando iba a completar treinta años de servicios al sistema educativo peruano y entonces podía obtener una pequeña pensión del gobierno peruano.

La Hermana de Santa Cruz Frances Savoie también presentó su renuncia. Ella estaba cansada de tantas discusiones internas y quería asumir la tarea más pacífica de ayudar a la Hermana Blanche con el proyecto del nuevo Instituto Familiar en la parroquia de Chucuito. La Hermana de San José Carmen Carrión, la otra miembro del equipo por Moho, le dijo a Pedro que ella quería quedarse y continuar con el nuevo equipo de formación de profesores, pero el administrador no la alentó ni le respondió afirmativamente, lo cual la afectó muy profundamente. Tristemente, ella enfermo un mes después, fue diagnosticada de cáncer pancreático y murió en el transcurso del año. Que descanse en paz. ¡Fue una gran dama! Gracias Hermanas Carmen y Frances, por todo su apoyo, y por nuestros muchos años de servicio en el ministerio juntos. ¡Fueron años excelentes!

De ese modo, en abril 2001 llegó el fin de mi etapa de trabajo junto al equipo de formación de profesores laicos de religión (ODEC), el que yo fundé para la prelatura de Juli en 1986. Créanlo o no, yo me sentía aliviado y feliz de dar fin a ese ministerio. Pensé por un momento que lo extrañaría, pero no fue así.

EL INSTITUTO DE FAMILIA DE SANTA CRUZ

Después de la reunión con Pedro, rápidamente me envolví en la tarea de desarrollar los talleres del Instituto Familiar que habían empezado como parte de la ODEC en 1997. Ya que Rudi había obtenido un puesto permanente de profesor desde 1996 gracias al obispo, y había sido asignado a otra área de Puno, yo formé un nuevo equipo para el Instituto de Familia. En vez de Rudi esta vez invité a mi ahijado Wilber Mamani Cotillo y a su cuñado Percy Málaga a participar. Era excelente trabajar con ellos, porque estaban llenos de energía e ideas creativas. Pronto nos dimos cuenta de la inmensa tarea y decidimos invitar a Marlene Céspedes, esposa de Percy y hermana de

CHUCUITO (PUNO) 2000 – 2004

Wilber, a unirse a nosotros. Marlene era una trabajadora social y nos ayudó con el lado femenino de la problemática de la violencia familiar. Así, germinó nueva vida para todos a partir de una experiencia previa de dolor y confrontación.

Este nuevo equipo realizó muchos talleres que enfocaron la violencia familiar y la autoestima durante los siguientes años, Algunos tuvieron lugar cerca a Chucuito, y otros fueron ofrecidos en lugares más distantes como La Paz, Bolivia, y Tacna e Ilo en la costa sureña del Perú, y en Puerto Maldonado ubicado en la selva peruana.

También organizamos talleres que ayudaron a los varones a descubrir en las heridas de su infancia las ataduras impuestas a ellos en lo cultural, social y religioso, tanto como a menudo pasa en las mujeres. Yo sentía que ambos sexos necesitaban liberarse. De hecho, había ya varios grupos de mujeres en la prelatura ya trabajando para ayudar a las mujeres, y por ello teníamos que dedicar más tiempo a los hombres que a menudo no podían entender la posición nueva de las mujeres en la cultura andina.

En 2001, Alfredo Hernández y César Ramos, dos jóvenes Religiosos de Santa Cruz en formación, estaban viviendo un año pastoral en Chimbote. Entonces ellos me contaron que un grupo evangélico cristiano había obtenido la aprobación del gobierno para una escuela que formaba y certificaba consejeros familiares. Los estudiantes podían hacer sus estudios desde su casa, y ambos Alfredo y César estaban en ese tiempo matriculados en este programa de consejería familiar con un grupo de estudio en Chimbote. Así, en mi visita siguiente a Lima fui a visitar las oficinas de la escuela de consejería familiar. Yo pensé que nuestro Instituto de Familia podría fácilmente organizar un programa de estudio en Chucuito muy similar al que existía en Chimbote. Los directores de la escuela Luis Guizada y su esposa Pilar Cuadros estaban muy animados acerca de esta posibilidad.

Después de hablar sobre este programa con el nuevo equipo en Chucuito, decidimos que lanzaríamos la escuela de inmediato en junio 2001. Anunciamos la noticia en la radio, y pronto para nuestra sorpresa teníamos más de doscientas personas inscritas para el programa de la escuela de consejería familiar en escuelas. Este era un número más grande que el previsto por nosotros, lo que nos hizo reclutar más personas para encargarse de los grupos pequeños de estudio, trabajo que era una parte esencial del programa.

Cada estudiante recibía un libro de texto, que ellos estudiaban en su casa por una semana. Entonces una vez por semana se reunían en grupos pequeños de más o menos veinte personas para compartir lo que habían aprendido y para entregar su examen semanal. Al final del programa de un año, ellos recibían un certificado oficial otorgado por el gobierno. Este certificado les permitía trabajar como consejeros familiares o abrir su propio servicio de consejería. Fue un documento muy útil para el trabajo de profesores, policías, trabajadores de salud y trabajadores sociales.

El programa de servicio social de la Universidad de Puno matriculó a sus estudiantes para participar, ya que el programa universitario no daba mucha atención a los pro-

CHUCUITO (PUNO) 2000 – 2004

blemas que enfrentaban las familias andinas en estos tiempos cambiantes. Cuando los estudiantes terminaban el programa básico de un año, si lo deseaban podían continuar estudios en un área especializada de consejería familiar, como las áreas de mujeres, niños, adicciones o sexualidad humana.

Empezamos organizado los grupos semanales de estudio de cerca de veinte alumnos, tomando en cuenta sus lugares geográficos de origen y sus horarios de trabajo. Cerca de ciento veinte de los doscientos inscritos que empezaron el programa ese primer año, lo completaron. Lo repetimos los años siguientes, pero con menor número de estudiantes.

Yo mismo, y los otros miembros del Instituto Familiar de Santa Cruz, estudiamos en el programa, y todos aprendimos mucho para nuestra propia vida personal, así como para nuestro trabajo en el equipo. Gracias Luis Guizada y esposa Pilar Cuadros en Lima, por crear estos programas para nosotros y para ofrecerlos al pueblo de las áreas remotas de Puno. Gracias también a todos los que viajaron semanalmente largas distancias para ayudarnos con los grupos de estudio.

El equipo del Instituto de Familia también organizó un programa sobre auto paternidad para personas que habían sufrido debido a familias disfuncionales. Duraba 10 semanas, y ayudó a los participantes a reprogramar los mensajes que recibieron como niños, de parte de padres y otros adultos que no fueron sinceros ni tampoco les ayudaron al desarrollo de una autoestima sana. Este programa fue recomendado a nosotros por un psicólogo puneño, que entonces residía en Lima, y fue muy concurrido. Otro programa muy gustado, que yo encontré en un libro sobre el perdón, ofrecía pasos que la gente podía seguir para ser capaces de perdonar a aquellos que les habían ofendido durante su vida. En suma, estos programas fueron vivificadores para mí y para los miembros del grupo, así como para todos los que participaron en ellos.

EL EQUIPO PARROQUIAL DE CHUCUITO

Fidel Ticona, quien había sido recientemente ordenado, empezó un nuevo proyecto de Instituto Familiar en la parroquia de Chucuito que incluía retiros y programas de liderazgo para grupos juveniles y de mujeres. También organizó un centro de cómputo para el uso de estudiantes de secundaria. Muy pocas familias tenían una computadora en su casa en ese tiempo. La gran mayoría tenía que viajar hasta la ciudad de Puno para acceder a un servicio de internet.

Muy pronto luego, comencé otro proyecto de Instituto Familiar en la parroquia de Chucuito para entrenar líderes de las comunidades campesinas en cómo preparar a su gente para los sacramentos, sin depender de las visitas de los miembros de la parroquia. Este programa era parecido al que desarrollé en Macate. Al mismo tiempo, estos líderes recibían lecciones sobre el uso de las hierbas y plantas curativas para mejorar la salud de sus comunidades muchas veces distantes de los centros de salud del estado. Mi compadre Juan Mallea estaba a cargo de este nuevo programa de salud. También él estaba a cargo del programa de Confirmación en Chucuito.

CHUCUITO (PUNO) 2000 – 2004

Después que la Hermana Blanche se fue a Lima para ser maestra de novicias para su comunidad, la Hermana Frances continuó el programa del Instituto Familiar que la Hermana Blanche había comenzado en 1997, desarrollándolo más aún, con el uso de la estación de radio local para educar a las mujeres en asuntos familiares. Ella también organizó talleres sobre problemática familiar en las comunidades campesinas cerca de donde las Hermanas de Santa Cruz vivían en Mocachi.

Durante los veranos, siempre enviamos a algunas personas que trabajaban con el Instituto de Familia a Lima a participar en un programa de liderazgo de dos semanas organizado por el IBC, Instituto Bartolomé de Las Casas. Esto reemplazó los programas de reflexión teológica que habían sido ofrecidos por más de veinte años por la Universidad Católica de Lima, en los cuales Jorge Mallea y yo participamos y a los que nosotros enviábamos a nuestros líderes laicos. El curso universitario fue clausurado por el Cardenal Opus Dei de Lima Luis Cipriani, que se negó a dar permiso para él en su arquidiócesis.

Toda esta actividad fue el lado positivo de los programas del Instituto Familiar de Santa Cruz. Lo negativo fue la persistente dificultad que teníamos para obtener nuestra financiación trimestral de David Farrell, el director nacional del Instituto de Familia en Canto Grande. Fidel, la Hermana Frances y yo a menudo andábamos muy tensos esperándola. Las transferencias bancarias solían llegar a nuestras cuentas en Puno más de un mes y medio después de las fechas que David había establecido para los depósitos. Cuando llamábamos por teléfono para preguntar sobre ellas, éramos criticados por nuestro excesivo interés por el dinero. Al final tuvimos que adaptarnos a la financiación tardía. Gracias, Hermana Frances, por su gran ayuda manteniendo claras varias cuentas bancarias: en el Instituto de Familia, la ODEC, y en la parroquia de Chucuito en todos esos años. Gracias por su diligencia para revisar nuestros gastos, y luego enviar a David todos los recibos con nuestros reportes económicos, cada tres meses como él pedía.

David nunca visitaría nuestros proyectos y muy poco escribió acerca de ellos en su informe anual al distrito. Él estaba enfocado en sus propios programas de Instituto de Familia en Canto Grande. Gracias Fidel y Hermana, Francisca, por su apoyo y colaboración, y por su ministerio durante esos años. Yo creo que hicimos un excelente trabajo y podemos estar orgullosos de él.

LA CASA NUEVA

Desde 1999, Diego, Fidel, Al y yo habíamos frecuentemente discutido, tanto entre nosotros como con el superior distrital Arturo Colgan y su consejo, sobre la necesidad de una nueva casa para nosotros en Chucuito. En el 2000 antes de salir para mi retiro en los Estados Unidos hubo diferentes opiniones acerca de si necesitábamos una casa nueva, dónde estaría situada, su tamaño, y si fuera hecha de ladrillos o adobe. Los cuatro que vivíamos en Chucuito en ese tiempo queríamos una casa simple como la que teníamos en Cusipata, pero que fuera más grande y acogedora para los miembros peruanos más jóvenes de la

CHUCUITO (PUNO) 2000 – 2004

comunidad de Santa Cruz, que desearan trabajar en Chucuito en el futuro. Triste es decir que la mayoría de los peruanos que se unieron a Santa Cruz porque les impresionó nuestra vida sencilla, para entonces ya estaban acostumbrados a la amplitud de la residencia que usaban para su formación teológica en Santiago, Chile.

Nuestro punto mayor de discusión era si debía ser una casa tradicional aymara de un solo piso o, en vez, una de dos pisos como los aymaras estaban empezando a construir. Diego, que era muy exigente en respetar la cultura tradicional aymara, insistía en adobe y un solo piso. En la construcción final concordamos: la mayor parte de la casa era de ladrillos y de dos pisos, pero la habitación de Diego estaba aparte, de un piso y de adobe.

Nuestra casa nueva debía estar en el pueblo de Chucuito en terreno de la prelatura, localizada detrás de la iglesia y el salón de la parroquia. Teníamos entendido que la casa era nuestra, hasta que Santa Cruz saliera, cuando la propiedad pasaría a la prelatura.

Mientras yo andaba de retiro, Fred, el nuevo superior distrital, y el consejo distrital en Lima aprobaron el plan final para la casa. Cuando regresé de los Estados Unidos en agosto 2000, la construcción había empezado bajo la supervisión vigilante de Juan Mallea. Nos mudamos a la casa nueva en diciembre 2000 antes de Navidad cuando estaba completo el cuarto de un piso para Diego y también el primer piso de ladrillo del salón comunitario, la cocina y la capilla. Provisionalmente Fidel usó el cuarto designado para la capilla como su dormitorio, y yo arreglé mi cama en la antigua oficina de ODEC, localizada en el local de

GRACIAS PERÚ

IDEA contiguo, que yo estaba dejando, pues el nuevo director estaba trasladando la oficina a Puno. En marzo 2001, se terminó la construcción de la casa de dos pisos. Fidel y yo nos cambiamos a dos cuartos en el segundo piso, con una linda vista del lago desde nuestras ventanas. Esa vista fue algo en lo que yo insistí. Los dos cuartos de abajo eran para invitados.

EL NUEVO OBISPO

En ese tiempo Perú estaba en crisis. Después de la reelección para un tercer período, el presidente Alberto Fujimori había huido del país para escapar de acusaciones de corrupción. Su partida del país dejó al país en un caos político. En julio 2001 Alejandro Toledo, un economista que había estado viviendo en Estados Unidos por varios años, fue elegido nuevo presidente.

Nosotros también teníamos un nuevo obispo. En junio 2001 Roma nombró al salesiano Elio Pérez como obispo de la prelatura de Juli. Elio era un hombre sencillo y humilde, proveniente de una familia grande de campesinos en el norte de Perú. Él se transportaba en los buses públicos como cualquier vecino. Este era un gran cambio respecto al obispo Raimundo, que a menudo tendía a la pomposidad. El obispo Elio era abierto a escuchar y aprender del pueblo aymara, y de los que, como nosotros, habían estado sirviendo el ministerio del área por años.

Para mí el obispo Elio fue una bocanada de aire fresco, especialmente después de la experiencia que tuve con el equipo de formación de profesores (ODEC) y el adminis-

CHUCUITO (PUNO) 2000 – 2004

trador diocesano interino Pedro. Yo y otros nos admirábamos como Elio había pasado a través de las grietas, ya que la mayor parte de nombramiento episcopales de Roma en ese tiempo no había sido favorable para la Iglesia del Sur Andino. Había aparecido que el nuncio papal y la Conferencia Episcopal del Perú querían romper la unidad y la colaboración pastoral entre la diócesis de Puno y las tres prelaturas de Sicuani, Ayaviri y Juli que había existido desde la década de1970. Mas bien el obispo Elio estaba por continuar la colaboración.

Hay muchas anécdotas de él, como la de su tocar la armónica para el Papa en su primera visita al Vaticano después de ser consagrado obispo. Hay otra de él, cuando pasó toda una noche en la estación del tren aprendiendo aymara, después de que fue expulsado de un tren europeo por no tener la visa correcta.

Poco después de la llegada del obispo Elio, la Hermana de Santa Cruz Frances Savoie, quien había trabajado conmigo en el equipo de formación de profesores (ODEC), y yo fuimos a conversar con él, acerca de lo que pasó con Rudi en la ODEC. El nuevo director de ODEC, un laico nombrado por Pedro para reemplazarme estaba todavía haciendo la vida difícil para Rudi, en su trabajo como profesor de religión en uno de los colegios estatales en Ilave, donde había sido asignado por las autoridades educativas. Rudi estaba allí debido a su puesto permanente de docente, que había obtenido gracias al obispo Raimundo allá por 1996. En nuestro encuentro con el obispo Elio, le conté que yo había dejado toda la documentación pertinente acerca de Rudi cuando yo dejé mi puesto en la

GRACIAS PERÚ

ODEC, y que yo había solicitado por escrito a Pedro específicamente pidiendo que la ponga en los archivos de la prelatura en el caso de que el nuevo obispo la pueda necesitar. ¡El obispo Elio le dijo a la Hermana Frances que había mirado los archivos, pero que no había encontrado nada de esa documentación en el folder de ODEC! Afortunadamente yo había guardado copias de todo ello, y se las di al obispo. Poco después Rudi fue dejado en paz. Gracias obispo Elio por escuchar a la Hermana Frances y a mí, y por ser una presencia tan reconfortante.

SANTA CRUZ

En 2002 el superior distrital Fred Serraino sugirió que Diego fuera a un año sabático para refrescarse y renovar energías. Diego no estaba feliz con ello. El me acusó de influenciar a Fred para hacer que tome un año de descanso en un tiempo que el no quería. Yo debo admitir que como superior local yo pensaba que Diego podía aprovechar un cambio de ambiente por un tiempo, y que yo había expresado mi opinión a Fred.

Me parecía que había mucha tensión en nuestra comunidad local en Chucuito desde que Al Mahoney decidió dejar de trabajar con nosotros. Al regresó al Canadá en junio 2000 para coordinar el nuevo ministerio de Justicia y Paz de la Administración General de Santa Cruz. Ello nos dejó a Diego, el joven peruano Fidel, y a mí en Chucuito. Desde que nos mudamos a nuestra casa nueva Diego siempre aparecía en oposición a Fidel respecto a estilo de vida. Fidel quería un teléfono celular. Diego

CHUCUITO (PUNO) 2000 – 2004

pensaba que nosotros como religiosos no necesitábamos de celulares personales. Fidel quería muebles cómodos. Diego quería una vida sencilla. Como superior local yo a menudo me hallaba en el medio, y necesitaba un poco de aire fresco para mí mismo. Para mí, Fidel representaba el pensamiento de la gente joven en Santa Cruz, y me gustara o no, ellos eran el futuro de nuestra misión en Chucuito. Yo pensaba que aun cuando yo podía estar de acuerdo en principio con mucho de lo que Diego pensaba, él y yo necesitábamos relajarnos un poco sobre nuestras maneras de hacer las cosas y adaptarnos a los nuevos jóvenes de Santa Cruz. Después de que yo compartí esta preocupación con Fred, él terminó decidiendo a favor del año para Diego. Al fin de cosas, Diego disfrutó y regresó refrescado. Gracias, Diego.

Después de mis nueve años de pastor, Diego se convirtió en el pastor de la parroquia de Chucuito una vez más en 2001. Fidel y yo cubrimos la parte sacramental de 2002 en su ausencia. En el equipo parroquial, Estanislao Cruz había dejado el puesto de coordinador a Roberto Ari, un joven laico aymara originario de una de las comunidades campesinas de la península que había trabajado con Estanislao por años en los programas de preparación de los sacramentos. Fidel hizo realmente la mayor parte del trabajo sacramental de la parroquia ese año, ya que yo estuve lejos de vacaciones por tres meses en mi país de origen, los Estados Unidos, de mayo a agosto 2002, y luego viajé por el Instituto Familiar a otros lugares de Perú, como por ejemplo la ciudad costera de Ilo, para una serie de talleres durante un mes en octubre.

GRACIAS PERÚ

Después de la Navidad ese año Jorge Mallea y yo tomamos un autobús para visitar por diez días Argentina y Chile. A partir de mi presencia en Puno nosotros mantuvimos la tradición de viajar los dos de vacaciones. Gracias Jorge por esas vacaciones a lo largo de los años. Tal como recordé más antes, pasamos el año nuevo 2000 en Arica donde hubo tres celebraciones una por cada una de las zonas horarias de Bolivia, Chile y Perú. Otros años fuimos bastante lejos al sur en Chile a las ciudades de Antofagasta e Iquique, las cuales antes de la guerra chilena de 1880 habían pertenecido a Bolivia y la otra a Perú. También tomamos vacaciones dentro de Perú, una vez volando al norte a la ciudad de Tumbes, cerca de la frontera con Ecuador, luego viajando poco a poco por tierra en bus a través de otras ciudades costeras. A menudo tomamos vacaciones en la playa de Huanchaco, cerca de la ciudad de Trujillo, lo que me permitía visitar a mis amigos de Cartavio. Huanchaco había sido una parroquia de Santa Cruz en los años de Cartavio. Al final de los 90 visitamos Chimbote juntos, en donde Jorge había pasado su diaconado de un año, y yo tenía muchos amigos también.

Jorge y yo hicimos dos viajes largos en bus a Argentina en 2002 y 2003 cuando los precios cayeron. En el primer viaje, viajamos desde Arica, bajando a Santiago, Chile, luego cruzando los Andes a la linda ciudad argentina y centro vinícola de Mendoza, una de mis ciudades favoritas por sus cinco parques públicos y una calle llena de restaurantes a lo largo, donde nos sentamos a gozar del espectáculo de la ciudad. Luego viajamos a Buenos Aires y después bajamos a la bella Bariloche, y de nuevo a través de los

CHUCUITO (PUNO) 2000 – 2004

Andes a la sureña ciudad costera de Valdivia con sus muchos lagos y ríos.

El último trecho del viaje nos llevó subiendo por la costa chilena, primero a la capital Santiago donde saludamos a dos buenos amigos míos en la estación de buses. Uno de ellos Sergio Concha, a quien yo conocía de mis estudios en Roma, y quien recientemente había dejado Santa Cruz y era entonces un abogado de derechos humanos en Santiago. Hugo Espinoza era el otro, con quien estudiamos en Caxias do Sul en Brasil durante mi año sabático de 1981. ¡Qué maravilloso fue reencontrarnos con estos buenos amigos!

Entonces Jorge y yo tornamos de regreso a Arica. Coronamos el viaje completo en menos de dos semanas con un gasto mínimo. Como de costumbre, compartimos el costo del viaje contando con nuestro presupuesto comunitario para vacaciones. Sin embargo, estas vacaciones despertaron algunos comentarios durante el capítulo distrital de Santa Cruz en Lima de 2003. Muchos sacerdotes de Santa Cruz no tomaban vacaciones.

En 2003 Jorge y yo cruzamos a Bolivia por bus para llegar a la Argentina del norte donde pudimos conocer y apreciar la alta meseta aymara que Argentina comparte con Chile, Bolivia y Perú. Todo esto fue una vez la gran nación Aymara, antes de la llegada de los europeos en los inicios del siglo dieciséis.

Gracias Jorge, por tu amistad a lo largo de todos estos años.

GRACIAS PERÚ

EL CAPITULO DISTRITAL SANTA CRUZ DE 2003

Cuando regresamos del nuestro viaje de 2002, en enero de 2003 Fidel y Jorge Mallea organizaron un ministerio de verano en Chucuito para todos los jóvenes en formación de Santa Cruz, tal como lo hicieron Diego, Al y Fidel en Acora el 2000. Fue excelente tener a tantos jóvenes con nosotros, y tuvimos animadas discusiones en preparación del capítulo distrital en febrero. Como de costumbre en enero, yo pasé la mayor parte del mes enseñando en el ESER, escuela para profesores.

En el capítulo distrital Santa Cruz 2003, el comité de misión liderado por David Farrell presentó una legislación que requeriría la presencia de por lo menos tres religiosos Santa Cruz trabajando en una misión como un prerrequisito necesario para obtener el reconocimiento de la misión como un compromiso de la comunidad Santa Cruz, aun cuando el capítulo provincial de la Provincia del Este del cual dependía el distrito de Perú reconocía comunidades de solo dos Religiosos. La legislación del capítulo provincial había sido la norma para el distrito de Perú durante todos esos años. Tanto Chimbote como Chucuito a menudo eran comunidades con solo dos Religiosos debido a la falta de personal. La idea de tener más Religiosos en una comunidad era muy buena para una vida comunitaria, pero yo sentía que con nuestros pequeños números esta nueva legislación podía fácilmente ser usada en el futuro para justificar el cierre de la misión. Sin embargo, David Farrell, cuyo comité estaba presentando este cambio al capítulo, me aseguró que nunca éste sería el caso. Él mantenía que el comité estaba interesado solo en asegurar una

CHUCUITO (PUNO) 2000 – 2004

buena y sana vida comunitaria en cada misión. Yo estaba de acuerdo con este punto, pero todavía sentía que con nuestro número escaso esta legislación podía causar problemas en el futuro, especialmente para las misiones de Chimbote y Chucuito.

El comité de misión también presentó legislación, para hacer de la parroquia de Canto Grande un compromiso permanente de Santa Cruz. David declaró que Norberto Strotmann, el obispo de Chosica donde estaba situada la parroquia de Canto Grande, estaba pidiendo que Santa Cruz asuma la parroquia de Canto Grande en perpetuidad. Para mí esto era señal que la parroquia de Canto Grande, con el colegio de Fe y Alegría, y Yancana Huasi –la escuela especial para discapacitados—, y sede central del Instituto de Familia Santa Cruz, todos localizados en Canto Grande, sería el centro vital del distrito, y de que todo lo restante podía ser prescindible.

Después de mucha discusión y debate, el capítulo votó por cerrar la misión en Chimbote al final de 2003 después de más de treinta años de presencia de Santa Cruz, debido a la carencia de tres Religiosos interesados en trabajar ahí.

En seguida el capítulo votó respecto al pedido del obispo de Chosica. Este asunto fue intensamente debatido y pasó por sólo un pequeño margen de los catorce miembros del capítulo, con varios votos por el no y abstenciones. Algunos de nosotros, incluyendo el saliente superior distrital Fred Serraino, sentíamos que no era necesario atar a la Congregación a una parroquia para siempre, aún si en ese tiempo era una gran misión entre los pobres. Todas las cosas cambian, y Canto Grande podía cambiar también a lo largo de los años, y con el tiempo no sería un lugar donde vivían los pobres. Yo sentía que debíamos ser más libres para movernos hacia otras áreas en Perú que podrían tener más necesidad en el futuro, pero la mayoría de los religiosos que trabajaban y vivían en Canto Grande querían una misión permanente, como la Universidad Notre Dame en South Bend, Indiana, a la cual los miembros de Santa Cruz la señalan como propia.

VIENTOS DE CAMBIO

Durante esos años Roma estuvo nombrando varios obispos muy atados a la tradición, en línea muy pre-Vaticano, incluyendo miembros de grupos de iglesia muy conservadora como el Opus Dei. La misma Santa Cruz, en Perú como en otras partes parecía estar virando en esa dirección pre-Vaticano. La Congregación aparecía estar enfocándose más en mantener nuestras instituciones tradicionales de Santa Cruz que en responder con nuevos servicios ministeriales a las necesidades sentidas, sufrientes y reales de los pobres. Yo sentí que estábamos en retirada de algunas posturas más proféticas que habíamos tomado en nuestra declaración de prioridades de misión de 1974, cuando llamamos a la Iglesia institución a realizar cambios necesarios, como abordar la escasez de sacerdotes mediante el empoderamiento de los laicos en áreas como Puno. Entonces en Santa Cruz, en vez de ello, estábamos adoptando la vieja manera clerical de ser Iglesia, a la vez que se nombraban tales obispos peruanos. Los cantos en latín

CHUCUITO (PUNO) 2000 – 2004

regresaron a nuestras celebraciones comunitarias. Algunos curas nuevamente empezaron a usar el collarín Romano. Santa Cruz, más que ser los profetas que Vaticano II nos pedía ser, aparecía más preocupada de su relación con estos nuevos obispos, que cuestionaban el enfoque de la Teología de la Liberación sobre la Iglesia.

En el Distrito de Perú, yo notaba que estábamos dejando el modelo colaborativo de Santa Cruz y asumiendo un modelo autoritario. David Farrell, especialmente, me parecía que insistía en un estilo vertical militar de organización. Yo frecuentemente tenía desacuerdos con él, y me volví el blanco de escenas de cólera de su parte durante nuestras reuniones comunitarias. Dos veces al año en asambleas, David diría respecto a asuntos importantes, que no había necesidad de mucha discusión comunitaria, ya que el superior del distrito y su consejo debían decidir sobre ellos, y una vez que lo hacían no había lugar a cuestionamientos. Simplemente obediencia. Recuerdo que sentía mucha ansiedad cuando se aproximaban las fechas de estas asambleas, porque no sabía lo que iba a suceder entre David y yo. Podía entrar en cólera, si hacía una pregunta a él o al superior. También sentí que Arturo Colgan, tanto cuando era superior distrital y luego provincial superior después de su elección en 2000, parecía estar de acuerdo con las opiniones de David, tanto abiertamente como en silencio.

Otros miembros también parecían favorecer las instituciones administradas por Santa Cruz en el distrito, especialmente las de Canto Grande en Lima antes que los ministerios auxiliares en Chimbote y Chucuito. Las instituciones de Canto Grande ahora tenían prioridad, cuando se trataba de asignación de donaciones o de personal. Y se notaba crecientemente que nuestra presencia de Santa Cruz en Chimbote y Chucuito iba perdiendo importancia en el plan grande del distrito. Yo sostenía que había que dar igual importancia al servicio de las instituciones de Santa Cruz en Canto Grande y a las auxiliares. Por tanto, yo estaba opuesto a atarnos como sacerdotes y como institución a un solo lugar como Canto Grande. Debíamos sentirnos libres para responder a las necesidades nuevas de los pobres en Perú.

Los que, como Diego y yo, estábamos acostumbrados a comprometernos en una relación más colaborativa de ministerio con otros en la Prelatura de Juli, terminamos siendo considerados como los que "hacían lo suyo" y no contribuían con las instituciones tradicionales de Santa Cruz en Perú. Yo siempre he aceptado. Siempre he tenido el concepto que el ministerio auxiliar es parte del plan original, para nuestra Congregación, de nuestro fundador el Bendito Basile Moreau. Los documentos fundadores afirman que los sacerdotes Santa Cruz, a la vez que se involucran en la educación, están establecidos para ser auxiliares de los sacerdotes diocesanos en las parroquias por medio de la organización de misiones y retiros. Yo notaba que progresivamente se iban definiendo dos visiones diferentes en Santa Cruz de Perú, una de los que trabajaban en Lima, y otra de los que trabajábamos en Puno y Chimbote.

CHUCUITO (PUNO) 2000 – 2004

LA VISITA

Durante la Semana Santa en 2003 recibimos la visita de dos de los asistentes generales de Santa Cruz provenientes de Roma, el Padre Arulraj Gali de la India y el Hermano José Kofi Tsiquaye de Ghana. Ellos participaron en las procesiones de la parroquia de Chucuito en las noches del lunes, martes y miércoles de Semana Santa, todas organizadas por la comunidad.

Siempre me han gustado las procesiones de un modo especial. En el frío de la noche oscura, a menudo con lluvia, caminábamos a lo largo de las calles enlodadas de Chucuito portando velas, recordando el sufrimiento de Jesús y su madre María. Para mí siempre fue una experiencia conmovedora, como también lo eran las fiestas de la Cruz en la parte alta de las colinas, en mayo. Hay tanta sabiduría espiritual en el pueblo aymara, que no está presente en nuestros más intelectuales rituales religiosos occidentales. Durante las fiestas en agosto, en honor de la Asunción, y en octubre en honor de nuestra Señora del Rosario, el baile también es una expresión importante de la devoción aymara. Ellos celebran comiendo y bebiendo juntos su hermandad comunitaria, durante la semana que duran estas fiestas religiosas, celebran en comunidad su historia de fe, expresando su fe en Jesús y simplemente gozando de la vida juntos.

Como muchos de los visitantes en tiempo atrás, el padre Arulraj y el Hermano José tuvieron dificultad en comprender la diferencia entre una parroquia costeña como Canto Grande y una parroquia que reunía pequeños pueblos andinos de los aymaras. La parroquia en los Andes no era un lugar central de reunión de los fieles como lo era en la costa peruana. Para los andinos, dispersos en muchas comunidades campesinas, sus propios poblados eran sus lugares de reunión y celebración en cada una de sus fiestas con música y bailes. Cada una de sus comunidades campesinas eran individualmente más importantes para sus vecinos que la parroquia que se extendía ampliamente a través de todas ellas. La parroquia andina estaba más en la periferia de sus vidas diarias, algo totalmente opuesto al lugar fijo y centro focal de la vida de la gente costeña. Así, la organización de la parroquia, los servicios provistos por el sacerdote y esperados por el pueblo, eran también bastante diferentes.

Durante todos mis años en Chucuito yo recuerdo innumerables ocasiones en que Diego y yo tratamos de explicar estas diferencias en los capítulos distritales y así mismo a los visitantes, por lo general sin mucho éxito. Algunos tendían a pensar que la parroquia debía ser lo mismo en todas partes, no importando el país o la cultura en la que estuviera insertada, y que todos nosotros debíamos estar haciendo las mismas cosas. Esa era la óptica centralizada de Roma para la Iglesia en esos días. Yo recuerdo una vez, cuando trabajaba en Cartavio, un sacerdote recién llegado de Irlanda habló en la reunión de preparación bautismos en la Diócesis de Trujillo que "si trabajaba bien en Irlanda, debía trabajar igual en cualquier parte." Eso justamente no era cierto en mi opinión. Hay diferencias culturales entre la gente. Y hay también una gran necesidad de inculturar el cristianismo en las diferentes culturas de nuestro mundo. La unidad no depende de la uniformidad.

En su informe al consejo distrital después de visitarnos, el P. Arulraj y el Hermano José fueron críticos de nosotros en Chucuito. Ellos expresaron que cada uno de los tres sacerdotes debíamos haber estado celebrando la liturgia romana del Viernes Santo en los diferentes poblados en vez de todos juntos en Chucuito. Ellos no entendieron que en Viernes Santo la gente de los Andes marcha en procesiones, una variación de las estaciones de la cruz, subiendo a la cima de los cerros sagrados y pasando el día ahí en oración.

Yo estuve bastante sorprendido por su falta de comprensión acerca de esta diferencia pastoral, porque, a nivel personal, cuando yo conversé con ellos en forma privada acerca de las dificultades de la vida comunitaria en Santa Cruz con algunos de Canto Grande, ellos habían respondido que cada uno de nosotros había tenido diferentes experiencias en la vida, lo que hacía difícil la vida comunitaria y tener una visión en común. Por tanto, yo había pensado que ellos tendrían la misma lógica de enfoque a nivel pastoral cuando se despidieron de nosotros, pero obviamente no fue así, ya que en su informe final criticaron nuestro ministerio en Chucuito en ese respecto. Su crítica no fue un presagio favorable para Diego y tampoco para mi continuidad en la Prelatura de Juli, ya que algunos en Canto Grande ya consideraban nuestra presencia en Chucuito como nuestro ministerio individual y personal, más que como un distrito auxiliar de misión de Santa Cruz insertado en la amplia pastoral andina de la Iglesia.

GRACIAS PERÚ

Ya que la parroquia estaba organizada sobre un modelo de ayuda colaborativa de Iglesia, ninguna congregación Religiosa en la Prelatura tenía su propia parroquia. Todos colaborábamos en un solo plan pastoral, y aún los sacerdotes y Hermanas de Maryknoll, que eran la congregación fundadora de la Prelatura, no reclamaban ninguna parroquia como propia. Diego y yo repetidamente, en los capítulos distritales, tratábamos de explicar esta manera de ser pastoral en los Andes, para poder conseguir el reconocimiento oficial de Chucuito como una misión de la comunidad de Santa Cruz. Éramos opuestos a quienes preferían considerar que Diego y yo estábamos haciendo nuestro propio asunto en Chucuito y que la comunidad no tenía una responsabilidad formal de asignar personal para trabajar con nosotros. Fuertes diferencias de puntos de vista pastoral sobre la manera de ser Iglesia dividieron nuestro distrito en esos años.

Me parecía que había un énfasis exagerado en nuestras instituciones de Santa Cruz en Canto Grande. Era regresar a la época per-vaticano II en que cada congregación tenía sus propias parroquias, escuelas y territorios y estaban en continua competencia entre ellas sobre cuál era la mejor, la más grande y la más importante. Para mí esta manera de ser Iglesia más que unirnos nos separaba de los otros. Era un modelo de Iglesia muy diferente al que yo experimenté durante mi vida en Cartavio, Mácate y Chimbote hasta ese momento y ahora especialmente en la Iglesia Sur Andina. Por tanto, en Santa Cruz estábamos en oposición entre lo que significaba ser la Iglesia en Chucuito y en el Sur Andino peruano, y lo que significaba ser

CHUCUITO (PUNO) 2000 – 2004

Iglesia en una parroquia costera en Lima, como la de Canto Grande. La crítica del P. Arulraj y del Hermano José, una vez más había resaltado esa diferencia entre nosotros.

CIERRE

En Santa Cruz, cada nivel de la Congregación tiene su propia estructura de mando. La unidad más pequeña es la más comunitaria local. La siguiente unidad en tamaño es el distrito, el cual forma parte de una estructura más grande llamada provincia, de la cual cada distrito depende para la aprobación de algunas decisiones mayores. El distrito tiene un superior electo y un consejo de cuatro personas. Dos de los consejeros son elegidos por todos los miembros del distrito, y los otros dos son nombrados por el superior distrital, con la aprobación del provincial. La provincia también tiene un consejo y son también dependientes hasta cierto grado de un Superior General, quien preside sobre su propio consejo y es la cabeza de toda la congregación en el mundo.

Bill Persia reemplazó a Fred Serraino como superior distrital en febrero de 2003. Él había estado en Perú desde 1986, trabajando en Chimbote y Canto Grande en diferentes tiempos. Él había sido pastor en la parroquia de Chimbote y director del colegio Fe y Alegría de Canto Grande. Él había sido candidato para el cargo de superior del distrito Perú durante los capítulos distritales de 1997 y 2000, y en diciembre de 2002 fue elegido unánimemente. El asumió al final del capítulo de febrero 2003.

Ocho meses después, en octubre 2003, durante la

GRACIAS PERÚ

fiesta de Nuestra Señora del Rosario, Bill vino a Chucuito para la visita anual del superior distrital a nuestra comunidad local de Santa Cruz. En nuestras reuniones Diego, Fidel y yo discutimos con él acerca del futuro de la misión en Chucuito y la continuidad de la presencia de Santa Cruz en la Prelatura de Juli. Bill nos dijo que el plan para la comunidad era que Fidel vaya a Lima en enero 2004 para empezar estudios, que lo llevaran a ser el primer encargado del programa de formación del distrito en Canto Grande en 2005.

Dándonos cuenta de que la partida de Fidel reduciría el número de la comunidad de tres, el número recomendado por el capítulo, a dos, Fidel, Diego y yo describimos a Bill el interés de trabajar en Chucuito, expresado a nosotros por muchos varones peruanos y aymaras en formación, y terminando por ese entonces sus estudios teológicos en nuestra casa de formación de Santiago de Chile. Yo también supe, sin embargo, que muchos de aquellos de la Prelatura no estaban interesados en regresar a trabajar en su lugar de nacimiento por un largo periodo. Diego y yo razonábamos que con la decisión de cerrar la misión en Chimbote tomada durante el último capítulo, habría más gente joven disponible, de modo que por lo menos uno podía ser asignado a Chucuito cada año por un período más corto. Y de este modo podríamos nosotros tener una comunidad de tres, como el capítulo deseaba.

Bill nos dijo que él estaba muy interesado acerca de una posible misión nueva en algún otro lugar de Perú. Él habló de una escuela nueva en la zona de la selva que estaba siendo ofrecida a Santa Cruz. Pero sin embargo no

CHUCUITO (PUNO) 2000 – 2004

había mención alguna de una nueva misión en Tacna, ni se hablaba acerca del posible cierre de la misión en Chucuito.

Un mes más tarde, en noviembre 2003, Diego fue a Canadá para uno de sus compromisos como ponente de los Teólogos del Tercer Mundo. Durante todos esos años en Chucuito, Diego, ya entonces un reconocido teólogo, era a menudo invitado a hablar en diferentes partes del mundo. Como resultado, él estaba a menudo lejos de la parroquia por semanas cada vez cuando daba charlas en diferentes países alrededor del mundo. Durante su año sabático de 2002, él había sido elegido presidente de los Teólogos del Tercer Mundo. ¡Qué gran reconocimiento y honor!

Durante ese mismo mes de noviembre, yo fue enviado por el distrito Perú de Santa Cruz para representarlo en la Conferencia Internacional de Justicia y Paz de Santa Cruz organizada en Dhaka, Bangladesh por Jim Mulligan, asistente general en Roma, y Al Mahoney quien había dejado Chucuito en junio 2000 para asumir este trabajo y ministerio de Justicia y Paz por la Congregación.

Mientras Diego y yo estábamos fuera de Perú, cada uno recibimos un correo e-mail enviado a todos los miembros del distrito, notificando a cada uno que él y su consejo habían votado unánimemente por cerrar inmediatamente tanto la misión de Chimbote (una decisión que había sido votada y aprobada en el capítulo distrito de 2003) y la misión de Chucuito (aunque el cierre de la misión Chucuito nunca había sido discutida o votada durante el capítulo). El consejo distrital de Bill en ese tiempo había estado compuesto por el asistente distrital superior

GRACIAS PERÚ

Jorge Izaguirre, lo consejeros electos Bob Baker y Fidel Ticona, y el consejero nombrado David Farrell.

Bill escribió que, al dejar las dos misiones, al mismo tiempo el distrito podría liberar suficiente personal para una nueva misión que él y su consejo escogieron se establezca en Tacna, ya que nosotros habíamos hablado de la posibilidad de Tacna en capítulos previos. El y su asistente superior, Jorge Izaguirre, iban a viajar a Tacna inmediatamente para discutir con el obispo local la posibilidad de que Santa Cruz asumiera una parroquia en marzo 2004. Bill nos informó que el superior de la Provincia del Este Arturo Colgan y su consejo provincial ya había aprobado este plan unánimemente y que Bill ya había informado a los respectivos obispos en Chimbote y en la Prelatura de Juli que nosotros dejaríamos la parroquia de Chimbote y Chucuito en el comienzo de 2004. El mismo Bill sería el nuevo pastor, y Diego, yo y Jorge Mallea, quien era separado de su puesto permanente de docente en nuestro Colegio Fe y Alegría en Canto Grande, éramos asignados a esta nueva misión en Tacna.

Cuando recibí este e-mail, yo estaba de regreso del encuentro en Bangladesh y visitando a mis amigos ingleses y alemanes en Europa. Yo no tenía con quien compartir mi enojo y frustración. Como de costumbre cuando estaba en una situación de estrés muy alto como esta, me atacó malamente el asma bronquial y la rinitis, las que había estado sufriendo más intensamente durante los años recientes. Me sentía tan enfermo que cuando regresé a Lima, un doctor me ordenó quedarme allí por una semana hasta que mejorara mi salud.

CHUCUITO (PUNO) 2000 – 2004

Era inicios de diciembre de 2003, antes de que yo retorne a Chucuito. Como superior local inmediatamente llamé a una reunión de la comunidad local de Santa Cruz para discutir lo que había pasado. Diego y yo estábamos enojados porque la decisión había sido tomada sin ninguna participación de nosotros, y sin una discusión y votación plena de todos los miembros del distrito. Sentimos que el superior Bill Persia y su consejo habían tomado decisiones por sí mismos, decisiones que debían haber sido dejadas al grupo entero reunido en asamblea o en capítulo.

Fidel, quien era un miembro del consejo distrital de Bill, nos dijo que él no había votado por el cierre aun cuando ambos Bill y Arturo Colgan, los superiores distrital y provincial, insistían en sus cartas a la comunidad que el voto había sido unánime. Yo pensé al comienzo que Fidel podría estar tratando de jugar a dos caras. Al pasar el tiempo yo empecé a creerle, ya que Arturo en el pasado a menudo había escrito en sus informes que hubo voto unánime cuando no lo hubo, tal como paso con el voto para hacer a Canto Grande una parroquia en perpetuidad.

Diego, Fidel y yo decidimos en esta reunión que enviaríamos una carta al superior distrital Bill Persia, pidiendo respetuosamente una reconsideración de la decisión de cerrar la misión de Chucuito y posponer la decisión hasta que la comunidad completa Santa Cruz se pudiera reunirse en la asamblea anual en febrero 2004, solo dos meses adelante, para discutir más plenamente el asunto con el aporte de toda la membresía distrital.

Diego, Fidel y yo escribimos en nuestra carta a él que nosotros creíamos, que a pesar de que durante el capítulo distrital de 2003 hubo una discusión larga acerca de las comunidades de tres, en la actual legislación no había mención a ese número. Argumentábamos que se permitía que dos Religiosos formen una comunidad local bajo la legislación del capítulo de la Provincia del Este, y ya que el distrito siempre seguía la legislación de la provincia, a menos que el distrito explícitamente legislara de otra manera en un capítulo, ello debía tenerse en consideración. También escribimos que, durante el capítulo del mismo distrito, no hubo discusión alguna sobre el comenzar una nueva misión en Tacna.

En su respuesta, Bill explicó que Fidel debía ir a Lima en marzo 2004 para empezar estudios como preparación para ser director del área de formación del distrito en el futuro. Eso dejaría a Diego y a mí solos en el distrito. El citó la legislación del capítulo 2003 que recomendaba que solo debiera mantenerse comunidades visibles de tres Religiosos. Por ello él y su consejo tenían que cerrar completamente la misión Chucuito, porque no había otros religiosos disponibles o interesados, y más cuando había tantas necesidades en Canto Grande.

Luego Bill nos informó que ya que el plan había sido aprobado por el provincial superior de la Provincia del Este Arturo Colgan y su consejo provincial, y ya que dos obispos comprometidos ya estaban informados de nuestra inmediata partida, no había más que hacer que obedecer. Terminaba diciendo que por esas razones la reconsideración era denegada.

Después de recibir esa carta solo Diego continuó haciendo varios intentos personales para lograr que por lo

CHUCUITO (PUNO) 2000 – 2004

menos él pudiera permanecer en Chucuito con el Instituto Aymara (IDEA) y vivir con la comunidad Benedictina en el monasterio establecido por ella en Chucuito en 1993. Estas asignaciones especiales eran a menudo permitidas en la comunidad de Santa Cruz. Pero ese pedido también fue denegado.

Yo realmente pensé que Diego dejaría la comunidad, pero no lo hizo. Durante años recientes, varios miembros de Santa Cruz, cuya visión de la Iglesia y de la vida Religiosa y del sacerdocio era similar a la de Diego y a la mía, habían optado por dejar el distrito para hacer su ministerio en otros lugares. Al Mahoney, que había trabajado en Chucuito con nosotros, salió en 2000, frustrado con muchas de las decisiones que estaba tomando la comunidad peruana de Santa Cruz en ese tiempo. Otro miembro, Gerry Barmasee, que había trabajado en Chile por muchos años antes de venir al distrito Perú para ser pastor en Chimbote en 1995, dejó el distrito para regresar a Chile en 2001 después que Bob Baker, entonces el nuevo pastor en Chimbote, le dijo que no podía regresar a residir en la casa de Chimbote después de su año sabático. Gerry había esperado continuar haciendo sus talleres bíblicos en Chimbote, mientras habitaba la casa comunitaria con Bob.

Yo creo que lo que más me hirió de este proceso de toma de decisiones fue la manera tan secreta en que fue hecho. No hubo conversaciones previas de parte de las autoridades del distrito con Diego, Fidel o conmigo. No hubo diálogo con nosotros. Fue todo tan diferente a mi experiencia anterior sobre el uso de la autoridad en Santa

GRACIAS PERÚ

Cruz en mi vida comunitaria. Me sentí terriblemente desencantado de nuestro liderazgo distrital, y especialmente sobre Bill Persia, quien yo esperaba siguiera como superior el ejemplo de Fred Serraino, quien había mantenido junto a este grupo de hombres, con tan diferentes puntos de vista pastorales y personalidades. Pienso que Bill fue influido por otra gente y por su propio ímpetu de empezar la nueva misión en Tacna.

También me sentí muy sorprendido de que el superior provincial Arturo Colgan permitiera que el distrito haga una decisión tan importante, como cerrar una misión, sin hacer una consulta previa con la gente comprometida y sin insistir que el plan debía ser discutido con toda la membresía presente en la venidera asamblea distrital programada para febrero 2004. Cuando Arturo era superior distrital nosotros siempre discutimos decisiones mayores en asambleas.

También me hirió que no hubo protesta alguna de ningún otro del distrito. Sentí que esto era un abuso de autoridad en nuestra Congregación. Yo había visto y escuchado sobre otros abusos en otras áreas de la Iglesia desde la elección de Papa Juan Pablo II en 1978, y había esperado que ello no alcanzaría a Santa Cruz. ¡Y ahora los teníamos aquí con toda su fuerza! Con todo el entusiasmo de Bill Persia para empezar una nueva misión en Tacna, yo pensé que estaba siendo construida sobre las cenizas de la misión Chucuito y sobre el sacrificio personal de Diego. Fue una decisión cruel, e injusta por la manera en que fue hecha.

CHUCUITO (PUNO) 2000 – 2004

PREPARÁNDONOS PARA LA MUDANZA

Después que nuestras cartas de recurso fueran denegadas, con gran pena y mucha cólera Fidel, Diego y yo empezamos la preparación de nuestra partida de Chucuito, programada para marzo 2004. Con suerte, yo tenía planeadas unas vacaciones con Jorge Mallea par la semana después de Navidad, y ello me permitió de alejarme y descomprimir un poco toda la tensión.

Un resultado de la decisión del consejo distrital fue que nuestros programas con el Instituto de Familia Santa Cruz tuvieron que ser cancelados en Chucuito. Estos proyectos tenían compromisos salariales a cumplir con las personas de Santa Cruz que trabajaban en ellos, y ya que Fidel y yo saldríamos, los tres programas ahí, hasta el programa liderado por la Hermana Frances, fueron cerrados. Me parece que en la mayoría de las mudanzas durante nuestros años en Perú, nosotros en Santa Cruz tuvimos poca consideración por las personas afectadas por estas mudanzas.

Para salvar de alguna manera el trabajo que venía haciendo el equipo del Instituto Familiar, hablé con Simón Pedro, un Benedictino que tenía un programa similar al nuestro llamado *Escucha*, que ayudaba a la gente que había sufrido el trauma de la violencia terrorista. Él nos ofreció tomar en su organigrama a dos personas Wilber y Percy, quienes trabajaban en el proyecto conmigo, pagarles sus salarios y así mantener los talleres sobre violencia familiar que estaban funcionando en los colegios. Gracias a ti, Simón Pedro, por esa oferta y por ser mi director espiritual en Chucuito durante todos esos años, desde 1994 cuando regresé de mi año sabático. Yo no podría haber sobrevivido en Chucuito o en la Prelatura o en Santa Cruz en todos esos años de no ser por tu sabiduría e intuiciones espirituales.

A Diego finalmente se le permitió permanecer en Chucuito un poco tiempo más que el resto de nosotros después que insistió que en nuestro contrato con la Prelatura, Santa Cruz tenía que dar un aviso de terminación al obispo Elio con seis meses de anticipación. Durante ese tiempo, empezó a hacer planes para entregar los programas de IDEA a Simón Pedro, quien ya era parte del equipo de IDEA donde estaban con él Santiago Mendoza y Juan Mallea.

Durante el mes de enero 2004 mientras Diego y yo continuamos enseñando en la escuela de verano de ESER en Puno, yo empecé a preparar la casa para la mudanza, empacando nuestras cosas. Decidimos llevar con nosotros a Tacna todos los muebles que compramos en 2001 para la casa nueva en Chucuito.

En el encuentro usual de Religiosos varones y mujeres de Santa Cruz en febrero 2004 en Lima, las Hermanas de Santa Cruz expresaron su frustración acerca de la manera como la decisión de dejar Chucuito había sido tomada, sin consideración por el impacto que dejaría en ellas. Ellas dijeron que habían decidido ir a la Prelatura de Julio en 1986 para colaborar con el trabajo de los sacerdotes de Santa Cruz en el lugar. Ellas consideraban que ellas habían sido soslayadas y excluidas de la conversación principal, y del proceso de toma de decisión que les implicaba.

CHUCUITO (PUNO) 2000 – 2004

Bill quien, a diferencia de otros miembros de Santa Cruz, gustaba de la colaboración con las Hermanas de Santa Cruz, les contestó manifestando su entusiasmo por empezar una nueva misión y ministerio en Tacna. Otros hombres de Santa Cruz pensaban que las Hermanas no tenían derecho alguno de interferir con una decisión hecha por varones.

Además de no discutir con las Hermanas con anticipación, no hubo ninguna conversación durante el proceso de decisión con nadie más de los afectados. Para mí, la decisión se tomó totalmente en contra del proceso de discernimiento expresado en nuestra Regla que pide hacer toda clase de consultas antes de arribar a cualquier resolución final. Estos fueron días tristes en épocas tristes durante lo que yo llamo "la dictadura del consejo."

Antes de cerrar este capítulo, y mi recuento de mis años a veces difíciles de vida entregada en la Prelatura de Juli con el pueblo aymara, quiero dar gracias al Señor por años maravillosos de vida en una Iglesia redonda de hermanos y hermanas, y por la rica experiencia espiritual de esos años. Chucuito fue mi casa por casi veinte años, y yo aprendí mucho del pueblo aymara durante ese tiempo. Fue un período en que Perú sufrió cambios y en el cual, para muchos de nosotros, la Iglesia se alejó cada vez más de las esperanzas y sueños que nosotros habíamos mantenido para la implementación de los documentos de Vaticano II. Pero aún durante estas dificultades, yo agradezco muy especialmente a ustedes mis amigos aymaras por aceptarme entre ustedes por todos esos largos años y por compartir conmigo su amistad, su cultura y su espiritualidad. ¡Yo no los cambiaría por nada! El gozo de trabajar y vivir con tantos de ustedes por todos esos años pesa mucho más que todas las experiencias desagradables que he contado en estos últimos capítulos.

9. TACNA 2004 - 2009

Cerrando y dejando la misión en la Prelatura de Juli con un corazón acongojado, partí de Chucuito en la mañana del 4 de marzo, 2004. Diego se quedó allí hasta el fin de mayo, en que regresaría a Chile, donde continúa hasta el presente, enseñando en la Universidad Católica en Santiago, ayudando en las parroquias de Santa Cruz, y viajando a menudo a los Andes de Perú y Bolivia para dar charlas en las Encuentros de Teología Andina. El decidió dejar el Distrito de Perú, después que sus peticiones de mantenerse en la Prelatura de Juli fueran todas denegadas por el superior distrital Bill Persia y su consejo distrital. Por cierto, fue para él un día triste como para todos nosotros cuando nuestra caravana se desplazó fuera de Chucuito como si fuera una marcha funeral.

Un camión grande se adelantó con nuestros muebles, seguido de la van pequeña de Jorge Mallea llevando sus cosas, las que dejaba encargadas en nuestra casa. Seguía Wilber Mamani llevándome en su van con mis cajas empacadas, luego la comunidad Santa Cruz en un carro manejado por Fidel, llevando sus cosas que iban con él a Canto Grande. Habíamos cargado el camión la noche antes para poder salir bien temprano. Gracias a todos y a cada uno que ayudaron con todo ese trabajo.

Fue un viaje largo de ocho horas a Tacna. Legamos hacia las tres de la tarde a la casa, que Bill Persia, Jorge Mallea y yo habíamos decidido alquilar ahí. Los tres habíamos ido por avión a Tacna al fin de febrero, después que terminó nuestra asamblea del distrito en Lima, para saludar a la nueva diócesis en su asamblea anual y escoger la casa en que viviríamos. El local, perteneciente a la Asociación de Misioneros Laicos del Perú (APM), era perfecto para nosotros. Estaba cerca del área de Vinani, donde fundaríamos una nueva parroquia, y era perfecto para el transporte al centro de la ciudad. La casa estaba semiterminada y era sencilla; todo lo que queríamos. El segundo piso no tenía ventanas todavía, y el techo estaba incompleto. Pusimos plástico en las ventanas, y petates de paja en el techo para evitar el viento.

Llegamos bastante temprano y tuvimos que esperar a Bill Persia, quien tenía las llaves y estaba en el centro. Al llegar él descargamos el camión y las vanes. Una vez que estuvimos ubicados al menos a medias, todos los que habíamos venido de Chucuito fuimos al centro de Tacna a comer *pollo a la brasa* (pollo asado al estilo peruano), para celebrar nuestra llegada sin problemas.

Con Bill fuimos al día siguiente a la playa del Océano Pacífico unas veinte millas, y allí disfrutamos de la tarde con Juan Mallea, Wilber Mamani Cotillo y Percy Málaga, con sus esposas y la familia de Fidel. Gracias a todos ustedes por hacer que nuestra mudanza sea más agradable. Al día siguiente nos instalamos en nuestra nueva vida.

VINANI

El domingo fuimos a inspeccionar un terreno, que nos dijeron iba a ser una capilla en Vinani, un área grande en la zona sur de Tacna recientemente parcelada para gente que había perdido sus casas durante el terremoto de 2002. No había servicios de electricidad, agua o desagüe todavía. La gente que se había instalado había construido casas de esteras, en pequeños lotes asignados. Para nuestra consternación, encontramos que algunos habían construido sus viviendas en el terreno asignado a la capilla. Presentí que ello iba a ser un gran problema -quizás aún una batalla legal para nosotros- lo cual no iba a ser una manera correcta de empezar con una gente a quien se suponía íbamos a servir. Hablamos con ellos sobre el problema. Al día siguiente, para nuestra sorpresa, todos habían cambiado sus hogares a los terrenos del frente, un terreno que supuestamente iba a albergar un mercado en el futuro. Para nosotros este gesto fue una evidencia de que querían que nos quedemos ahí.

Ese mismo día tres personas tocaron la puerta de nuestra casa. Ellos nos dijeron que pertenecían al Movimiento Juan XXIII, una organización espiritual en el Perú para laicos católicos. Ellos habían escuchado que nosotros íbamos a empezar una parroquia en Vinani, donde ellos vivían, y querían ayudarnos. Así, compramos alambre, esteras y postes de palo, y en lo que fue un día teníamos nuestra capilla parada en el lote designado por las autoridades. Ellos también encontraron pequeños bloques de cemento que podíamos usar como asientos en la capilla y para construir un pequeño altar. ¡Todo era perfecto! Gracias a ustedes, Lucio Marín, Hernán Arma, y el ya fallecido Humberto Cruz, por toda su amistad y su ayuda durante ese día y a través de todos los años. No hubiéramos podido hacer todo eso tan rápido sin ustedes.

Lelia Ramos, del mismo Movimiento Espiritual Juan XXIII, se unió al grupo de tres hombres el siguiente domingo, para formar nuestro pequeño grupo nuclear para la Misa Dominical. Durante todos los domingos siguientes celebramos la misa a las 7 a.m., ya que la gente nos dijo que en Vinani había una asamblea de la asociación de vivienda de la vecindad cada domingo a las 8 a.m. para tratar los proyectos de agua, desagüe y electricidad para el vecindario y las casas. Las calles todavía carecían de alumbrado público. Cada cuadra contaba con una bomba de agua de la cual los vecinos acarreaban agua a sus casas en baldes.

Ya establecidos en Tacna los tres nos inscribimos en el Automóvil Club Tacna. Esto permitió mantenimiento para el carro que Bill usaba para la parroquia, lecciones de manejo que Jorge deseaba tomar, y el uso de las instalaciones del club que contaba con una buena piscina al aire libre que yo usaba durante los meses calientes de octubre a marzo. Tacna podía ser muy fría en los meses de invierno, y la piscina no tenía climatización. Sin embargo, la piscina me mantuvo en forma hasta cierto punto. La natación siempre ha sido un ejercicio espiritual para mi desde mi juventud cuando mi primo Jack Barnes, sacerdote de La-Salette y uno de mis pilares vocacionales, me enseñó a nadar y sentirme seguro en el agua.

MI NUEVO MINISTERIO

Ya que estaba más interesado en la educación que en el ministerio parroquial, de inmediato fui a la Oficina

Diocesana para la Educación Laica situada juntos a las oficinas obispales en el sótano de la catedral de Tacna, en el cuadrilátero principal de la ciudad. Me enteré de que Santiago Estefaniak, un sacerdote Maryknoll que había fundado esa oficina estaba trabajado allí por mas de quince años, iba a retirarse a sus ochenta años de edad. Cuando yo estuve Chucuito, Santiago invitó varias veces a lo largo de los años a mi, al equipo del Instituto de Familia, a Diego y a Al, a realizar talleres para su programa de diáconos casados. Por ello yo lo conocía bien. Yo pude reemplazarlo en el equipo de formación de laicos, coordinando en ese tiempo por la Hermana Maryknoll Martha Goetchel, y más tarde por la Hermana Maryknoll María Lynch. Los miembros laicos claves del equipo fueron Javier Chacón, un profesor que también trabajaba en la Oficina Diocesana de Educación Católica (ODEC-Tacna), y Ana María Napa, que era la secretaria de la Oficina Diocesana de Formación de Laicos.

Yo supe del trabajó de este grupo desde los tiempos en que me alojé en la Casa Central de Maryknoll en Lima y había hablado con el otro sacerdote Maryknoll que había fundado este programa con Santiago en Tacna al comienzo de los noventas. Ellos habían establecido la oficina para organizar programas a todo lo ancho de la diócesis sobre Biblia y Formación en la Fe, invitando a los líderes laicos y a los profesores de religión de todas las parroquias y colegios de Tacna a sus programas nocturnos de los lunes y viernes. Estos se realizaban en los tres grandes salones de clase que tenía la oficina diocesana en el sótano de la catedral. Era exacto lo que necesitaba para el tipo de trabajo educacional que había esperado hacer en Tacna, desde que lo había pensado en el 2000 cuando visité al obispo con Jorge Mallea.

Justo después de nuestra llegada a Tacna, mis buenas amigas las Hermanas de San José, a quienes he mencionado varias veces en capítulos anteriores, al saber que yo estaba ahora en la ciudad, me invitaron a un retiro para sus líderes laicos en el colegio de Fe y Alegría que ellas administraban en Tacna. Ello me dio la oportunidad de hacerme conocido entre los profesores. Me pareció que Dios estaba preparando el camino para mí y nosotros, para que nos establezcamos en Tacna, después de tantos meses de dificultades.

EL COLEGIO DE SANTA CRUZ

A mediados de abril, Bill, Jorge y yo hablamos con las Hermanas de San José que administraban el colegio de Fe y Alegría, y con los jesuitas que tenían dos colegios en Tacna, uno de los cuales era para los pobres. Todos ellos pensaban que nosotros debíamos comenzar un colegio dentro de la nueva parroquia, ya que el pueblo aymara de las áreas pobres de Tacna realmente querían buenos colegios para sus niños. También pensaban que ello ayudaría a que la gente de Vinani, quienes eran en su mayoría inmigrantes de Puno, se interesara en participar en la parroquia. Como remarqué antes, los puneños no eran católicos de domingo, ya que en Puno usualmente vivían en pequeñas comunidades agrarias donde no había sacerdotes cercanos para hacer misas dominicales. Bill, Jorge y yo pensamos todos que era una muy buena idea.

TACNA 2004 – 2009

Jorge Mallea, que era profesor como yo y había sido transferido de su puesto de profesor estable en el colegio Fe y Alegría de Canto Grande para formar parte del nuevo equipo en Tacna, estaba especialmente interesado. Él había hecho muchos estudios sobre educación mientras estaba en Lima y quería continuar más en la educación que en el ministerio parroquial.

Bill Persia, el nuevo pastor en Vinani, quien era a la vez el superior distrital y había promovido la mudanza a Tacna, decidió presentar la idea de abrir un nuevo colegio de Santa Cruz como parte de la nueva parroquia, a su consejo distrital en Lima para aprobación. En previas asambleas de todos los Religiosos de Santa Cruz en el Perú, que se llevaban a cabo dos veces al año en Lima, habíamos discutido empezar un colegio Santa Cruz en alguna parte de Perú. Para su sorpresa y la nuestra, David Farrell, Bob Baker y Edison Chuquisengo (un sacerdote peruano recientemente ordenado en Santa Cruz que era entonces director del colegio de Fe y Alegría en Canto Grande), tres de los cuatro miembros de su consejo distrital que vivían y trabajaban en Canto Grande, estuvieron totalmente en contra de la idea. Fidel Ticona, quien estudiaba entonces en Lima, fue el único miembro de consejo que la apoyó. Bill nos dijo a Jorge y a mí que durante la primera reunión del consejo en la cual ellos discutieron el colegio de Tacna, David Farrell le dijo a Bill que Santa Cruz estaba en Tacna sólo provisionalmente.

Este consejo acababa de cerrar la misión en Chimbote y la misión en Chucuito para empezar esta nueva misión en Perú, y ahora por lo menos un miembro de él, David, decía que la misión de Tacna era solo provisional. Nos preguntamos en qué estaban pensando, al cerrar misiones antiguas sólo para empezar una, que ellos consideraban como temporal.

Durante los siguientes meses, Bill trató de convencer a sus tres consejeros, pero sin éxito. El necesitaba la aprobación de por lo menos dos de ellos para empezar un colegio auspiciado por la Congregación Santa Cruz, ya que el consejo distrital era la autoridad legítima para tomar tales decisiones en el distrito. El además necesitaba la aprobación del superior provincial en Estados Unidos del cual dependía el distrito en Perú. Bill invitó a sus miembros de consejo a visitar la misión en Tacna para ver por ellos mismo la necesidad de un colegio, pero por alguna razón no declarada, ellos no vinieron a visitar. Bill continuó hablando con ellos, esperando que cambien su opinión, pero el voto se mantuvo firmemente en contra. Su resistencia a la idea de un colegio nos parecía a nosotros por encima de toda razón.

En noviembre 2004 Jim Lackenmier, el tesorero provincial, vino a Perú para visitar al tesorero distrital David Farrell. Arturo Colgan, el superior provincial, pidió a Jim que visite Tacna mientras estaba ahí. Tuvimos una visita amable y él nos pareció muy comprensivo del punto de vista acerca de la necesidad del colegio. Planeábamos mostrarle el gran terreno que las autoridades educacionales de Tacna estaban ofreciendo a Santa Cruz, gratuitamente, para construir el colegio en Vinani. Esperábamos que Jim pudiera convencer a los de Lima opuestos al colegio. Este regalo de terreno era una gran oportunidad para la Congregación. Pedimos al pequeño grupo de profesores que habían hecho amistad con Bill y Jorge y estaban trabajando con nosotros sobre los planes del colegio, que se encontraran con nosotros cuando visitáramos el lugar con Jim después de la misa del domingo. Sin embargo, las autoridades educativas de Tacna y los líderes de las asambleas vecinales de Vinani conocieron acerca de la visita, y ahí había una gran multitud dando la bienvenida a Jim. ¡La multitud fue una gran sorpresa para nosotros! Lo que era evidente para todos nosotros era que tanto las autoridades educativas tacneñas como el pueblo deseaban que nosotros fundemos un colegio. De ello no había duda ahora.

No había ninguna posibilidad de regresar en el tiempo para nosotros tres, por lo menos si íbamos a continuar buenas relaciones con la gente en la parroquia de Vinani. Tendríamos que empezar el proyecto del colegio de una manera u otra, si queríamos conservar la confianza del pueblo. Desafortunadamente habíamos prendido la mecha, presumiendo que el consejo distrital nos daría su aprobación, y lo hablamos hecho incluyendo al pueblo de Vinani en la conversación. Ellos estaban alborozados con la idea, porque el colegio más cercano se hallaba a una gran distancia. Los padres tenían que transportar a sus hijos personalmente y recogerlos. Los de mayor edad tenían que caminar o pagar el pasaje de bus. Esto era muy costoso para familias pobres, que trabajaban largas horas para sobrevivir. Con un consejo distrital opuesto al colegio, iba a ser duro para nosotros decirles que no íbamos a comenzar el colegio que tantos pobladores querían firmemente.

Arturo Colgan el provincial, superior de la Provincia

del Este, pronto fue envuelto en el conflicto de la comunidad. Bill Persia debía ir de vacaciones en los Estados Unidos en noviembre de 2004, entonces Arturo decidió invitarle a la reunión del consejo provincial durante su estadía para hablar acerca de las dificultades que él estaba teniendo con el consejo distrital.

En diciembre otro problema comenzó en Canto Grande. David Farrell y Bob Baker, dos de los consejeros que votaron por cerrar Chucuito y enviar a Bill a Tacna para ser la piedra angular de la nueva misión justo un año antes, estaban ahora pidiendo al provincial superior que Bill, como superior distrital, viva en Canto Grande, cerca de ellos, para manejar los asuntos del distrito desde allí. Bill no solo era el superior distrital sino también una persona clave para la misión nueva en Tacna como pastor de la nueva parroquia. Entonces nosotros nos preguntábamos qué iba a acontecer.

Bill, por vivir en Tacna con nosotros, había estado viajando la distancia a Lima en bus por veinticuatro horas para pasar cerca de diez días cada mes en Canto Grande manejando los asuntos del distrito. En ese tiempo, Bob Baker, el superior distrital asistente, vivía a tiempo completo en Canto Grande, y por ello Bill contaba con él para resolver cualquier otro asunto que surgiera allí durante el resto del mes. Así se había hecho con Daniel Panchot, superior distrital en 1985, cuando él vivía y trabajaba en Chimbote y me reemplazó en la parroquia para yo poder irme a Chucuito.

Otro desarrollo fue que el recientemente ordenado sacerdote peruano Edison Chuquisengo, quien había sido

TACNA 2004 – 2009

nombrado nuevo director del colegio de Fe y Alegría en Canto Grande, aún antes de su ordenación en 2003, había de repente decidido que quería dejar la Congregación. Edison también había sido nombrado miembro del consejo distrital reemplazando a Jorge Izaguirre cuando Jorge fue a los Estados Unidos para estudiar teología pastoral en Boston al inicio de 2004. Edison era uno de los tres miembros del consejo distrital opuestos al colegio en Tacna desde el comienzo.

Después de la reunión de Bill con el consejo provincial en Estados Unidos, el superior provincial Arturo Colgan decidió visitar Perú él mismo en enero 2005 para hablar personalmente con todos los miembros del distrito sobre algunos de estos problemas. Cuando él hablo conmigo, su preocupación principal parecía ser sobre dónde el superior distrital debía vivir, y no acerca del colegio.

Después de hablar con todos los miembros del distrito individualmente durante el mes de enero 2005, Arturo como superior provincial decidió que Bill tendría la opción de ir a Lima a vivir y continuar como superior distrital, o renunciar a ser superior y permanecer en Tacna. A pesar de que había una asamblea de la comunidad programada para un mes después, en febrero, Arturo tomó la decisión anticipadamente, con el consejo distrital.

Bill escogió quedarse en Tacna, renunciando a su puesto como superior distrital, para el cual fue elegido unánimemente en el capítulo de 2003.

GRACIAS PERÚ

EL COLEGIO PARROQUIAL DIOCESANO

Pronto después que la decisión fue anunciada, Bill, Jorge y yo discutimos de nuevo qué hacer acerca del colegio, ya que era lo que el pueblo quería y esperaba de nosotros. Decidimos finalmente que ya que la comunidad de Santa Cruz no quería comenzar el nuevo colegio Santa Cruz en Tacna, tendríamos que hablar con el obispo para ver si él pudiera estar interesado en fundar un colegio parroquial diocesano allí en Vinani entre los pobres. El obispo estaba muy interesado. Como ya había el permiso de la comunidad para establecer una parroquia, pensamos que podíamos empezar un colegio parroquial como parte del proyecto de la parroquia con sólo la aprobación del obispo. En nuestro razonamiento, no había necesidad de la aprobación del superior distrital. El superior provincial finalmente accedió, pero le dijo a Bill que, si había un colegio parroquial en la parroquia bajo el auspicio del obispo, este no recibiría ninguna ayuda económica de parte de Santa Cruz. El insistió que Bill se asegurase que el obispo de Tacna entendía y aceptaba estas condiciones. Gracias obispo Hugo Garaycoa por aceptar.

Así pues, dimos comienzo a los planes de abrir el colegio parroquial diocesano en abril 2005 con Jorge Mallea como fundador y director. Mucho del trabajo de base para el edificio ya había sido hecho con la ayuda de las asambleas vecinales de Vinani y ahora con la participación de otro nuevo grupo pequeño de profesores. El primer grupo de profesores fue convencido después de la visita de Jim Lackenmier en noviembre, de que Santa Cruz no iba a comenzar un colegio en Vinani. Descorazonados ellos retrocedieron, excepto por el profesor Luciano Quispe Cutipa, un amigo fiel de Jorge, Bill y yo desde el comienzo del proyecto de construir el colegio. No podríamos haber empezado el colegio sin su ayuda ese primer año. Gracias de todo corazón a ti, Luciano.

Las autoridades educativas nos informaron que no podíamos dar comienzo al colegio sin tener en función los servicios de agua y desagüe. Entonces Bill Persia consiguió una donación de Europa y puso los baños conectados a agua y desagüe, que ya habían llegado a cinco cuadras del local por acción del alcalde. Bill tuvo que comprar una cantidad grande de tubería para hacer la conexión, y luego construir los baños. Gracias Bill por hacer todo esto.

El pequeño grupo de profesores hizo una colecta con su propio dinero para terminar salones de clase de esteras en el terreno designado para la parroquia. Los jesuitas y las damas del Club de Leones nos donaron algunas carpetas y pizarras descartadas, y así pudimos estar listos para empezar clases con el año escolar en marzo. Sin embargo, tuvimos que esperar hasta la mitad de abril para recibir reconocimiento oficial de las autoridades educativas peruanas. Ese primer año casi doscientos estudiantes se matricularon en kindergarten, todos los seis años de primaria y el primer año de secundaria. El número muestra lo grande que era la necesidad de un colegio para Vinani.

Los padres pusieron en nosotros su confianza para matricular a sus hijos en marzo aun sabiendo que esperábamos el reconocimiento oficial para el colegio. Debido a su aprobación tardía, la novedad del colegio y su presupuesto anual limitado, las autoridades educativas no pudieron dar al colegio todos los sueldos que necesitábamos para cada uno de los profesores de la escuela de seis años. Por consiguiente, los seis profesores se reunieron y acordaron partir en seis los tres sueldos del gobierno para lograr que todos pudieran trabajar ese año escolar. Gracias a ustedes por su generosidad y solidaridad, fieles maestros laicos.

En todo esto yo estaba muy feliz por Jorge Mallea. Ahora ya tenía su ministerio educativo. Bill era el pastor de la parroquia, y yo tenía también mi ministerio educativo con la diócesis mientras ayudaba tanto a la parroquia como al colegio en lo necesario. ¡Dios fue tan bueno!

SE ANUNCIAN CAMBIOS

Al final de 2005 un nuevo obispo auxiliar fue nombrado, para ayudar al obispo Hugo Garaycoa que aceptó a Santa Cruz en Tacna. Marco Antonio Lara Cortez era un joven sacerdote diocesano peruano, de la diócesis de Chiclayo al norte del Perú, cerca de Cartavio. Él había sido formado ahí por el Opus Dei, una organización conservadora de la Iglesia Católica fundada en España al comienzo del siglo XX y apoyada por el Papa Juan Pablo II y más tarde por el Papa Benedicto XVI como un bastión de la doctrina católica. Durante los años pasados, cerca de doce nuevos obispos habían sido nombrados en Perú por el Opus Dei. Se rumoreaba que en Perú se iba a hacer un experimento para probar el éxito de un movimiento conservador en tomar completamente las riendas de un país latinoamericano.

TACNA 2004 – 2009

Marco Antonio no era un miembro pleno del Opus Dei, sino un asociado. En septiembre 2006, él se convirtió en el nuevo obispo de Tacna cuando el obispo Hugo se retiró. El no vino a la diócesis pregonando que el tenía toda la verdad como trataron de hacer otros obispos nombrados por el Opus Dei en otras diócesis, y estaba sucediendo en la Prelatura de Juli, donde el nuevo obispo del Opus estaba rehusando renovar los contratos de los sacerdotes Maryknoll cuya congregación había fundado la prelatura hacia 1957. Marco Antonio tenía un estilo más amigable de Opus Dei. Jorge, Bill y yo teníamos poca dificultad con él. De hecho, el nos daba mucho apoyo de varias maneras respecto a la parroquia y el nuevo colegio parroquial de Vinani.

En el mismo año 2006 las Hermanas de Santa Cruz, que habían estado trabajando en otra parroquia in la zona sur de Tacna desde su llegada en 2000, decidieron construir su residencia y trabajar con nosotros en Vinani. Bill Persia estuvo ayudando a la Hermana Raquel a conseguir terreno allí, pero el proyecto realmente progresó cuando la Hermana Frances Savoie, quien había trabajado conmigo en Chucuito, fue transferida a Tacna. Ella encontró un terreno muy bueno en Vinani y obtuvo los papeles en un tiempo récord. De hecho cuando ella consiguió este terreno, Bill estaba trabajando aún en conseguir papeles de la ciudad de Tacna para el terreno de la parroquia. El colegio parroquial fue construido en la mayor parte de terreno que originalmente fue adjudicado para la iglesia parroquial y otros edificios parroquiales. Por tanto, se necesitaba terreno adicional.

GRACIAS PERÚ

EL MOVIMIENTO DE TRABAJADORES CRISTIANOS

Durante sus años tempranos en Tacna, decidí organizar un grupo del MTC, Movimiento de Trabajadores Católicos que yo había conocido por años y que fueron parte del trabajo pastoral en Chimbote, tal como describí en capítulos anteriores. Hernán Arma, Lelia Ramos, Lucio Marín y su esposa Patricia y Humberto Cruz, quienes nos habían ayudado a fundar la parroquia en sus comienzos, y los pocos profesores del colegio, vinieron a una reunión inicial llevada a cabo en la iglesia parroquial de palos y esteras. Después de un año de reuniones, nos pusimos en contacto con el movimiento nacional MTC en Lima, y ellos nos aceptaron como un grupo en formación del movimiento.

Nuestro grupo de MTC organizó muchas actividades pro-fondos para la parroquia. Una vez ellos vendieron *pollo a la brasa* (pollo asado al estilo peruano) para poder comprar madera y hacer las bancas de la iglesia y un nuevo altar de madera. Uno de los miembros de MTC, un carpintero, hizo el trabajo manual. También trabajaron en actividades pro-fondos para el colegio organizadas por los profesores, como el bingo anual. El MTC fue uno de mis apostolados favoritos desde los tiempos en que trabajé con la JOC (Juventud de Trabajadores Católicos), la JEC (Juventud de Estudiantes Católicos) en Chimbote y en Cartavio. El MTC seguía la misma metodología de acción social en cada reunión, reflexionando sobre la realidad sociopolítica a la luz de las Escrituras, y luego buscando maneras de actuar para mejorar la situación vivida. Yo aún creo que estos tipos de movimiento son la sal de la Iglesia, porque son "pequeñas comunidades cristianas", que no son dependientes de un sacerdote o Religioso como yo. Ellos pueden funcionar por sí mismos, sin importar quién es el pastor. Muchos grupos parroquiales son a menudo demasiado dependientes del pastor, y por esa razón pronto desaparecen cuando éste es transferido a otros lugares.

PROGRAMAS DE CONSEJERÍA FAMILIAR

Durante esos años iniciales en Tacna yo fui invitado a ayudar en el programa estatal para adictos en el hospital regional. Muchos de los participantes eran hombres adictos al alcohol o drogas. Había algunas mujeres, sobre todo con adicción al juego de apuestas, y adolescentes con adicción a juegos de computadora. Era un grupo que daba satisfacción al trabajar con ellos y ellas, ansiosos de compartir sus historias y de aprender. Eran honestos acerca de sus vidas y querían cambiar. Más tarde en ese año otro grupo de doctores y especialistas empezaron un programa privado para adicciones, con el cual también colaboré. Yo usaba para ello una mañana a la semana.

Casi de inmediato a nuestra llegada a Tacna yo decidí empezar la Escuela de Consejería Familiar tal y como lo hice con el proyecto de Instituto Familiar en Puno. Todavía tenía algunos fondos restantes del proyecto de Puno y entonces invité a Wilber, Percy y Marlene a venir desde Puno para conducir talleres familiares sobre autoayuda en paternidad, primero con los cuarenta y tres profesores y profesoras de colegio Fe y Alegría administrado por las Hermanas de San José, luego con el personal del centro social de los jesuitas en Ilo, tal como antes lo habíamos hecho en 2002-2003.

El programa de autoayuda en paternidad apuntaba a que las personas reflexionen sobre la paternidad-maternidad que ellos habían recibido como niños(as) y cómo ellos(as) podían modificar algunos efectos negativos y así construir una autoestima más sana. Estos talleres con el equipo de Chucuito me ayudaron a hallar nueva gente en Tacna que podían constituir un nuevo equipo de consejería familiar ahí. Wilber continuó viniendo de vez en cuando a Tacna durante todos mis años allí, tanto para visitarme como para ayudar en los talleres. Gracias Wilber por tu ayuda y tu amistad en todos esos años.

Debido al número de personas interesadas en la escuela de consejería familiar en Tacna yo tuve que dividir el programa en dos grupos de estudio que, como expliqué en el capítulo previo, eran imprescindibles para socializar el material de estudio en casa durante la semana. Un grupo de estudios se reunía en la mañana en las oficinas del obispado, y otro se encontraba de noche en la casa de uno de los participantes. Se formó otro grupo de estudio en Ilo, ciudad situada en la costa peruana a unas dos horas al norte de Tacna por bus. Yo solía reunirme una vez por semana con cada grupo de estudio, y una vez al mes con el grupo de Ilo. Las Hermanas Kay Conroy y Zelma Leblanc, a quienes conocí en Cartavio, ahora vivían en Ilo, y ellas me ayudaron con los grupos de estudio ahí a lo largo de los años.

TACNA 2004 – 2009

Encontré nuevos estudiantes para la escuela de consejería familiar por medio de mi enseñanza en el programa de Tacna para liderazgo laico. Como expliqué más temprano, se trataba de un programa diocesano establecido por el obispo y los sacerdotes Maryknoll al comienzo de los noventas, para entrenar laicos y que asuman funciones de servicio en la Iglesia Peruana, donde no había suficiente número de sacerdotes. Era un resultado del llamado del Concilio Vaticano Segundo a todos los fieles bautizados de la Iglesia, a asumir como seguidores de Jesús, un papel más activo en la vida de la Iglesia. Yo había estado comprometido en este tipo de pastoral desde mi llegada a Perú. Yo estaba convencido que el futuro de la Iglesia en América Latina dependía en que los laicos se comprometan más activamente en la pastoral y en la toma de decisiones. Era la columna vertebral de mi ministerio sacerdotal en Perú en todos esos años. Tristemente, alguna gente de la Iglesia seguía insistiendo en enfatizar vocaciones al sacerdocio ministerial y vocaciones para la vida Religiosa. No tengo problema con ello, si se mantiene en perspectiva con la vocación bautismal del laico reconocida como vocación primaria. Esta visión mía ya me había causado problemas en el pasado, si ustedes recuerdan, cuando en la Prelatura de Juli defendí a Rudi como miembro de la directiva de ODEC.

Era un tiempo muy ocupado en Tacna, y yo ayudaba tanto a la parroquia como en el colegio parroquial, cuando me lo pedían Bill y Jorge. Sin embargo, justo como con Diego en Puno, mi servicio auxiliar al pueblo de Tacna y a la diócesis más que a tiempo completo in la parroquia de

GRACIAS PERÚ

Vinani, la tarea institucional de Santa Cruz ahí, propició mi reputación de "hacer lo mío" a diferencia de otros en Perú, que trabajaban a tiempo completo en las instituciones de Santa Cruz. Era tan solo un paso el necesario para tildarme de perezoso por no contribuir al crecimiento de Santa Cruz en Perú.

El fundador de Santa Cruz, Basile Moreau, quería que los sacerdotes y los Hermanos y Hermanas de Santa Cruz ofrezcan sus servicios para participar en la Iglesia local como auxiliares. Si ello significaba establecer instituciones Santa Cruz, de acuerdo. Sin embargo, yo creo que también quiso decir que a veces hay que hacer lo que otros no están todavía haciendo. Yo sentí que en Tacna como en Puno, mientras yo estaba ayudando a la parroquia de Vinani en lo que fuera necesario, una institución Santa Cruz y un colegio parroquial, también estaba llevando a cabo servicios pastorales que ningún otro u otros estaban realizando. Yo estoy orgulloso de mi trabajo, cualquiera que sea la opinión de unos pocos en Santa Cruz.

EL PROBLEMA MONETARIO

A mediados de julio 2006, Jim Lackenmier, como tesorero provincial, envió a Bill una carta sobre las cartas de Bill pidiendo ayuda financiera para el colegio parroquial, que no obtuvieron aprobación de Santa Cruz. Bill respondió, explicando que el colegio era parroquial, por lo que consiguió las donaciones necesarias a través del obispo quien era la persona responsable por el colegio. Esa fue la manera como Diego y yo habíamos obtenido ayuda financiera en la prelatura de Juli para la parroquia de Chucuito y para el equipo de formación de profesores de religión (ODEC) y para el Instituto Aymara (IDEA), todos los cuales no fueron instituciones Santa Cruz, sino trabajo auxiliar de Santa Cruz en instituciones diocesanas, en colaboración con la Prelatura de Juli y el obispo local. Aparecía crecientemente una preocupación en Canto Grande, de que el colegio de Tacna estaba obteniendo fondos provenientes de los mismos donantes que daban fondos a Santa Cruz para los trabajos de Santa Cruz en Canto Grande, y que ello podía afectar de alguna manera las cantidades que Canto Grande recibía. Y también parecía haber un miedo de que las donaciones al distrito podían estar más dirigidas a Vinani que a Canto Grande, porque en ese tiempo Vinani aparecía más pobre y en más necesidad.

Canto Grande era una parroquia inmensa con cerca de 250,000 habitantes dentro de sus límites. Era del tamaño de una diócesis aquí en Estados Unidos. Tenía diez y nueve capillas que aquí en Estados Unidos serían de tamaño suficiente para ser consideradas parroquias. Esa era la razón por la cual la escasez de sacerdotes fue siempre un problema para el distrito de Perú. La parroquia de Canto Grande tenía una gran necesidad de sacerdotes sacramentales aún sólo para misas dominicales. Santa Cruz también administraba un gran colegio Fe y Alegría con primaria y secundaria con más de 2,000 estudiantes. Adicionalmente, tenía una escuela para niños y jóvenes discapacitados llamado Yancana Huasi. Y había el Instituto Santa Cruz, del que escribí más temprano, y su sede nacional allí. Canto Grande era una empresa pujante y en crecimiento.

GRACIAS PERÚ

Como relaté, David Farrell había pedido al capítulo de 2003, por solicitud del obispo de Chosica, que se acepte a la parroquia de Canto Grande en perpetuidad, lo que significaba que otro obispo no podía fácilmente expulsar a Santa Cruz. El capítulo de 2003 había debatido las ventajas y desventajas de hacerlo, pero al final el decreto presentado por David recibió la necesaria mayoría de votos para su aprobación. Por lo tanto, Canto Grande era nuestro, y también era el centro, la atracción principal de la presencia de Santa Cruz en Perú.

Bill estuvo muy molesto con la carta de Jim Lackenmier. El habló conmigo una noche poco después acerca de sus planes de irse de Perú en marzo 2007. Él me dijo que se había terminado su paciencia acerca del continuo negativismo hacia la misión Tacna.

Bill sabía que en febrero 2005 después de la asamblea distrital yo había hablado con Arturo Colgan, el provincial superior, acerca de la posibilidad de dejar el distrito y retornar a Estados Unidos, si él pensaba que era lo mejor bajo las circunstancias. Yo no quería continuar trabajando en el distrito con un gran enojo dentro de mí. Yo estaba muy descontento de que Arturo haya nombrado a Bob Baker para reemplazar a Bill como superior distrital, especialmente cuando Bob fue uno de los consejeros que había hecho muy difícil la vida de Bill cuando él era superior. Yo sentía que Bob, quien había estado viviendo en Canto Grande y había sido asistente de Bill en ese tiempo, podía fácilmente haber ayudado a Bill a conducir el distrito mientras Bill continuaba viviendo como superior distrital en Tacna. Pero no lo hizo. Aun siendo el asistente del superior distrital, el sintió que era un trabajo para Bill y no para él. También Bob estuvo muy en contra del colegio en Tacna desde el mismo inicio, a pesar de que hasta ese tiempo nunca había visitado Tacna. Sin embargo, cuando el provincial le ofreció tomar el puesto de Bill como superior distrital, no dudó un momento en aceptarlo.

También me había preocupado en ese tiempo que posiblemente algunos miembros peruanos estaban en desacuerdo con mis opiniones. Yo no quería ser un obstáculo para lo que los peruanos de la comunidad deseaban, especialmente si los jóvenes miembros peruanos de Santa Cruz hallaban difíciles de aceptar mis puntos de vista o actitudes. Durante los debates en las asambleas de la comunidad muchos de ellos permanecían callados y participaban poco.

Por otro lado, durante todos esos años, los jóvenes peruanos a menudo nos visitaron en Tacna. Ellos venían durante los recesos de verano de sus estudios. Los novicios latinoamericanos de México, Brasil, Chile y Perú también pasaron un tiempo con nosotros durante su mes pastoral en julio. Siempre aparecían contentos del tiempo que pasaban con nosotros y también del trabajo que hacían en el colegio o en la parroquia y de nuestro estilo de vida comunitaria. Los peruanos jóvenes también se veían contentos de pasar algún tiempo con Bill, Jorge y conmigo en la mesa o durante los momentos sociales de nuestras asambleas comunitarias o en las reuniones de Lima dos veces al año.

Luego un año después durante el capítulo de 2006 yo fui postulado por algunos peruanos a ser candidato para el puesto de consejero del nuevo consejo distrital que iba a ser electo para trabajar bajo la dirección de Bob Baker. Él había sido electo como superior distrital por el provincial para un período de tres años. Perdí la elección por un voto.

Después del apoyo que tuve en la elección de 2006, hablé con el provincial de nuevo para decirle que había cambiado mi opinión acerca de dejar el distrito. Yo había decidido quedarme, porque sentía que un buen número de los peruanos querían que yo manifieste mis puntos de vista en el consejo distrital. Yo siempre había sido muy participativo y había expresado mis opiniones desde antes como miembro de consejos distritales con Arturo y durante asambleas comunitarias. Esa franqueza y sinceridad en mis pensamientos y sentimientos molestaba a alguna gente en el distrito.

También fui crítico de las decisiones del consejo. Mi experiencia de Iglesia y de Santa Cruz en el pasado había incluido el discernimiento y toma de decisiones en comunidad y como comunidad, todos juntos. Desde el capítulo de 2003 sentí que Santa Cruz se había vuelto más bien "la dictadura del consejo", en que el superior y su consejo tomaban decisiones importantes soslayando las asambleas comunitarias, y casi sin consulta comunitaria, especialmente sin consultar a la gente que iba a ser afectada por las decisiones. También pensaba que el provincial superior en Estados Unidos estaba excesivamente inmiscuido en las decisiones del distrito y escuchaba a sólo a unos pocos, y por tanto excluía las voces de otros en el distrito con diferentes opiniones y puntos de vista. Yo pensaba que Santa

Cruz estaba asumiendo el estilo autoritario y cuasi militar de la Iglesia, tan presente en el comportamiento de los Papas Juan Pablo II y Benedicto XVI, que se reflejaba ahora entre muchos de los recién nombrados obispos diocesanos peruanos elegidos por ellos. Para mí, Santa Cruz en Perú había asumido un estilo pre-Vaticano de Iglesia, más clerical y vertical, y yo era enfático en mis críticas acerca de ello, tanto en mis palabras como en mis acciones. Todo esto me puso en un lugar muy singular en el distrito Santa Cruz. ¡Yo literalmente ponía leña en la candela en los encuentros comunitarios!

Así, en julio 2006, me apenó mucho cuando Bill sintió que debía dejar el distrito para preservar su propia salud mental y emocional. Yo pienso que le hirió mucho todo lo que le había pasado cuando fue superior. Pienso que estaba molesto de que Bob y David, que se habían opuesto a él cuando era el superior, fueron justamente nombrados como el nuevo superior y el asistente del superior en su lugar. Estaba también cansado de ver todos sus planes para mejorar la misión en Tacna frustrados y que sus esfuerzos para obtener fondos para tal propósito eran siempre criticados y bloqueados. El sólo quería una salida a todo ello. Bill raramente hablaba abiertamente sobre lo que pasaba en su vida interior, pero yo podía intuir cuál era su estado de ánimo en todo ese tiempo, y a la vez yo sabía cuánto él apreciaba estar trabajando en Vinani y ayudando a Jorge en el colegio nuevo. Él había puesto mucho entusiasmo en la misión parroquial nueva de la cual era el fundador, y a la vez Bill era una voz parecida a la mía en el distrito y un compañero de ruta. ¡Como lo iba a extrañar! Además, Jorge y yo sentiríamos su ausencia porque los dos tendríamos que asumir la parte de Bill en el ministerio de la parroquia. Gracias Bill, por nuestros años juntos en Tacna.

Bill partió al comienzo de diciembre de 2006. Se fue directamente desde el aeropuerto de Tacna, donde Jorge y las Hermanas de Santa Cruz lo vieron partir, al aeropuerto de Lima y luego inmediatamente a los Estados Unidos. Él no quiso detenerse en Canto Grande.

Después de la partida de Bill, Jorge y yo asumimos más el ministerio parroquial. Desde mi llegada a Tacna yo había ayudado a Bill con las celebraciones litúrgicas de los domingos de lo cual yo disfrutaba. Bill conducía la música de la misa del domingo con un pequeño coro que él había formado con los profesores del colegio. Él también celebraba la misa diaria en la capilla aun cuando casi nadie asistía. A veces los profesores tenían pena por él y asistían a esas misas cuando tenían reuniones tarde. Entonces Bill los llevaba al centro de la ciudad en el carro de la comunidad que él usaba. Cuando partió de Tacna las misas diarias fueron canceladas. Jorge y yo pensamos que había necesidad de construir primero la comunidad de la misa dominical primero, y cuando se sintiera la necesidad empezaríamos con la misa diaria. Ese fue un punto de controversia desde el comienzo y por muchos años, con aquellos que creían que si eres un cura ordenado tenías por fuerza que celebrar la misa diaria en la parroquia. Una vez más había tensiones comunitarias entre las diferentes visiones sobre el sacerdocio y el desarrollo de la comunidad eclesial.

TACNA 2004 – 2009

Muchos profesores del colegio y los cuatro laicos fundadores de la parroquia habían ayudado a Bill con las clases de formación en la fe y con la preparación de los sacramentos los días domingo por la tarde. Toda esta colaboración continuó después que él nos dejó.

Recordando lo que pasó con la misión de Chucuito en 2003 yo me preguntaba que podía pasarnos a Jorge y a mí, ya que ¡ahora éramos de nuevo una comunidad de sólo dos!

LA PARROQUIA Y EL COLEGIO EN VINANI

Poco después de la partida de Bill, Bob Baker se volvió muy colaborador con la misión de Tacna. Él pidió a cada uno de sus cuatro consejeros que visiten Tacna. Y así tuvimos las buenas visitas de tres de ellos, y estuvimos contentos de que finalmente conocieron la misión, y en especial al nuevo colegio. Solamente David Farrell estuvo siempre muy ocupado para poder visitarnos; él estaba muy comprometido con las instituciones de Santa Cruz en Canto Grande.

Bob nos visitó con frecuencia, y tuvimos días muy agradables con él. El nombró a Jorge como pastor de la parroquia de Vinani en agosto 2007. También aparecía que él había mudado de opinión acerca del colegio parroquial, porque se apoyó mucho el trabajo de Jorge ahí. En mi experiencia de tantos años en Perú yo estaba acostumbrado a sobrellevar sus vaivenes, sus altibajos, en sus relaciones conmigo y con otros. Y esperaba que cuando nos visitara en Tacna estaría en un buen momento.

GRACIAS PERÚ

De vez en cuando Jorge y yo íbamos por un día libre a la ciudad chilena de Arica, situada muy cerca de la frontera con la Tacna peruana. Sólo era un viaje de 64 kilómetros en bus o colectivo, pero usualmente tomaba cerca de dos horas porque había que pasar a través de las aduanas fronterizas.

El colegio siguió creciendo en su número de estudiantes y profesores cada año bajo la dirección de Jorge. Yo le ayudé ofreciendo días de reflexión para los profesores —usando el folleto de Basile Moreau sobre la educación cristiana— y participando con Jorge en el proceso de evaluación anual de los profesores en el mes de enero para la renovación de sus contratos con el colegio. La mayor parte de ellos eran amigos, y Jorge y yo disfrutábamos acompañándolos. Muchos de ellos se volvieron miembros del MTC, Movimiento de Trabajadores Católicos, y algunos de ellos estudiaron consejería familiar en la Escuela de Consejería Familiar, y tomaron clases de Biblia en los programas para la formación diocesana de líderes laicos, en los que yo enseñaba. Gracias, profesores de Vinani, por su amistad y por todo lo que ustedes hicieron por el colegio y parroquia durante esos años.

MINISTERIO EN TACNA DURANTE 2007

Al inicio de enero el padre de Jorge murió en la comunidad campesina de Capilla Cutina donde Jorge había crecido, cerca de la ciudad de Juli en la Prelatura de Juli. Había estado enfermo por un tiempo. Ese año el sobrino de Jorge y mi ahijado Daniel Mallea vivieron con nosotros

TACNA 2004 – 2009

por un tiempo mientras estudiaban en la universidad de Tacna. Teníamos espacio, porque Bob todavía no había asignado una tercera persona para vivir con nosotros. Juan Tuesta, uno de los de los jóvenes profesos de la Congregación a quien se le había pedido dejar la comunidad recientemente, también vivió con nosotros mientras iba a la misma universidad.

Durante ese año actualicé mi Historia de Santa Cruz en Perú. Ya había escrito varios artículos desde la fundación de la misión en 1963 y los había presentado en la Conferencia de la Historia Familiar de Santa Ruz en los Estados Unidos.

En agosto 2007 fui invitado a viajar a Santiago de Chile por el sacerdote chileno de Santa Cruz Pepe Ahumada, rector de la Colegio San Jorge, nuestro colegio secundario ahí, para dar charlas sobre nuestro fundador Basile Moreau a los padres y profesores. En esa ocasión, visité varios de los exmiembros peruanos de Santa Cruz que habían dejado la comunidad mientras estudiaban teología y se habían quedado en Chile.

En septiembre Jorge y yo celebramos la beatificación de nuestro fundador Basile Moreau con una linda y sencilla celebración junto con la Hermanas Santa Cruz en Vinani. Fue coincidente con el aniversario de la parroquia y el colegio. Celebramos una misa con la participación de varias congregaciones religiosas de Tacna, y luego degustamos una cena de fiesta en un restaurante local. Fue un día de gozo para nosotros.

Mas luego en el mismo año yo fue invitado a Chimbote para celebrar la misa para el 25 aniversario de la presencia allí de la Hermanas de Santa Cruz (rama americana). En noviembre fui, también a Chucuito para presidir en una misa honrando los veinte años de las Hermanas de Santa Cruz (rama canadiense) en la Prelatura de Juli.

También en noviembre fui a Chile para reencontrarme con mi amigo Bob Comiskey quien viajaba desde los Estados Unidos con su esposa Nancy. El fue ordenado conmigo en Roma, y luego dejó la comunidad para casarse. Juntos visitamos nuestros amigos chilenos del tiempo de Roma, Mario Irarrázaval y Sergio Concha.

En Lima dirigí el retiro anual de los Padre de Maryknoll en su Casa Central. Fue ello durante un tiempo difícil para ellos, porque el nuevo obispo Opus de la Prelatura de Juli había decidido no renovarles el contrato a los tres sacerdotes Maryknoll que allí trabajaban, los últimos de la Congregación que había fundado esa Prelatura. Yo compartí con ellos los Ejercicios Espirituales de San Ignacio, que pueden ser de gran ayuda en tiempos de prueba. Yo había hecho por primera vez estos Ejercicios durante mi retiro de treinta días en el año 2000.

Ese año 2007, dirigí varios talleres sobre el tema del perdón en los colegios de Tacna. Mi ahijado Wilber Mamani Cotillo llegó desde Chucuito varias veces para ayudarme con los grupos grandes. Nuestro grupo laico diocesano laico de formación también empezó a ofrecer estos talleres, en nuestros programas de los viernes por la noche, y en ellos también me ayudaron algunos graduados de la escuela de consejería familiar. El equipo completo de preparación matrimonial de la parroquia San Martín de Tacna estudió el curso de consejería familiar ese año. Fue un tiempo muy ocupado para mí, que incluyó ser asistente de Jorge en la parroquia.

SANTA CRUZ

En diciembre 2007 Bob y su consejo tomaron la decisión de trasladar la reunión anual de verano a los días justo después de Navidad en vez de la fecha usual en febrero, en la que nos reuníamos junto a las Hermanas de Santa Cruz. Jorge y yo protestamos por el cambio de fecha por esa razón. También señalamos que no sólo era más difícil conseguir pasajes aéreos baratos alrededor de la Navidad, sino que también entonces había mucho trabajo para cerrar el año escolar. Incluso los miembros Santa Cruz que trabajaban en el Colegio Fe y Alegría en Canto Grande a menudo estuvieron ausentes durante la reunión de ese año. Sin embargo, las decisiones del consejo distrital siguieron haciéndose más y más de acuerdo a los deseos y conveniencias de los Religiosos de Canto Grande. Dado que ni Jorge ni yo éramos miembros del consejo, no teníamos ni voz ni voto in estas decisiones y tampoco se nos consultaba de antemano.

Desde la mitad de los 1980 todos los miembros varones y mujeres de Santa Cruz en el Perú nos habíamos reunido en asamblea por una semana durante el mes de febrero cuando era más fácil reunirse para todos, especialmente para las Hermanas. Este año Bob anunció que la reunión de febrero con las Hermanas sería opcional para los hombres. Luego asignó a los peruanos en formación, quienes usualmente disfrutaban de estos encuentros, a hacer estudios de verano y trabajo pastoral durante esas fechas de febrero. A pesar de estas decisiones por parte de Bob y su consejo, yo estuve feliz que la Hermana Santa Cruz Marcelina Quispe se unió como profesora en el colegio de Vinani ese año, y así la colaboración de Santa Cruz en Tacna, por lo menos, se mantuvo viva y saludable.

En 2008 Bob y su consejo planearon para que un tercer sacerdote Santa Cruz se una a Jorge y a mí en Tacna. Jorge y yo esperábamos que sea un joven recién ordenado llamado Alfredo Hernández, proveniente de la parroquia de Chimbote y que había estado trabajando en Canto Grande. Ambos conocíamos a Alfredo desde nuestro tiempo en Chimbote. Él había sido mi estudiante mientras yo era profesor ahí, y él se unió a Santa Cruz en 1994 cuando Jorge estaba haciendo ministerio vocacional en la parroquia. Alfredo había hablado a menudo con nosotros acerca de su interés en trabajar en Tacna.

Bob y su consejo optaron, en vez de ello, por hacer un intercambio de personal con el distrito Santa Cruz de Chile. Creían que este intercambio podría fortalecer los vínculos entre los dos distritos, los que ya colaboraban en los programas de formación con un noviciado en Huaycán, en las afueras de Lima y un programa de teología en Santiago. Así el distrito peruano asignó a Alfredo Hernández para trabajar en Chile, mientras que el distrito chileno asigna para Tacna al anciano norteamericano Gerry Papen, quien había estado en Chile por años y quien venía sufriendo en ese tiempo de etapas tempranas de pérdida de la memoria.

Gerry llegó a Tacna en febrero 2008, acompañado

por Sergio Concha, un amigo chileno de él y mío que había dejado la comunidad recientemente. Yo conocí a Sergio cuando yo estudiaba en Roma. Yo estuve muy contento de poder pasar un tiempo junto a él una vez más después de tantos años. Tiempo atrás en los años 70 él me había visitado en Cartavio. Desde entonces, yo lo había visto algunas veces cuando yo iba a Chile para reuniones comunitarias o de vacaciones con Jorge Mallea. Gracias Sergio por esa visita de una semana.

Gerry tenía mucha dificultad para adaptarse a la vida en Tacna. A menudo se perdía cuando salía tarde. El no encontraba suficiente trabajo pastoral para él en la parroquia de Vinani, y entonces pasaba gran parte de su día moviendo piedras de un área del colegio parroquia a otra. No fue una decisión justa ni necesaria asignarlo a Tacna, donde él iba a estar muy por afuera de su zona de confort. Era evidente en nuestra conversación con él, que había estado muy feliz y bien adaptado a su vida y ministerio en Santiago.

En julio 2008 Don Fetters, el maestro de novicios de ese tiempo, que había venido al noviciado de Lima después de varios años como superior distrital en Chile, nos dijo a Jorge y a mí que varios novicios vendrían a Tacna para su experiencia pastoral en agosto. Era bastante normal. Muchas veces en el pasado habíamos acogido a novicios de Santa Cruz durante su mes pastoral, así como a jóvenes peruanos en formación, tanto profesos como postulantes, durante sus experiencias pastorales de verano y de medio ciclo. Cuando Bill Persia estaba aún con nosotros, ellos le ayudaron a organizar una escuela de verano en la parroquia y un censo de la parroquia. Ese año ellos iban a ayudar a Jorge en el colegio.

En nuestro encuentro comunitario en Tacna, Gerry ofreció dirigir el programa de noviciado, ya que él tenía más tiempo para dedicarles, y de ese modo estaría ocupado en algo. El hizo planes para pasar unas pocas semanas durante julio en el noviciado con su amigo Don y luego regresar a Tacna con los dos novicios. Los tres diseñamos un plan para el tiempo que ellos estuvieran con nosotros, que Gerry pudiera presentar a Don en el noviciado. De acuerdo a nuestro plan, los novicios irían con Gerry a la misa diaria en la parroquia cercana o donde Gerry podría estar celebrando misa, exacto como los novicios lo hacía en la parroquia de Canto Grande si ellos no estaban en la casa de formación donde se celebraba la misa diaria.

Yo creía que la experiencia de formación pastoral de novicios debía enseñarles cómo la vida comunitaria se vivía en una casa activa, organizada de acuerdo a un programa de estudios. Nuestra comunidad de Tacna era una casa activa, y yo no creía que debíamos ser deshonestos con los jóvenes cambiando nuestro programa o estilo de vida sólo porque ellos nos estaban visitando. Ellos debían ver la vida en una casa activa, porque un día ese podría ser el programa en que vivirían.

En nuestra casa en Tacna cada miembro hizo turnos para organizar la oración de la mañana sobre un tema o una realidad que nosotros vivíamos en ese tiempo. Cada conductor de oración seleccionaba cantos, salmos y lecturas que eran apropiadas para el tema del día. Luego nosotros compartíamos oraciones acerca de nuestras necesidades, preocupaciones y esperanzas. No tomábamos meramente el libro de lecturas oficiales de la Iglesia y recitábamos los salmos. Tampoco celebrábamos la misa diaria en la casa, ya que éramos usualmente sólo dos, ni tampoco teníamos misa diaria en la parroquia desde que Bill se fue. Estos fueron puntos diferentes de vista entre nuestra casa en Tacna (y antes de ello en Puno cuando Diego y yo vivíamos ahí) y las casas en Canto Grande donde la mayor parte de miembros de Santa Cruz hacían oraciones más formales y oficiales de la mañana, aun cuando no tenían misas diarias en sus casas, tampoco, excepto en la casa de formación misma. En Canto Grande usualmente uno de los sacerdotes celebraba la misa diaria cada día en una de las capillas en la parroquia, y los otros podían o no asistir.

De repente, sin embargo, a comienzos de agosto justo antes de la reunión comunitaria en Lima, Don el maestro de novicios nos dijo que los novicios no vendrían a Tacna. Todos ellos iban a vivir en la casa de formación en Canto Grande. Una vez más nosotros no teníamos parte en las decisiones. La noticia llegó sin explicación alguna sobre el porqué del cambio, y aun cuando yo personalmente pregunté la razón a Don. Parecía que él no lo sabía, o simplemente no lo decía. Sólo después Jorge Izaguirre quien era miembro del consejo distrital nuevamente en ese tiempo, dejó entrever que la razón podría ser porque nosotros no teníamos la misa diaria en nuestra casa de Tacna. Nunca conseguimos una respuesta clara a nuestras preguntas de parte del superior distrital o de cualquiera.

En septiembre Bob decidió de repente enviar a Gerry de regreso a Chile, antes que termine el año planeado en

GRACIAS PERÚ

Tacna. Y así, después de seis meses Jorge y yo estábamos solos nuevamente.

Ese mismo mes fui invitado por los Hermanos Santa Cruz de Brasil a dar otro taller sobre la historia de Santa Cruz a sus cinco novicios en Santarem, en la selva del nordeste. Allí fue mi primera visita como invitado en 2003. Yo disfruté de estas oportunidades para acompañar a los jóvenes brasileños que aspiraban dedicar su vida a ser hermanos de Santa Cruz, y también pasar un tiempo con mi buen amigo Hermano Ronald Hein, quien tenía un ministerio con los niños de la calle en Santarem.

Durante todo el año 2008 tratamos de comprar nuestra casa en Tacna, que había sido puesta en venta a fines de 2007. Bob Baker, cuyo consejo no había aprobado la compra de la casa, nos dijo que había convencido a sus consejeros uno por uno para hacerla. Bob adelantó la mitad del precio solicitado y estábamos esperanzados, aunque la compra era difícil porque los dueños no tenían los papeles en regla. Jorge y yo celebrábamos la decisión porque una casa daría permanencia a la misión en Tacna. Desafortunadamente pasó todo un año sin ser concluida por el retraso de los papeles de los dueños.

En noviembre fui a un retiro de ocho días en la casa central de Maryknoll de Miraflores, Lima. Usualmente hacía mis retiros anuales en la casa Maryknoll de La Paz, Bolivia, pero esté año decidí hacerlo en Lima. Sería mi última visita a la casa central, porque estaba a la venta. La congregación Maryknoll había disminuido en número en Perú y su casa quedaba demasiado grande para ellos. Iban a comprar un departamento sólo para ellos en Lima, y por ello ya no podrían alojar a gente como yo. Yo me había quedado con ellos desde 1972. Desde entonces tendría que quedarme con mi comunidad en Canto Grande, muy lejos del centro de Lima.

Cuando retorné a Tacna las Hermanas Maryknoll también me invitaron a guiarlas en su proceso de discernimiento respecto a la toma de grandes decisiones sobre su misión en Perú.

Por la mitad de diciembre 2008, Bob Baker vino a visitarnos como lo hacía un par de veces al Año. La visita parecía buena y normal, como de costumbre.

Al final del mes, Jorge finalmente consiguió que su puesto de profesor estable fuera transferido de Canto Grande al nuevo colegio parroquial de Vinani. No fue fácil; le tomó cinco años conseguir la transferencia. Lo celebramos el 28 de diciembre.

EL CAPÍTULO DISTRITAL DE 2009

Justo antes de la fiesta navideña, el provincial superior Arturo Colgan me llamó por teléfono para preguntarme si yo quería mantener mi nombre como uno de los tres candidatos con mayor número de votos para ser elegido para el puesto de superior distrital. Yo estaba contento de que Arturo iba a permitir elecciones durante el capítulo distrital de 2009 en enero. Por esa razón, aún a pesar de que yo no deseaba el puesto, le dije a Arturo que mantendría mi candidatura. Yo creía que era bueno que el distrito tuviera elecciones, y que así Bob Baker tendría la oportunidad de ser elegido por la membresía y no simplemente ser nombrado por el superior provincial como lo había sido previamente.

A mediado de enero 2009 Jorge y yo fuimos al capítulo distrital reunido en la casa de retiros fuera de Lima. Empezó como era usual con la presentación de la situación de cada casa del distrito, por parte del superior distrital Bob Baker. No hubo mención alguna sobre nuestra misión en Tacna. Iba yo a decir algo a Bob cuando Jorge Mallea tomó la palabra para hacer notar la falta de mención a Tacna en el reporte al capítulo. Yo pensé por un momento que Bob había saltado una página de sus notas, porque aparecía bastante nervioso durante su presentación de ese día, cuando estaba presidiendo la reunión el provincial superior Arturo Colgan. Pero aún después de la pregunta de Jorge a él, Bob no intento dar ninguna explicación. Sólo permaneció sentado, y hubo silencio en la sala. Todos quedaron callados.

Jorge había preparado un hermoso video sobre la parroquia y el colegio que queríamos pasar durante los días del capítulo, para que los miembros de Canto Grande puedan ver los avances ahí hechos. Pero el coordinador Jorge Izaguirre insistía en decirnos que no había tiempo libre en el programa para mostrarlo.

Arturo continuó la reunión del capítulo pidiendo a los delegados la aprobación de una nueva norma que le permitiría a él designar al superior distrital el próximo capítulo de 2012. El provincial superior tenía ese derecho aún sin el permiso del capítulo si él pensaba que no había tres candidatos apropiados para tal puesto en la nómina de candidatos. Justo él había usado tal privilegio en el capítulo de 2006, y lo había usado en el presente capítulo con el nombramiento de Bob Baker como superior distrital. Yo y varios otros, especialmente los peruanos, opinábamos firmemente en contra de esto. Después de un debate, la norma no fue aprobada por el capítulo.

Es entonces que Phil Devlin, el fundador del colegio Fe y Alegría en Canto Grande presentó una propuesta de normal que obligaba al superior distrital y su consejo a enviar las donaciones, marcadas con nombre por el donante para algún ministerio, directamente a la gente a cargo de tal ministerio para su uso, en vez de que se retengan en un fondo común hasta que el ministerio presente los planes para su uso y sean aprobadas por el superior distrital y su consejo. En años recientes lo último se había convertido en la práctica del distrito, y Jorge y yo habíamos tenido las mismas dificultades para recibir donaciones destinadas a Tacna. A veces los fondos nunca llegaron a nosotros. Después de una discusión prolongada, el capítulo aprobó esta norma después de modificar algo del firme y duro enunciado de la propuesta original.

En todos los capítulos previos, siempre se había añadido a la legislación un enunciado acerca de los lugares considerados trabajos oficiales del distrito Santa Cruz. Yo lo recuerdo nítidamente, porque a lo largo de los años en capítulos anteriores Diego y yo a menudo habíamos luchado para mantener la misión de Chucuito adentro, porque algunos no pensaban que nuestro trabajo en la Prelatura de Juli era un ministerio oficial de Santa Cruz. Pensé que había en ello algo extraño, pero en ese momento, ya que esto ya había sido una espina en mi costado, tanto cuando Diego y yo estuvimos en Chucuito, pero aún después en el capítulo de 2006 cuando unos pocos otros no querían reconocer el colegio parroquia en Vinani como trabajo de la comunidad, yo decidí dejar pasar estas cosas y o decir nada acerca de ello.

El capítulo terminó un día antes de lo planeado. Algunos notaron que había sido un capítulo muy pacífico, ya que había tenido tan pocas discusiones calurosas en su desarrollo.

EL DÍA SIGUIENTE

Antes de nuestra partida, el provincial superior Arturo Colgan me dijo que él estaba haciendo la visitad oficial provincial a todos nosotros y que quería hablar con Jorge y conmigo en la mañana siguiente en Canto Grande, mientras estábamos todavía en Lima.

También dijo que quería hablar con Alfredo Hernández, el joven sacerdote Santa Cruz que había sido enviado a Chile el año pasado en el intercambio distrital. Pensé que quizás Alfredo iba a ser asignado ahora a Tacna, ya que Gerry había retornado a Chile.

Esa noche después de nuestro regreso a la casa de formación en Canto Grande, la mayoría de los peruanos excepto Jorge Izaguirre, con el maestro de novicios Don Fetters y yo fuimos a Larcomar, un complejo comercial recreativo en Miraflores, Lima, a cenar y asistir a una presentación teatral. Fue una noche feliz y relajada en ese gran complejo comercial recreativo que mira al océano. Tuvimos una linda velada.

En la mañana siguiente en la casa de formación de

Canto Grande después de la misa y desayuno, Jorge Mallea por fin tuvo la oportunidad de proyectar el video que había preparado acerca de Tacna a los jóvenes peruanos. Todos parecieron impresionados.

Después de esto era el momento de mi entrevista con el provincial. De modo que caminé a el ambiente donde Arturo Colgan, superior distrital, se reuniría conmigo. Me sorprendió ver a Bob Baker sentado en una esquina de la habitación. Me senté encarando a Arturo. De inmediato él me comunicó que Bob y el consejo distrital (compuesto por Aníbal Nino, consejero electo, asistente superior distrital y jefe de formación; Jorge Izaguirre, consejero electo y pastor de la gran parroquia de Canto Grande; David Farrell, tesorero distrital y el jefe del Instituto Familiar y de la Escuela para Deshabilitados Yancana Huasi; el Hermano Tom Giumenta, director del Colegio Fe y Alegría en Canto Grande) unánimemente había votado la decisión de expelerme de Perú y que él y su consejo provincial lo habían aprobado. ¡Qué tal bomba!

Yo miré a Bob sentado en la esquina de la sala y le pregunté por qué él no me había dicho nada de esto cuando nos visitó en Tacna un mes antes en diciembre. Una vez más la respuesta fue el silencio, como ocurrió cuando Jorge le preguntó acerca de la no mención de Tacna en su informe. Pregunté una vez más porque él y su consejo tomaron una decisión tan drástica sin habérmelo comunicado previamente. Yo quería una respuesta de él. Sólo respondió que él había sugerido a su consejo que yo podía ser asignado a Canto Grande a trabajar ahí en la escuela para líderes laicos, pero que el consejo vetó tal posibilidad.

GRACIAS PERÚ

Habló entonces Arturo, y dijo que él personalmente pensaba que este cambio podía ser bueno para mí. Que el sospechaba que yo podía estar pasando por una crisis de vocación sacerdotal por mi actitud frente a la celebración diaria de la Misa, en la casa como en la parroquia. Yo respondí que sabía que otros en la Congregación y en el distrito de Perú tenían opiniones similares a las mías acerca de la misa diaria. Yo sabía que no todos los de Santa Cruz en Canto Grande iban a la misa diaria tampoco, a menos que fueran los celebrantes, y di el nombre de algunos de ellos.

Arturo se puso muy a la defensiva y citó la Constitución en nuestras Normas de Santa Cruz que menciona la obligación de la misa diaria para todos los Religiosos cuando era posible. Yo respondía que tal Constitución había sido introducida por Roma en las normas de todas las congregaciones Religiosas a pesar de que muchos no la practicaban. Yo dije que para mí la misa es una celebración comunitaria que es presidida por un sacerdote para el servicio de una comunidad de gente, y no sólo una práctica piadosa diaria para el sacerdote donde nadie más está presente. Añadí que para mí el ministerio de Jesús era mucho más amplio y profundo que eso, y que Él nos enseñó a hacer lo que El hizo y vivir como Él vivía. Yo podía darme cuenta de que Arturo se está poniendo iracundo conmigo, como siempre sucedía cuando las cosas iban contra sus creencias personales acerca de la misa, el sacerdocio y la vida religiosa.

Luego Bob habló y me dijo que además del problema de la misa diaria, había otra acción mía que provocaba escándalo en los jóvenes Religiosos. Yo siempre tomaba posada en el Casa Central de Maryknoll cuando venía a Lima desde Chimbote, aun cuando él había recomendado que me quedara en la casa de formación en Canto Grande. Le hice recordar que él mismo, antes de ser superior distrital, también se había alojado en la Casa Maryknoll cuando venía de Chimbote, y que los dos nos habíamos quedado ahí por las mismas razones. A ambos nos gustaba ir al cine y visitar la ciudad como descanso. Canto Grande estaba demasiado lejos y era muy difícil el transportarse hacía ahí y de regreso, más si era tarde en la noche. Más aún, la comunidad de Canto Grande no era la más amable y hospitalaria, porque por lo general andaban muy ocupados o demasiado cansados para dedicar un tiempo a los visitantes, y por ello no era, por lo menos para mí, un lugar para descansar. Luego, de regreso al tema anterior, le dije a Bob que yo sabía que él mismo era un miembro de la comunidad que no era muy gran adepto a la misa diaria. ¡Por tanto, le dije, por qué me señalaba sobre cosas que el mismo hacía o había hecho!

Bob ignoró mis observaciones y más bien continuó. Dijo que, en sus visitas a Tacna, él había notado un número grande de DVD y novelas en inglés en nuestra sala de estar. Entonces me acusó de leer novelas y ver películas durante todo el día. Yo estaba sorprendido de que él podía saltar a tal conclusión. ¡Su acusación se basaba en la existencia de libros y DVD que también sucedía en la gran mayoría de salas de recreación de la Congregación! Por tanto, su presencia no servía para calcular cuánto de nuestro tiempo era usado para verlos. Jorge y yo veíamos un

GRACIAS PERÚ

DVD en alguna ocasión por la noche para relajarnos de un día completo de trabajo, y a veces avanzábamos algo en una novela justo ya antes de ir a dormir. Reté a Bob a confesar que durante sus visitas a Tacna nunca me había visto leyendo novelas o viendo DVD durante el día, y que, por el contrario, yo le había visto a él durante las horas del día, cuando nos visitaba en Tacna, leyendo novelas sobre el techo de la casa. ¿Por qué me acusaba de hacer exactamente lo que él hizo cuando nos vino a visitar en Tacna?

Les dije que, si esas eran sus únicas razones para expulsarme de Perú, entonces estaba claro que realmente ellos estaban desesperados por apagar mi voz y mi manera de ser como sacerdote Religioso en medio de ellos, porque las preocupaciones que voceaban no estaban a la altura de tal acción. Les dije a ellos que iba a salir de Perú sin ningún cargo de conciencia. Yo sabía en mi corazón que ellos tenían otros motivos diferentes para tratar de expulsarme del distrito.

Arturo Colgan me dijo que Bob Baker y su consejo me querían fuera de Tacna y de Perú por el 1 de marzo, algo más de seis semanas adelante. Le dije que yo no podía salir tan pronto; que yo tenía compromisos pastorales para todo el año venidero con los equipos pastorales, que tenían que ventilarse antes de mi salida. La mayoría de los miembros estaban de vacaciones de verano durante enero y febrero, y no podría reunirme con ellos antes de marzo. Una vez más hubo silencio de Bob. El provincial dijo que más tarde, con Bob, señalarían la fecha.

Yo les pregunté entonces qué iba a suceder con la parroquia y con el colegio en Vinani. Por entonces estaba esperando lo peor, pero a la vez tenía esperanza de que Bob iba a enviar a Alfredo Hernández a Tacna; él estaba todavía en Chile como parte del intercambio que no había sido efectivo con Gerry. De nuevo Arturo dijo que verían sobre esto después.

Yo estaba tan enojado por esas maquinaciones y medias verdades, y claras mentiras usadas, que ya iba a llorar frente a ellos, pero no iba a darles esa satisfacción. Me paré y les dije que ya que había sido yo acusado por el distrito superior y su consejo de no ser ya útil para continuar mi ministerio en el distrito, juzgado sin previa confrontación y diálogo cara a cara acerca de las acusaciones, y sentenciado al exilio por el provincial superior y su concilio, también sin comunicación previa, ya no tenía más que decir, excepto que estos actos no eran en mi conciencia la correcta manera practicar la Constitución en lo referente a la obediencia y la autoridad en Santa Cruz. Entonces salí. Estaba tan enojado que no me permití darles la mano.

Me fui directamente a la capilla y me senté por dos horas con Jesús, llorando y preguntándome si este sería una de las señales fuertes que a menudo El me dio durante mi vida, tal como fue mi llamado original a Perú cuando me encontraba en Roma.

Ahí sentado con El, reflexioné que quizás debía haber venir esto durante los años previos. Yo había continuado poniendo leña en el fuego cada vez que hablaban en las asambleas sobre mi manera de ver las cosas en el distrito. Yo a menudo había aconsejado a mí mismo el mantener mi boca cerrada durante las asambleas y capítulos de la comunidad. Si yo me hubiera mantenido tranquilo y más bien cantado la canción que la comunidad cantaba, todo esto podía no haberme sucedido. Si hubiera celebrado la misa diaria y no insistido en tomar posada en la Casa Maryknoll, ni insistido en mis maneras y sistema de creencias, quizá las cosas hubieran sido diferentes. Pero de inmediato me di cuenta de que todo ellos hubiera traicionado a quien yo soy. Habría sido falso e hipócrita. Todos esos pensamientos y muchos otros pasaron por mi mente.

Estaba claro que la conspiración, la completa falta de transparencia, se había vuelto la norma para llegar a serias decisiones comunitarias en el distrito de Santa Cruz en Perú. Había sido usada para cerrar la misión de Chucuito en 2003. El estilo de mover y despedir se había vuelto el usual también. Recordé entonces lo que a menudo había oído de parte de los jóvenes peruanos que fueron expulsados del programa de formación. Cada uno me dijo que de repente un día, ellos fueron invitado a una sala de la casa de formación donde el superior distrital era Bob Baker y el director de formación Anibal Nino estaban presentes. Luego ambos Bob y Anibal les dirían que estaban siendo desposeídos inmediatamente de los votos temporario de la Congregación, justo a mediados del año didáctico, y no en enero cuando sus votos debían ser renovados. No tuvieron advertencias o recibido cartas anticipadas; la decisión usualmente les cayo como una completa sorpresa a estos jóvenes peruanos. Ellos dijeron que se les dio un boleto de autobús y algo de dinero y exigido que salgan en la mañana siguiente. Muchos de ellos, especialmente los aymaras del área de Puno que fueron intempestivamente despedidos, vinieron a visitarnos a Jorge y a mí, luego en Tacna. Primero yo pensé que estaban enojados y exagerando. Pero justo me había pasado a mí mismo de la misma manera.

Jorge y yo, y varios otros peruanos como Alfredo, José Luis y Fidel, a menudo nos preguntábamos, también, qué iba a pasar con el programa de formación, y cuando pedíamos explicación sobre estos despidos intempestivos, no recibíamos ninguna explicación de parte de Bob Baker superior distrital. Siempre se nos dijo que estas decisiones eran asuntos privados que no debían ser discutidos con nadie fuera del consejo distrital. David Farrell nos decía entonces que no debíamos cuestionar decisiones hechas por el superior distrital y el director de formación. Sólo nos tocaba aceptar y obedecer.

Yo estaba tan enojado que hasta pensé en salir de Santa Cruz. Consideré quedarme en Perú como sacerdote diocesano en Tacna. Nunca había estado tan enojado en mi vida. Ahora que escribo acerca de todo esto y recuerdo cómo se tomó la decisión sobre mi persona, my cólera reprimida vuelve a crecer en mí.

Yo sabía que yo y otros en el distrito teníamos una visión diferente sobre la misión de Santa Cruz en Perú y sobre la vida Religiosa y el sacerdocio, pero nunca pensé que las autoridades de la Congregación podían realizar acciones tan extremas, tan conspirativas y tan carentes de fraternidad. Es así que yo imaginaba como se trataba a las personas en el mundo de los negocios. Pero en una comunidad Religiosa yo esperaba apoyo mutuo, más respeto por la diversidad, un diálogo más compasivo y cariñoso entre los que teníamos diferentes puntos de vista.

Dejé la capilla aún con un torbellino en mi cabeza,

me fue a buscar a Jorge para saber lo que le había pasado su entrevista con el provincial. Él me dijo que su encuentro fue similar. Le dijeron que la misión de Tacna iba a ser cerrada inmediatamente. Ya había sido informado el obispo. Jorge tenía que regresar a Canto Grande para el 1 de abril. Jorge les dijo que esta fecha era imposible para él. Después de todo, él era el director del colegio parroquial y no podría dejar sus funciones cuando justo estaba empezando el año escolar. Por ello, le dieron plazo hasta el primero de julio. Esta noticia me indispuso aún más, porque ¡justo dos horas antes Arturo había dicho que no sabía que iban a hacer con la misión de Tacna! Era evidente que todo había sido planeado cuidadosamente y mantenido astutamente en secreto para que no sea conocido por el capítulo del distrito que justo había terminado. El cierre de una misión es usualmente una decisión de un pleno de un capítulo distrital y no una decisión de solo el consejo distrital. ¡Pero justo había el precedente del cierre de la misión de Chucuito en 2003!

Yo creo que el superior provincial y el superior distrital querían y su consejo querían mantener mi expulsión y el cierre de la parroquia y colegio en Tacna en secreto con respecto al capítulo porque estaban preocupados de que el capítulo no estaría de acuerdo con ellos. Hasta el día presente, yo no creo que el capítulo distrital habría aprobado el cierre de la misión en Tacna cualquiera que hubieran sido las necesidades de Canto Grande. La misión en Tacna estaba yendo demasiado bien y la mayor parte de los miembros de Santa Cruz en Perú realmente gustaban de ella, y unos cuantos esperaban trabajar ahí algún día.

TACNA 2004 – 2009

Mirando hacia atrás sobre todo esto yo ahora me doy cuenta de que las razones para expulsarme no fueron las que ellos declararon. Los que detentaban la autoridad provincial y distrital en ese entonces estaban preocupados de que mi voz estaba volviéndose demasiado influyente en algunos miembros peruanos de Santa Cruz. Y es por ello que no consultaron sobre sus cierres respectivos a todos los miembros distritales reunidos en los capítulos correspondientes. Ellos calcularon que no podrían contar con los votos necesarios si los miembros hubieran escuchado mi voz oponiéndose a sus planes. Mi nombre había sido votado para ser incluido en las listas para el consejo distrital en 2009, y por un voto yo pude haber sido elegido consejero distrital en 2006. Yo me había vuelto un obstáculo excesivo para hacer de Canto Grande el centro mayor en Perú y poder destinar todos los recursos humanos y económicos para las instituciones de Santa Cruz allí. Si yo era expulsado podían estar libres de mí, y tener una excusa también, para cerrar la misión en Tacna. Con sólo la misión de Canto Grande en pie, todo el personal de Santa Cruz y las donaciones financieras sería destinadas a los ministerios de allí. Estas son pues las razones reales, y no las que me dieron. Y tenían que actuar rápido porque Arturo Colgan estaba acercándose al fin de su mandato como provincial superior, y el nuevo elegido como provincial podría ser menos concordante con sus criterios.

Jorge y yo almorzamos como estaba dispuesto en la casa de formación donde nos quedábamos. Arturo y Bob y otros miembros del consejo distrital envueltos en estas decisiones salieron a almorzar ese día, y así no tendrían que sentarse a comer en la misma mesa con nosotros. Compartimos nuestras desoladoras noticias sólo con el peruano José Luis Tíneo, quien a menudo había tomado la palabra para cuestionar los métodos del consejo distrital. Recuerdo que José Luis nos abrazó a Jorge y a mí y lloró. Gracias José Luis por tus lágrimas y por tu atenciones cariñosas y preocupación fraternal hacia Jorge y hacia mí ese día. Ambos necesitábamos sentirlas. Jorge y yo salimos para el aeropuerto para retornar a Tacna de inmediato después de almorzar, como estaba planeado.

MIS ÚLTIMOS DÍAS EN PERU

Como pueden imaginar, fue un tiempo muy triste para mí. Yo esperaba vivir toda mi vida en Perú y morir ahí. Perú era mi casa, y todavía lo es. Cuando compartí con la Hermana Frances Savoie, quien había trabajado conmigo en Chucuito con el equipo laico de profesores de religión (ODEC) y ahora vivía y trabajaba en Vinani, ella me ayudó a sobrellevar algo del resentimiento que yo sentía hacia Santa Cruz. Ella me aconsejó no culpar a toda la Congregación por los hechos de unos cuantos. Gracias, Frances, por esas sabias palabras que después yo me di cuenta de que eran tan ciertas.

Poco después de regresar a Tacna escribí al provincial Arturo Colgan pidiéndole retrasar mi salida hasta el 1 de abril. Después de consultar con Bob el finalmente aceptó. Entonces empecé el trabajo de organizar mis ministerios para que pudieran continuar en mi ausencia. Tuvo la fortuna de conocer gente que querían asumir el ministerio de la escuela de consejería familiar. De hecho, egresados de varios grupos que habían completado sus estudios en ese programa querían formar una organización oficial de consejeros familiares. Esa sugerencia me entusiasmó. De inmediato convocamos a reuniones para empezar el proceso legal de inscribir esa asociación. Mis otros ministerios tenían ya su propia dirigencia, ya que yo era sólo un sacerdote asesor para ellos. Les ayudé a treparse para el próximo año ya sin mí.

Jorge y yo decidimos elevar apelaciones al Superior General de Santa Cruz Hugh Cleary, la máxima autoridad de la Congregación. Hugh había sido provincial superior de nuestra Provincia del Esta desde 1994 a 1998 antes de ser elegido superior general de la Congregación en 1998. Lo conocía como un buen amigo. A menudo habíamos intercambiado socialmente cuando yo visitaba los Estados Unidos en mis vacaciones de Perú. Lo más importante de mi apelación era mantener abierta la misión de Tacna.

Mientras yo esperaba la respuesta de Hugh, mucha gente y grupos de Tacna le escribieron cartas, con copias para Arturo y Bob, pidiendo la reconsideración de las decisiones. En especial pedían para que la Congregación permanezca en Tacna. Agradezco a las Hermanas de Santa Cruz que trabajaron con nosotros en Tacna y a la Hermanas de Santa Cruz que me conocieron bien en Chimbote, por las cartas que enviaron tanto a sus administraciones generales como a sus consejos latinoamericanos. Las Hermanas de Maryknoll en Tacna con quienes yo trabajé y, por supuesto las comunidades de la parroquia de Vinani y de colegio parroquial y los miembros del Movimiento de Trabajadores Católicos (MTC), todos ellos enviaron cartas pidiendo reconsideración sobre todo sobre el cierre de la misión en Tacna.

Como yo esperaba, Hugh Cleary, superior general, contestó a nuestras apelaciones con una larga carta tanto a Jorge como a mí. Desafortunadamente él tomo el lado de las autoridades distrital y provincial. Yo entendí su posición. Dos niveles oficiales de la Congregación, el superior distrital y el superior provincial, habían aprobado mi expulsión y el cierre de la misión en Tacna. Era por tanto muy poco probable que un superior general intervenga tomando una posición contraria a ellos. No habría sido un ejemplo de política de buena compañía.

En su larga carta de respuesta a Jorge y a mí, Hugh nos dijo que había tomado hecho varias conversaciones con el provincial Arturo antes de decidir apoyar las decisiones de las administraciones del distrito y la provincial. Yo pensé cierto que fue un comentario triste acerca la autoridad comunitaria el que Hugh no pensó que era importante hablar directamente con Jorge y conmigo. Al final Hugh documento por escrito las razones para mi expulsión, que no eran otras que las que Arturo y Bob me habían dado verbalmente. Hugh incluso afirmó que la razón para no hablar del cierre de la misión de Tacna en el capítulo fue que ponerla en discusión hubiera implicado tocar el problema personal mío, el de mi expulsión, algo que era considerado un asunto personal y delicado que los capítulos nunca discutían. Aun no puedo aceptar que Hugh no reconoció que las razones dadas para mi expulsión eran tan obviamente inapropiadas. Encima él continuó comentando cuánto las Hermanas Santa Cruz y otros en Tacna nos apreciaban a Jorge y a mí. Finalmente terminó su carta diciendo que él pensaba que mi salida podría ser lo mejor para mí.

El superior distrital Bob Baker y el tesorero distrital David Farrell cerraron de inmediato nuestra cuenta bancaria comunitaria en Tacna. Jorge tuvo que viajar por bus, veintidós horas de ida y de vuelta a Lima para recoger dinero al contado para cubrir los gatos de la casa. En Lima se le dijo que tenía que salir de la casa el 31 de marzo cuando yo partiera. Ninguno le dijo a donde él iba a ir. Las Hermanas de Santa Cruz de Vinani invitaron a Jorge a quedarse con ellas, pero eso no lo permitió Bob Baker. Finalmente yo hablé con los propietarios de la casa quienes nos dijeron a Jorge y a mí que podíamos quedarnos en la casa hasta julio ya que los documentos oficiales necesarios para la venta de la casa todavía no estaban listos, y por tanto no podían venderla a nadie antes de esa fecha.

Durante todos esos días, nadie de la comunidad en Canto Grande nos telefoneó para apoyarnos o para preguntar cómo estábamos. Me preguntaba a menudo si los demás sabían lo que estaba pasando. Cuando Bill dejó el distrito en el 2006, algunos jóvenes peruanos me dijeron que ellos no habían sabido que él nos dejaba sino hasta después de su partida. O quizás los jóvenes peruanos tenían miedo de identificarse con nosotros. O quizás estaban de acuerdo con las decisiones. Realmente no lo sé. El silencio me daba tristeza, sin embargo. Si ellos sabían, era una pobre apreciación de la vida comunitaria. Yo había sentido lo mismo en el 2004 cuando Diego anunció a la

GRACIAS PERÚ

Santa Cruz durante la asamblea comunitaria anual que había decidido dejar el distrito del Perú para regresar a su distrito en Chile. Diego había agradecido a los miembros por sus años entre nosotros. Cuando terminó de hablar los asistentes simplemente se pusieron de pie y salieron para la siguiente sesión sin dar una palabra de agradecimiento o de aplauso o un abrazo fraterno. Sólo las Hermanas de Santa Cruz tomaron la palabra en la siguiente sesión, algunas con lágrimas en los ojos, agradeciendo a Diego y a mí por los años de trabajo junto a ellas en Puno.

En febrero Jorge y yo viajamos a Lima para la asamblea anual de los sacerdotes y Hermanas de Santa Cruz. Las Hermanas estuvieron todas allí, pero sólo el Hermano John Benesh vino por la comunidad en Canto Grande. Los otros varones habían decidido no asistir. En 1985 John vino a Perú gracias a mi invitación. Gracias, John, for tu presencia en esa asamblea. Significó mucho para mí. Durante la reunión en la cual yo di una charla sobre la historia de Santa Cruz, ya que Bob no se presentó a dar su charla programada, las Hermanas nos ayudaron a Jorge y a mí a sanarnos en algo de los golpes que habíamos recibido. Gracias a ustedes, queridas Hermanas de Santa Cruz.

Después Jorge retornó a Tacna para trabajar en el colegio y yo me fui a Cartavio, Trujillo y Chimbote para dar mi adiós a mis queridos amigos y amigas allí. Al inicio de marzo fui a Chucuito, Puno para lo mismo. Y por supuesto, en Tacna durante esas semanas tuvimos muchas fiestas de despedida.

Afortunadamente, durante el mes de marzo Jorge y yo no tuvimos mucho tiempo para lamer nuestras heridas.

TACNA 2004 – 2009

Surgió un serio problema entre el colegio parroquial y las autoridades educativas. De acuerdo con el acuerdo entre la Santa Sede y Perú, las autoridades eclesiales presentaban candidatos para los puestos educativos en los colegios parroquiales, y el gobierno peruano aceptaba o los rechazaba. Las autoridades eclesiales tenían el derecho de nominar o presentar a los profesores. Al comienzo de marzo las autoridades educativas dijeron al colegio parroquial en Vinani que tenían que escoger seis profesores entre la lista que ellas presentaban para puestos permanentes de profesores que debían ser transferidos a esos nuevos trabajos. Esto estaba abiertamente en contra del acuerdo. Entonces, con el consentimiento del obispo de Tacna, Jorge como director del colegio inició reuniones con las autoridades educativas, a las que asistieron tres colegios parroquiales más de Tacna que estaban sufriendo situación similar. Tuvimos reuniones interminables con las autoridades educativas que no parecían llegar a un acuerdo, pero por lo menos para Jorge y para mi este esfuerzo, para ayudar al colegio a tener los profesores que nosotros pensábamos iban a servir mejor a los alumnos, nos sirvió para alejar nuestras mentes de lo que nos estaba sucediendo. Al fin de marzo la situación no se había resuelto aún, y Jorge con la aprobación del obispo había empezado un juicio civil contra las autoridades educativas por abuso de autoridad.

El encuentro con el obispo durante ese mes, para informarle sobre lo que sucedía con el colegio en esta situación difícil, lo llevó a enterarse sobre lo que nos estaba pasando en nuestra comunidad de Santa Cruz. El expresó su pesar a nosotros y su sorpresa al saber que Santa Cruz

GRACIAS PERÚ

estaba saliendo tan abruptamente de la diócesis sin conversación previa con él y sin darle más tiempo para encontrar reemplazos. Gracias a ti, obispo Marco Antonio, por su apoyo durante ese mes de marzo.

Después de uno de esos encuentros con el obispo yo me sentí apenado por su situación, entonces decidí tragar mi orgullo y escribir una carta a Bob y su consejo ofreciéndoles aceptar cualquier exigencia de ellos si me permitían quedarme por lo menos hasta el fin del año. Esto resolvería el problema del obispo de encontrar reemplazos para nosotros tan rápidamente. Pensé que podía ser un modo de quedarme lo suficiente como para mantener la misión de Tacna abierta. La respuesta inmediata llegó al día siguiente con un NO rotundo de parte de Bob.

El día antes de nuestra partida, David Farrell rompió su largo silencio comunitario cuando me llamó por teléfono para agradecerme por mis años de servicio en Perú. ¡El actuaba como sorprendido de saber que yo partía! Yo pensé que fue valiente su gesto de llamarme de esa manera. Me di cuenta de que estaba celebrando su vuelta olímpica.

El 31 de marzo, las Hermanas de Santa Cruz vinieron al aeropuerto de Tacna a las 5 a.m. para darme el adiós. Jorge me acompañó a Lima. Llegando allí fuimos a la casa de las Hermanas de Santa Cruz en Jesús María y ahí pasamos el día acompañados. En la noche, Jorge y mi compadre Felipe Calderón, padre de mi ahijado Isaac, y su familia vinieron al aeropuerto de Lima para despedirme. Y así, volé alejándome de mi querido Perú, donde yo había esperado vivir hasta mis últimos días. Pero ese mi plan no iba a realizarse. El Señor tenía otros planes para mí.

10. ESTADOS UNIDOS 2009 - 2018

Si tuviera que darle un subtítulo a este capítulo, éste sería MI TIEMPO EN EL EXILIO. Aterricé en el aeropuerto JFK en la ciudad de Nueva York en la mañana del 1 de abril, 2009, en el viaje directo de LAN desde Lima. Mi única cuerda salvavidas era la esperanza de que podría regresar a Perú, por lo menos de vez en cuando para visitar a mis amigos y a mi familia extendida. Estaba alicaído y triste. Mi sueño había terminado. Yo había pensado que viviría hasta mis últimos días en mi Perú querido y moriría allí en medio de la gente con quien había vivido y trabajado todos los años de mi vida sacerdotal. Pero esto no iba a suceder. Y yo me preguntaba ¿por qué?

George Lucas, asistente provincial de Arturo Colgan, me esperó en el aeropuerto de Nueva York y me transportó a la casa provincial en Bridgeport, Connecticut. Me dijo que él había estado visitando Uganda, África, donde él había sido el superior distrital, mientras todas estas decisiones acerca de mí y la misión en Tacna estaban sucediendo. El me daba la impresión de que él no sabía lo que estaba sucediendo. A mí me era difícil creerlo, pero no dije nada. Sin embargo, hace poco supe por parte de otra persona integrante del equipo provincial de Arturo que ella, tampoco sabía nada de mi proceso de expulsión. George siempre había aparecido abierto a lo que yo decía cuando visitó Perú, pero yo creo que el siempre apoyó las decisiones de Arturo. El me impresionó como el leal y ferviente asistente que realmente hubiera preferido quedarse en África donde había pasado la mayor parte de su vida sacerdotal.

Cuando llegue a Bridgeport, tuve la acogida cálida del provincial Arturo Colgan junto al tesorero Jim Lackenmier, como si estuviera llegando de mis vacaciones como lo hacía mucho antes cuando pasaba por la casa provincial cuando llegaba desde Perú. Arturo dijo que después de almuerzo hablaría acerca de mi nuevo ministerio en Estados Unidos.

Durante mi encuentro con Arturo y Jorge, yo dije a Arturo que yo pensaba escribirle una carta más tarde, cuando me sintiera menos afectado emocionalmente por todo lo que me había sucedido recientemente en Perú. Arturo entonces habló sobre un posible ministerio para mi en Estados Unidos. Él se había comunicado con la diócesis de Fall Driver en Massachusetts sobre un ministerio en español para mí cercano a nuestra casa comunitaria en el Stonehill College donde yo podía residir. Él había arreglado una reunión mía con una persona de contacto en esa diócesis, y me sugería que yo la llame por teléfono lo más pronto posible. Después, George me llevó a comprar una camisa sacerdotal negra debido a que Arturo había insistido que yo vista una durante mi entrevista. Yo no había vestido una camisa como esa por muchos años.

Yo ya me había comunicado por carta desde Perú con la diócesis San Petersburgo en Florida donde Santa Cruz había abierto una nueva parroquia hispánica en Ciudad Jade el año previo. Mi amigo Dan Kayajan, un

ESTADOS UNIDOS 2009 - 2018

joven sacerdote de Santa Cruz quien pasó un año en Perú en 1992 trabajaba con el ministerio en español ahí con Bill Persia quien había estado en Tacna conmigo.

Al día siguiente Jim Lackenmier me llevó a la residencia comunitaria en Stonehill cerca de Boston a recoger un carro que yo iba a usar. Me quedé esa noche ahí con la comunidad Santa Cruz de Stonehill. De nuevo sucedió como cuando venía de vacaciones de Perú. Nadie mencionó para nada mi regreso. Creo que ellos no sabían nada sobre los motivos de mi regreso. Luego, al siguiente día a la casa de Santa Cruz en Dartmouth, Massachusetts donde doce vivían doce de nuestros ancianos sacerdotes retirados. Yo había solicitado pasar un tiempo en esta casa, porque Fred Serraino, mi amigo desde Perú era el superior ahí, y él me había invitado. Dartmouth fue una excelente comunidad para mí durante los siguientes cuatro meses. Muchos de ellos ya han fallecido. Gracias a todos ustedes por recibirme tan bien y por ayudarme a sanar. Descansen ustedes en paz.

NUEVO MINISTERIO

Casi de inmediato concerté una entrevista con la persona contactada por Arturo, el director del ministerio hispano en la diócesis de Fall River, quien me habló de diversas posibilidades en esa diócesis. Me dijo que podría haber un puesto nuevo en una de las parroquias más grandes cerca de Stonehill. La otra posibilidad era realizar un ministerio educativo en toda la diócesis en siete parroquias diferentes con comunidades hispanas. Esta oferta última me pareció interesante y que siempre disfruté la parte educativa del ministerio parroquia. Estaba con miedo, sin embargo, de tener que manejar grandes distancias entre las parroquias durante los meses de invierno, ya que no había manejado en el invierno por muchos años. Tampoco estaba seguro si los pastores de esas parroquias aceptarían mi ayuda. Dan Kayajan, quien había trabajado en esta diócesis algunos años antes, había ayudado a crear su plan pastoral diocesano hispano. En años más recientes, sin embargo, hubo muchos cambios de sacerdotes en estas parroquias con ministerio hispano. Dije entonces que lo pensaría.

Mientras tanto esperé noticias de Joan Morgan, canciller de la diócesis San Petersburgo, Florida, a quien yo había escrito desde Perú acerca de posibilidades de ministerio hispano ahí. Yo sabía que nuestra parroquia Santa Cruz en Dade City, donde Dan y Bill trabajaron, no necesitaba más sacerdotes, pero pensé que podría vivir con Bill y Dan mientras trabajaba en alguna otra parroquia cercana. Cuando conversé con Joan previamente, ella me dijo que no era cuestión de *si* se podía sino de *dónde*.

Así, tres semanas después de mi regreso de Perú, mientras yo estaba en el autobús yendo desde Kings College en Wilkes-Barre, Pennsylvania, donde había estado visitando la comunidad Santa Cruz, a Baltimore, Maryland, yendo a visitar un amigo, recibí una llamada a mi celular de Art Proulx, el pastor en la parroquia Natividad en Brandon, Florida. Él me informaba que yo había sido asignado a la parroquia San Petersburgo para dar servicio a la gran comunidad hispana en esa parroquia de seis mil familias. Ningún sacerdote de la parroquia hablaba español, y por tanto yo era bastante necesitado. Me emocionó esta noticia y dije que me gustaría visitar la parroquia.

Viajé a Florida la siguiente semana. Primero, pasé un corto tiempo con Bob Wiseman un sacerdote Santa Cruz que fue mi amigo que trabajaba en otra parroquia de esa diócesis. Con Bob fuimos entonces a visitar Dan y Bill en nuestra parroquia Santa Cruz de Dade City. Y lego todos fuimos a una asamblea diocesana donde pude conocer a muchos sacerdotes de la diócesis. Después pasé dos noches y un día en la parroquia Natividad. Le dijo al pastor Art Proulx que mi provincial quería que yo viva con Dan y Bill o con Bob, pero Art me dijo que la parroquia Natividad estaba muy distante de cualquiera de los dos, y entonces tenía yo que residir ahí mismo en Natividad. Así, cuatro semanas después de mi llegada de regreso a Estados Unidos yo tenía un nuevo trabajo, que empezaría el 1 de agosto de 2009.

TIEMPO DE RENOVACIÓN

Yo pedí al provincial un poco de tiempo de renovación antes de empezar el nuevo ministro, y me fue concedido. Sin embargo, antes de esa renovación yo participé en junio en el capítulo de la Provincia Santa Cruz del Este en donde todos los miembros de la provincia eran delegados, y durante el cual elegimos a un nuevo superior provincial. Jim Lackenmier, el presente tesorero provincia en la administración e Arturo, ere un de los candidatos para el puesto, pero él o fue elegido. Una mayoría de la provincia deseaban un cambio de estilo en la dirigencia. Tom Looney, un profesor de teología en Kings College, fue el escogido por la membresía.

Después del capítulo provincial yo asistí al programa de espiritualidad de Santa Cruz en Le Mans, Francia, donde fue la fundación de Santa Cruz en 1835. Fue una experiencia espiritual profunda para mí el caminar por los lugares donde nuestros fundadores habían caminado y reflexionar sobre sus vidas. Nuestro fundador el Beato Basile Moreau también había sufrido por los actos de sus sacerdotes y Hermanos, muriendo al final de su vida fuera de la comunidad. Gracias Hermanas Marianistas de Santa Cruz, que fueron las únicas leales y fieles al fundador en toda su vida, por hacer posible para mi este gran programa de renovación espiritual.

Después de ello, fui a visitar a mis amigos Hermann y Bridgette Beer en Karlsruhe, Alemania. Ellos fueron a la parroquia de Chucuito cuando yo trabajaba allá por los años 1990s. También hice una parada en Inglaterra para visitar a mis amigos Roger y Josie Masters y a Chris Mann y su esposa Moria, ambas parejas que yo conocía de mi tiempo de diaconado en 1967 en la parroquia en Aldershot, Inglaterra. Pasar un tiempo con estos amigos quienes me conocieron bien a lo largo de muchos años me dio la oportunidad de compartir con gente que podía ayudarme a atravesar la nueva situación. Todas estas visitas a amigos en Europa significaron un tiempo de sanación para mí.

Recuerdo que yo fui al retiro pensando que al final de él yo podría escribir la carta al provincial, que yo le había anunciado el día de mi regreso del Perú. Sin embargo, durante el curso de los ocho días llegué a entender que Jesús, quien también fue tratado injustamente, no había escrito cartas a Pilato o a Judas. Y así decidí en ese momento no escribir nada. Marilyn me condujo y ayudó a través de los textos de la pasión en los evangelios a renacer al final en una suerte de vida nueva, resucitada.

Cuando terminó el retiro, yo sentí que una carga pesado había sido quitada de mis hombros. Estaba re-energizado para asumir mi nueva vida. Así, después de cuatro meses de curación, que pasé también visitando mi familia y amigos y descansando en la casa de Dartmouth, yo dirigí por carro y tren a mi nuevo ministerio como pastor asociado para la comunidad hispana en la Parroquia Natividad de Brandon, Florida, en la Diócesis de San Petersburgo.

PARROQUIA NATIVIDAD EN BRANDON FLORIDA

Llegué a Brandon unos pocos días antes de agosto y rápidamente me instalé en mi nuevo cuarto con las dos maletas de mis pertenencias de mi vida que yo había traído de Perú. Art Proulx me dio la bienvenida al equipo de la parroquia cariñosamente y me puso pronto a trabajar. La parroquia había estado con poco personal durante el mes entero de julio. Art, un pastor muy dedicado, fue tremendamente bondadoso, comprensivo y paciente con mi falta de experiencia de trabajo en una parroquia de Estados Unidos. Tuve tanto que aprender acerca de días de trabajo, preparación sacramental para el matrimonio en este país, y hacer visita al hospital cercano y a los a los hogares de anciano. Todo era realmente nuevo para mí. El ministerio parroquial en Perú había sido muy diferente.

Natividad es la parroquia más grande en la diócesis de San Petersburgo. Por tanto, los días estuvieron llenos de actividad sacramental. Tanto que yo tenía poco tiempo y energía para cualquier enseñanza, actividad en la que yo estaba más interesado. Pudo acompañar el grupo bíblico hispano y enséñales de vez en cuando. También organicé unos pocos talleres sobre el perdón y comunicación en la familia en una organización llamada Familias en la Búsqueda de Jesús. Éste era un grupo de familias (parejas con niños) que se reunían dos veces al mes en días sábados por la noche. Durante las sesiones los padres tenían tiempo solitario para reflexionar sobre su vida familiar y sus dificultades presentes y para orar juntos. Los niños tenían su propio espacio para juegos y alguna formación en la fe con un adulto joven. Yo disfruté el trabajo con este grupo porque ellos estaban todos llenos de energía y gozo.

Especialmente yo recuerdo a Eneida y William, una pareja joven aún no casados quienes me acogieron durante mis primeros meses ahí. A menudo salíamos después de las sesiones de los sábados a la ciudad cercana de Tampa. Gracias, Eneida y, que tú, William descanses en paz.

También me interesó el Movimiento Comunitario Cristiano Hispano Básico que estaba activo en la parroquia. Ellos semejaban a las "comunidades cristianas pequeñas" con las que yo había trabajado en Perú. Quince a veinte personas, a menudo parejas, que se reunían semanalmente en casas para orar y reflexionar sobre sus vidas a la luz de las Escrituras. La mayor parte de ellos estaba compuesta de gente mayor. Ellos estaban interesados en atraer a miembros nuevos, jóvenes, y formar nuevos grupos. Así, la "comunidad cristiana pequeña hizo algunas visitas de casa en casa en las vecindades cercanas a la parroquia con la esperanza de encontrar gente interesada en formar nuevas comunidades pequeñas. Esas visitas fueron un gran éxito. Durante el primer año, formamos varias "comunidades cristianas de base" en nuevas vecindades de la parroquia. Gracias a ustedes, laicos cristianos hispanos hombres y mujeres, por este gran esfuerzo para llegar a gente nueva.

Rafael Ramírez juntos con otros estaba ya envuelto en el nuevo ministerio con los trabajadores inmigrantes mexicanos que vivían en casas rodantes en las afueras. Entonces yo puse algo de mi tiempo y energía para ayudarlos a formar nuevas comunidades cristianas ahí. Luego expandimos ese ministerio para incluir a otros campos de inmigrantes dentro de la parroquia. Todo ello me hacía recordar mis años en Macate.

También traté de interesar las "pequeñas comunidades cristianas" angloparlantes para que se refuercen haciendo algo similar. Sin embargo, ellos fueron más reacios para reunirse, quizás debido a que eran menos numerosos que los hispanos y también quizás porque tenían miedo de visitar el vecindario tocando puertas.

Durante mi tiempo en la Natividad hice muchos amigos en la comunidad hispana. Miguel Leiva, un chileno que conocía Santa Cruz en Santiago de Chile por haber vivido en una de las parroquias de Santa Cruz allí.

GRACIAS PERÚ

Él y yo nos hicimos buenos amigos hasta ahora. Nos visitamos cuando yo paso por Brandon de vez en cuando. Gracias, Miguel, por tu amistad.

Pasé dos años en la parroquia Natividad de Brandon. Me gustó mucho trabajar con la gente hispana de ahí, pero extrañe vivir con miembros de Santa Cruz. Por ello cada domingo, después de la misa en español yo manejaba a nuestra residencia comunitaria de Santa Cruz en Cocoa Beach, o hasta Dade City para compartir un tiempo con Bill and Dan, o más lejos hasta Largo donde Bob Wiseman trabaja para pasar me día libre con ellos. En Florida oeste, Bob, Dan, Bill y yo formábamos la pequeña comunidad regional en la diócesis de San Petersburgo. Los cuatro nos reuníamos mensualmente para cenar, ver una película o asistir a un concierto. Gracias, amigos, yo no habría podido entrar de nuevo al estudio de vida de los Estados Unidos sin su amistad, apoyo y cuidados.

Gracias a todos ustedes, miembros de la comunidad Santa Cruz en Florida, por hacerme sentir bienvenido. Ustedes me recordaron las palabras de la Hermana Frances cuando salí de Perú y estaba tan molesto por la Santa Cruz de allí. Ella me recordó que no debía culpar a toda la comunidad Santa Cruz por lo que me habían hecho unos pocos en Perú.

EL PROGRAMA DE MISIÓN A MISIÓN

En febrero de 2010 yo participé en el programa De Misión a Misión que tenía lugar en San Antonio, Texas con otros siete misioneros que regresaron. Una Hermana que había servido por cuarenta años en Suecia había salido de ahí muy parecido a mi salida de Perú. Yo compartí mi historia con ella y los otros, y escuché con interés y respeto durante esos días vivificantes. Todos nos dimos cuenta como los miembros de nuestras comunidades religiosas tenían poco interés en escuchar nuestras experiencias. Y cuando las oían, usualmente tenían dificultad para entenderlas, ya que ellos no tenían experiencias en otras culturas. Siempre ha venido a mi mente de que si yo no hubiera vivido en Perú sería una persona diferente. Mi vida como sacerdote no hubiera sido la misma. Siempre agradezco a nuestro Señor por haberme dado la oportunidad de trabajar en Perú. El compromiso con gente diferente a mí me abrió mis ojos y mi mente acerca de muchos prejuicios y concepciones.

El programa fue excelente en darnos a nosotros, misioneros de regreso, una oportunidad para reexaminar nuestras vidas y volver a entrar en el mundo de Estados Unidos que es tan diferente a los mundos en que habíamos vivido y amado tanto por muchos años de nuestras vidas. Al comienzo del programa cada uno puso una pequeña bandera en un mapa del mundo colgado en la pared para indicar el país donde habíamos servido. La mayor parte habíamos estado más de veinte años en Asia, África o América Latina. Al final de la ceremonia se nos pidió que moviéramos nuestra pequeña bandera al área de Estados Unidos donde ya estábamos o íbamos a ejercer nuestro ministerio. ¡Qué momento tan emotivo fue ese para todos los presentes!

Yo moví mi bandera desde Perú a Florida con lágrimas en mis ojos, pero siempre dándome cuenta de que yo era el mismo Tom Shea, lo mismo si estaba aquí en Estados Unidos como en Perú, con las mismas cualidades y puntos débiles que como parte de mi ser yo entregaba al servicio de Dios y su pueblo, los pobres y marginado —no importa donde estuviera. ¡Qué gran intuición profunda yo tuve en ese momento! ¡Podía hacer aquí el mismo trabajo que yo había hecho en Perú! Gracias, Señor, por salvarme de las oscuridades de la depresión y el desespero y vislumbrar una nueva vida llena de energía para servirte en el medio de tu pueblo hispano aquí en Estados Unidos. Gracias a ti, Julie Lupien, la excelente coordinadora del programa De Misión a Misión, por crearlo y guiarnos en él con tu amable gentileza. Les agradezco mis hermanos y hermanas, compañeros de viaje en este camino de regreso desde nuestros queridos países de adopción, por compartir sus historias conmigo, mientras todos pisábamos de nuevo este mundo extraño de los Estados Unidos.

EL NUEVO PROVINCIAL

Muy poco después de su elección en junio de 2009, Tom Looney, el nuevo provincial superior de la Provincia del Este nos dijo a Bill Persia y a mí que quería hablar con nosotros sobre el distrito de Perú antes de él viajar allí. Él dijo que quería oír lo que me había pasado recientemente en Perú. Ya el conocía parte de la historia porque antes de su elección él vivía en Kings College, donde desde 2006 el sacerdote peruano Fidel Ticona estaba estudiando y viviendo mientras trabajaba con la comunidad hispana en la parroquia cercana.

ESTADOS UNIDOS 2009 - 2018

Fidel había estado en Chucuito conmigo y con Diego. El tuvo que dejar Chucuito cuando fue asignado a Canto Grande para prepararse para ser el nuevo director del programa de formación de Santa Cruz ahí. La reducción de nuestra comunidad a solo dos fue la razón que dieron el superior distrital Bill Persia y su consejo para cerrar la misión de Chucuito al final de 2003. Después de terminar su programa de estudios preparatorio en 2006, el nuevo superior distrital Bob Baker y su consejo decidieron que él no era la persona que ellos querían para el programa de formación, de modo que el fue enviado a estudiar consejería familiar a la Universidad Seton Hall en Nueva Jersey en un programa de estudio desde la casa. Tom Looney había oído de parte de Fidel mucho sobre el distrito de Perú y Canto Grande. Gracias Tom por telefonearnos y escucharnos atentamente en una conversación de dos horas. (Fidel recibió su grado en 2010, y Fred Serraino, Tom Looney y yo fuimos a su graduación).

Al mismo tiempo, Jorge Mallea, quien todavía estaba en Tacna, estaba pasando por más dificultades con Bob Baker y su consejo distrital. Jorge y yo hablábamos casi todas las semanas por teléfono, y me dijo cómo seguía siendo maltratado. Yo compartí todo esto y mi propia historia con Tom Looney. Después de su visita en persona a Perú, me pareció que había ligeras mejoras en el ejercicio de la autoridad ahí. Te agradezco especialmente, Tom, por ayudar a mi buen amigo y compañero Religioso Jorge Mallea en ese periodo.

Durante sus dos años como provincial hasta que nuestra provincia se unió con la Provincia de Indiana de

GRACIAS PERÚ

Sacerdotes y Hermanos en junio 2011, Tom visitó las comunidades de nuestra Provincia del Este y habló con cada uno de nosotros personalmente. El me visitó dos veces durante mi tiempo en la Parroquia Natividad. Después de cada visita, el me escribió una carta de tres páginas afianzando la persona que yo soy y sugiriendo áreas que yo podría considerar mejorar en mi vida. El hizo eso con cada uno de los Religiosos de la Provincia del Este. Él era reputado como un gran escuchador. El reafirmaba mucho a cada persona y nunca era demasiado crítico.

Después de dos años en la Parroquia Natividad, le pregunté a Tom si podría mudarme a la casa de Cocoa Beach en la diócesis de Orlando in Florida, de modo que yo pudiera vivir allí con la comunidad. Encontré que mi vida diocesana de parroquia era muy solitaria. Tom pensó primero que yo estaba haciendo tan buen trabajo en la Natividad, que debería quedarme allí por un año más. Cuando se lo conté al Hermano Denis Fleming, un amigo mío desde los años de formación, quien era entonces el superior local en Cocoa Beach, él y la comunidad local en Cocoa Beach, muchos de los cuales eran mis contemporáneos desde los años de formación, me alentaron a pedir a Tom reconsiderar mi asignación en Natividad porque para entonces había dos cuartos disponibles en Cocoa Beach. Después de orar por algún tiempo, yo pedí a Tom que reconsiderara, ya que el obispo en San Petersburgo había recientemente nombrado a un joven, recién ordenado, sacerdote hispano para Natividad. Yo sentí que yo podía con facilidad dejar el trabajo con la comunidad hispana en sus manos.

ESTADOS UNIDOS 2009 - 2018

Tom lo hizo; me asignó a vivir en Cocoa Beach justo unos pocos días antes de la fusión de nuestra Provincia del Este con la Provincia de Indiana, formando la nueva Provincia de Estados Unidos de Sacerdotes y Hermanos. Gracias, Tom. Yo nunca olvidaré ese acto de bondad hacia mí.

Gracias también a todos los miembros de Santa Cruz en Florida, que me alentaron a hacer esta movida a Cocoa Beach.

Yo especialmente agradezco a Bob Wiseman quien el mismo había justo recibido un cambio de asignación para dejar Florida e irse al Stonehill College.

NUEVO MINISTERIO HISPANO

Me mudé a Cocoa Beach en octubre 1, 2011, y aquí he estado desde entonces. Me gusta mucho esta casa frente al mar, y amo mucho esta comunidad de diez sacerdotes y un Hermano, con muchos de los cuales compartí mi vida cuando estaba empezando mi formación allá por los años de 1960. A menudo me digo que, si no puedo estar en Perú, vivo ahora en el mejor segundo lugar para mí. Hice un círculo completo en Santa Cruz, y vivo ahora con los hombres con quienes empecé en nuestra casa de formación del Stonehill College hace cerca de cincuenta años.

Otro acontecimiento en mi vida que yo considero milagroso fue el encontrar un nuevo ministerio hispano tan rápidamente cerca de Cocoa Beach. Yo sabía que yo quería continuar trabajando con el pueblo hispano cuando me mudé para aquí. Al llegar, telefoneé a un sacerdote con quien Bob Wiseman me puso en contacto un año antes y que tenía el ministerio hispano en la parroquia de Nuestra Señora de la Gracia en Palm Bay, que está localizada a unos setenta kilómetros o un viaje de una hora desde nuestra residencia. Para mi sorpresa, este sacerdote justo había dejado Nuestra Señora de la Gracia, de modo que había un puesto abierto y una necesidad urgente ahí de un sacerdote que hable español, ya que el pastor Leo Hodges no hablaba el idioma. Después de una entrevista con el pastor y su auxiliar Martha Lushman, estaba claro que Dios había escogido Nuestra Señora de la Gracia para mí. Desde nuestro encuentro inicial, estaba claro que Leo, Martha y yo íbamos a trabajar muy bien juntos, porque compartíamos una visión común de la Iglesia de Vaticano II. Gracias, Leo y Martha.

Leo me pidió que haga la misa en español y una misa en inglés cada domingo y luego estar disponible ocho horas los martes y miércoles para asesorar a fieles hispanos, y también para ayudar dos talleres bíblicos en español. También ayudaría con la parte de formación en la fe para padres hispanohablantes quienes traían sus niños en esos días. No podía pedir algo más providencial para mí. Y no tenía que hacer las muchas tareas parroquiales que hacía en la Natividad, que incluían misas diarias, días a la llamada, y visitas a los enfermos en sus casas y en el hospital. Podía ahora dedicar mi energía a la liturgia del domingo y a la enseñanza y consejería a la comunidad hispana, tal como en Tacna. Dios es Dios. Había completado el círculo en el ministerio también.

He estado en Nuestra Señora de la Gracia por cinco años hasta ahora, y sigo gozando de mi ministerio ahí, aun cuando por la distancia no he logrado conocer a tanta gente hispana como cuando estaba en Brandon, donde vivía cerca de ellos.

En los años últimos también he expandido mi ministerio hispano en nuestra área. Karl Bergin, el párroco en la parroquia Nuestra Señora de Lourdes en Melbourne, me pidió en abril 2014 ayudarle con la gran comunidad hispana que estaba pasando por momentos de conflicto interno. Yo me reuní con ellos varias veces para escuchar lo que tenían que decir sobre los problemas en su comunidad. Pude entonces ayudarles a reorganizar su comité pastoral que había sido roto por los conflictos. Este comité coordinaba las actividades de todos los grupos hispanos en la parroquia, y era la voz de este comité que los dos delegados hispanos llevaron al consejo parroquial. Después de un esfuerzo por parte de cada uno, pienso que ahora están bastante mejor. De vez en cuando todavía voy a ellos los miércoles por la noche para celebrar la misa en español y ofrecer el taller bíblico a los padres de familia hispanos que traen a sus hijos para la formación en la fe.

Continúo gozando de este ministerio educativo en ambas parroquias. Gracias, Karl Bergin y comunidad hispana por invitarme a ejercer mi ministerio en Nuestra Señora de Lourdes de Melbourne. Gracias a ustedes, Leo y Martha, por invitarme a Nuestra Señora de la Gracia. Gracias, Emmanuel, nuevo pastor de Nuestra Señora de la Gracia por mantenerme ahí.

GRACIAS PERÚ

OTRAS ACTIVIDADES

El ministerio hispano me mantiene bastante ocupado, pero también me da tiempo para un retiro parcial, que incluye el placer de leer, nadar en la YMCA (gimnasio comunitario muy popular en Estados Unidos), escribir estas memorias, asistir a conferencias, caminar por la playa frente a nuestra residencia, y hacer algunos viajes como ha sido siempre mi gusto. Me complazco los jueves por la noche en el bar irlandés Nolan, con mis amigos Jeff Njus, un sacerdote diocesano, y Bob Birmingham, que es el director de Formación en la Fe en la parroquia nuestra de Santa Cruz San Juan el Evangelista, en la cercana Viera, Florida.

En 2011 Dan Kayajan me alentó a participar en el primer encuentro de la Asociación Estadounidense de Sacerdotes Católicos (USACP). Fue fundada por trece sacerdotes diocesanos que pensaron que la voz del sacerdote no estaba siendo escuchada por los obispos. Desde su inicio, esta asociación creció a más de mil miembros. Trato de asistir a sus conferencias anuales, porque ha sido de gran ayuda. También he podido asistir a varias conferencias sobre inmigración, tanto en Sant Antonio, Texas, como en la Universidad Notre Dame de Santa Cruz. Trato, también, ir a las conferencias de Nuevos Caminos en el Ministerio cada cinco años. Es mi idea personal que la Iglesia necesita mucha educación en esas áreas.

También he podido viajar a Perú varias veces desde mi partida en 2009. Estos viajes de alguna manera adormecen mi dolor de no vivir ahí todo el año. Cada vez yo he permanecido por cerca de un mes, omitiendo la visita a la

ESTADOS UNIDOS 2009 - 2018

gente de Santa Cruz en Canto Grande, pero siempre visitando a las Hermanas Santa Cruz. Los sacerdotes peruanos José Luis Tíneo, Alfredo Hernández y Jorge Mallea vienen a Lima para comer juntos. Paso la mayor de mi tiempo en Perú visitando a mis amigos de Cartavio/Trujillo, Chimbote, Chucuito/Puno y Tacna.

En 2013 viajé con Fred Serraino y Bill Persia durante el aniversario cincuenta de la presencia de Santa Cruz en Perú para celebrar nuestra amistad con la gente de Cartavio, Chimbote y Tacna, donde Santa Cruz ha servido su ministerio y donde cada uno ha trabajado. En Cartavio mis amigos arreglaron para que yo reciba una medalla de parte de la municipalidad de manos del alcalde, quien fue un alumno mío en el colegio secundario de Cartavio. ¡Qué gran alegría fue para mi recibir ese honor!

En 2014, me invitaron de nuevo a la celebración por el 50 aniversario del colegio secundario de Cartavio, donde enseñé. Me recibió regiamente como ex- profesor el director del colegio, y gocé al ver a tantos de mis alumnos de ese tiempo y renovando nuestra amistad con cada uno de ellos por Facebook.

En 2015 Jorge Izaguirre, el sacerdote peruano de Santa Cruz a quien conocí como estudiante secundario en Chimbote allá por los años 1980, me invitó a Perú para asistir a su ordenación episcopal. Jorge había sido nombrado obispo de la Prelatura de Chuquibamba en la sierra, localizada cerca de la ciudad de Arequipa. Gracias Jorge, por tu invitación. Significó mucho para mí.

En 2016 fui invitado a viajar en un grupo turístico organizado por la parroquia Nuestra Señora de la Gracia.

GRACIAS PERÚ

Los doce integrantes del tour, incluyendo mi primo Bob Barnes, pasamos dos lindas semanas viajando por el sur del Perú donde volví a encontrar a mis amigos.

Durante el mismo año, John Phalen el nuevo maestro del Noviciado Latinoamericano Santa Cruz en las afueras de Lima, donde yo enseñe a los novicios, me invitó a dirigir un taller sobre la historia de Santa Cruz para cinco novicios. Gracias a ti, John, por eso invitación y por tu cálida bienvenida cuando regresé, por parte de varones y mujeres de Santa Cruz en Perú.

VISITAS PERUANAS A LOS ESTADOS UNIDOS

Mi buen amigo sacerdote de Santa Cruz Jorge Mallea me ha visitado aquí en Estados Unidos dos veces. La primera fue en junio 2012 cuando todavía trabajaba en la parroquia Natividad. Jorge vino a Estados Unidos para la ceremonia de cierre de la Provincia del Este. Vino de nuevo en enero 2014, esta vez a Cocoa Beach, y recorrimos la Florida del sur. Estas visitas nos recordaron las muchas vacaciones que tomamos juntos en Perú. Gracias Jorge.

Mi compadre Felipe Calderón, padre de mi primer ahijado peruano Isaac, también me visitó dos veces. En junio 2013, el vino para mi celebración de cumpleaños en Cocoa Beach, después de lo cual viajamos por la costa de este hasta el Stonehill College para visitar a Jim Chichetto, a quien el conocía por haber vivido con la comunidad de la congregación en la casa de Cartavio. Larry Olszewski y Fred Serraino, a quienes Felipe conocía desde los días de Cartavio, ambos residen también en Cocoa Beach, de modo que pasamos momentos de alegría junto a Felipe. Yo

ESTADOS UNIDOS 2009 - 2018

gozo compartiendo mi tiempo con Larry y Fred, y con Bill Persia que también vive aquí ahora. Somos los peruanos de la casa.

En junio 2014 retornó Felipe, y paseamos en automóvil por los Estados Unidos. Yo mencioné durante su primera visita que yo siempre quise manejar a través de Estados Unidos en automóvil para ver este país donde nací, pero porque estuve fuera de él por tantos años, primero en Roma para estudios teológicos, y luego en Perú, yo nunca tuve la oportunidad para hacerlo. De modo que Felipe, felizmente, me dijo que podía regresar para hacer el viaje conmigo, y así lo hicimos. Gracias Felipe, por tus visitas y amistad que alcanza hacia atrás hasta mi primer año en Cartavio.

EL FIN DE MI HISTORIA... HASTA EL MOMENTO

He llegado al final de mi historia en Perú; así parece. Indudablemente he olvidado incluir nombres de algunas personas y acontecimientos. Hay gente tan maravillosa entre los que yo viví y trabajé en Perú. Visité a muchos cuando vivía en el país y luego durante mis viajes de regreso ahí. Yo me he mantenido en contacto con compañeros de trabajo y amigos a lo largo de los años, y más recientemente a través de Facebook. Agradezco a cada uno de ellos por ser tan importantes en mi vida. Aún si no he mencionado a todos por su nombre, sepan que yo los llevo siempre en mi corazón.

En mi historia yo he escrito, también, acerca de personas con las que tuve conflictos durante mis años en Perú. Espero que ellos y yo hayamos aprendido algo positivo. Los conflictos son parte de nuestro trayecto en la vida. Así, agradezco a Dios por ellos también.

Mi viaje con el Señor no ha terminado. Yo continúo caminando con Él, listo para lo que me depare aún si es inesperado en los designios que él pueda tener para mí. Desde que yo respondí al inicio a su llamado a Perú hace ya muchos años, yo he tratado de escuchar atentamente su Voz en los decretos de Vaticano II, como en los documentos de Medellín que aplican esos decretos en América Latina. Yo adopté esas orientaciones fielmente durante los años tempranos de entusiasmo, creatividad y esperanza en la Iglesia, y más tarde durante los años más dificultosos cuando la Iglesia parecía que miraba hacia atrás más que hacia adelante, paralizando la creatividad, miedosa de cualquier novedad, e imponiendo una vez más el control clerical en todos los aspectos de la vida eclesial. Aquí en Estados Unidos yo todavía trato de trabajar por Jesús en esa luz, inspirado también por el Papa Francisco quien, yo creo, nos esta mostrando nuevamente el camino de nueva vida para nuestra Iglesia y el mundo global. Yo confío en el Señor para que continúe guiándome y protegiéndome en mi camino con Él como siempre lo ha hecho en el pasado.

EPÍLOGO

¿Qué decir al final de mi viaje con el Señor en Perú? El sentimiento que brota de adentro repetidamente es ACCIÓN DE GRACIAS.

GRACIAS Señor que me creaste tal como soy y que me acompañas en el camino de mi vida, dándome las experiencias y las personas que necesitaba justo cuando precisaba de ellas. GRACIAS, mi familia, mis amigos vecinos de la infancia, mis compañeros de escuela y colegio secundario, mi comunidad de amigos de Santa Cruz, y todos y cada uno con quienes he compartido. GRACIAS, a toda la gente en mi vida que fueron mensajeros de Dios, sus ángeles.

Cuando celebré mis cincuenta años de sacerdocio con familia y amigos en Albany, tuve la oportunidad de agradecer a más de ciento cuarenta personas presentes por su influencia y apoyo en el viaje de mi vida. Les agradezco de nuevo, a todos y cada uno que han caminado conmigo durante todos esos años, los vivientes como los que partieron; sus nombres están escritos en mi memoria y en mi corazón. Dios reside en cada uno de ustedes, y yo le agradezco, también que yo haya podido estar en contacto con tantos de ustedes.

Yo agradezco a Dios por el regalo de *mi vida tal como es*. Cuando se me pidió en el programa de renovación de Attleboro durante mi año sabático de 1993 si podía cambiar algo en el viaje de mi vida, dije que no. Aun cuando ha habido muchos momentos difíciles y solitarios en ese viaje, mayormente y he sido feliz. He tratado de aprender de todas mis experiencias, apoyado por mis amigos de Perú y de otras partes, y estoy agradecido a todos ustedes.

Yo recuerdo que en Attleboro, las siete otras personas del grupo me dijeron que la palabra que mejor me describía era *fortaleza*. Yo nunca me había figurado a me mismo como una persona fuerte, pero varios insistieron que yo parecía tener puntos de vista tan fuertes. También lo escuché en Perú, tanto dentro de mi comunidad y por parte de otros juntos con los cuales yo viví y trabajé. En ese respecto, mi fortaleza puede ser también una debilidad. A menudo me ha sido útil, pero en otras ocasiones me ha traído dificultad y conflicto dentro de mi vida. Sin duda yo puedo ser muy enfático. Pero gracias, Señor, por darme esa fortaleza, porque me permitió crecer desde la debilidad infantil para convertirme en tu ministro por esos cuarenta años en Perú. Sin tu fortaleza, Señor, yo nunca hubiera ido para allá, no tampoco me hubiera quedado.

Durante toda mi vida he tratado de seguir el camino de Jesús lo mejor que he podido, y usar mi talento para enseñar y predicar con la capacidad que Él me dio particularmente para construir su Reino de justicia y amor. Jesús es la luz que me guía. Todo lo que he conseguido se lo debo a Él. Mi oración es un continuo GRACIAS SEÑOR.

Espero que tú, mi lector, seas capaz de descubrir en tu propia vida la mano de Dios que te guía y el amor de Dios que está ahí para todos nosotros en Jesús. Mi vida no es

EPÍLOGO

nada especial. Es sola la que me ha sido dada. Y he tratado de recogerla lo mejor que he podido. Ese ha sido siempre el reto: tratar de ser y hacer lo mejor que puedo con este gran regalo que es la vida misma. Que esto sea una realidad para cada uno de ustedes también.

Estaría feliz de saber sobre ustedes. Me pueden contactar en tomashea@hotmail.com.

www.ingramcontent.com/pod-product-compliance
Lightning Source LLC
Chambersburg PA
CBHW030106100526
44591CB00009B/301